2008
浙江科技统计年鉴

浙江省科学技术厅
浙 江 省 统 计 局 编

浙江大學出版社

编辑说明

为反映浙江科技进步状况和区域创新能力，满足宏观管理部门制定科技发展规划和调整科技政策的需要，省科技厅、省统计局在征询有关部门意见的基础上，共同编辑整理了这本科技统计资料书。

本书收集了浙江各类科技活动的投入产出等方面统计数据，较为全面、系统地描述了浙江区域科技活动的规模、水平、布局、构成与发展，是有关管理部门和社会各界了解、研究和分析浙江科技政策以及科技活动情况的主要资料工具书。

本书共分七个部分。第一部分为全社会科技活动的综合统计资料，主要有科技活动人员构成与投入情况、科技活动经费构成与投入情况、地方财政科技拨款情况、科技成果产出及获奖、技术市场成交等指标的综合资料；第二、三、四、五部分则依次为研究与开发机构、规模以上工业企业、大中型工业企业、高等院校的科技活动统计资料，主要有机构情况、科技活动人员情况、科技活动经费筹集与支出情况、科技项目（课题）情况、成果和知识产权等科技产出情况的内容；第六部分为浙江高技术产业发展状况的综合资料；第七部分收录了全国及分省（市、区）的有关科技统计数据资料。本书的最后还附录了主要指标解释，便于读者了解科技统计数据资料的统计定义、口径范围和统计方法。

目　　录

一、综　　合

1－1　行政区划(2007年底) …… 3
1－2　历年生产总值 …… 4
1－3　历年总户数和总人口数(年底数) …… 5
1－4　历年从业人员总数(年底数) …… 6
1－5　地方财政科技拨款情况(1990—2007) …… 7
1－6　省本级财政科技拨款情况(1999—2007) …… 7
1－7　科技活动人员构成情况(1990—2007) …… 8
1－8　研究与试验发展(R&D)活动人员构成情况(1990—2007) …… 9
1－9　科技活动经费构成情况(1990—2007) …… 10
1－10　科技活动经费投入情况(1990—2007) …… 11
1－11　研究与试验发展(R&D)经费情况(1990—2007) …… 12
1－12　地方国有企事业单位专业技术人员情况(1990—2007) …… 13
1－13　按行业分的事业单位专业技术人员(2007年) …… 14
1－14　按行业分的企业单位专业技术人员(2007年) …… 15
1－15　技术市场成交合同数量与成交金额(1990—2007) …… 16
1－16　科协系统科技活动情况(2006—2007) …… 17
1－17　科协系统省级学会情况(2000—2007) …… 18
1－18　专利申请量和授权量(1990—2007) …… 19
1－19　测绘部门主要指标完成情况(2000—2007) …… 19
1－20　标准计量、质量监督机构和人员数(2000—2007) …… 20
1－21　高新技术产品进出口贸易情况 …… 21
1－22　分地区工业制成品、高新技术产品进出口情况 …… 21
1－23　全省科技成果获奖情况(1990—2007) …… 22

二、研究与开发机构

2－1　县级以上政府部门属研究与开发机构情况(1986—2007) …… 25
2－2　县及县以上政府部门属各类研究与开发机构概况 …… 26
2－3　县级以上政府部门属自然科学研究与开发机构概况 …… 27
2－4　县级以上政府部门属自然科学研究与开发机构人员情况 …… 30
2－5　县级以上政府部门属自然科学研究与开发机构人员按工作性质分类情况 …… 31
2－6　县级以上政府部门属自然科学研究与开发机构科技活动人员情况 …… 32
2－7　县级以上政府部门属自然科学研究与开发机构经费收入情况 …… 33
2－8　县级以上政府部门属自然科学研究与开发机构技术性收入情况 …… 35
2－9　县级以上政府部门属自然科学研究与开发机构经费支出情况 …… 37
2－10　县级以上政府部门属自然科学研究与开发机构资产情况 …… 39
2－11　县级以上政府部门属自然科学研究与开发机构课题情况(一) …… 39
2－12　县级以上政府部门属自然科学研究与开发机构课题情况(二) …… 40
2－13　县级以上政府部门属自然科学研究与开发机构课题经费内部支出情况 …… 47
2－14　县级以上政府部门属自然科学研究与开发机构课题投入人员情况 …… 48

2－15　县级以上政府部门属自然科学研究与开发机构课题投入科学家工程师情况 …………………… 49
2－16　县级以上政府部门属自然科学研究与开发机构论文、著作和专利情况 ……………………… 50
2－17　县级以上政府部门属自然科学研究与开发机构 R&D 人员情况 …………………………… 51
2－18　县级以上政府部门属自然科学研究与开发机构 R&D 人员折合全时工作量情况 ……………… 52
2－19　县级以上政府部门属自然科学研究与开发机构 R&D 经费支出情况 ………………………… 54
2－20　县级以上政府部门属自然科学研究与开发机构 R&D 经费内部支出情况 …………………… 55
2－21　县级以上政府部门属自然科学研究与开发机构 R&D 经常费支出情况 ……………………… 57
2－22　县级以上政府部门属自然科学研究与开发机构对外科技服务活动情况 ……………………… 58
2－23　县级以上政府部门属自然科学研究与开发机构合建研究机构情况 ………………………… 59
2－24　县级以上政府部门属自然科学研究与开发机构人员流动情况 ……………………………… 60
2－25　县级以上政府部门属自然科学研究与开发机构招聘人员情况 ……………………………… 61
2－26　县级以上政府部门属自然科学研究与开发机构流出人员情况 ……………………………… 62
2－27　县级以上政府部门属自然科学研究与开发机构科技基础条件平台建设情况 ………………… 63
2－28　县级以上政府部门属自然科学研究与开发机构科技基础条件平台运行服务情况 …………… 63
2－29　县级以上政府部门属社会与人文科学研究与开发机构概况 ………………………………… 64
2－30　县级以上政府部门属社会与人文科学研究与开发机构人员情况 …………………………… 65
2－31　县级以上政府部门属社会与人文科学研究与开发机构科技活动人员情况 ………………… 65
2－32　县级以上政府部门属社会与人文科学研究与开发机构经费收入情况 ……………………… 66
2－33　县级以上政府部门属社会与人文科学研究与开发机构经费支出情况 ……………………… 66
2－34　县级以上政府部门属社会与人文科学研究与开发机构资产情况 …………………………… 67
2－35　县级以上政府部门属社会与人文科学研究与开发机构课题情况(一) ……………………… 67
2－36　县级以上政府部门属社会与人文科学研究与开发机构课题情况(二) ……………………… 68
2－37　县级以上政府部门属社会与人文科学研究与开发机构课题经费内部支出情况 …………… 69
2－38　县级以上政府部门属社会与人文科学研究与开发机构课题投入人员情况 ………………… 69
2－39　县级以上政府部门属社会与人文科学研究与开发机构课题投入科学家工程师情况 ……… 70
2－40　县级以上政府部门属社会与人文科学研究与开发机构论文、著作和专利情况 …………… 70
2－41　县级以上政府部门属社会与人文科学研究与开发机构 R&D 人员情况 …………………… 71
2－42　县级以上政府部门属社会与人文科学研究与开发机构 R&D 人员折合全时工作量情况 ……… 71
2－43　县级以上政府部门属社会与人文科学研究与开发机构 R&D 经费支出情况 ……………… 72
2－44　县级以上政府部门属社会与人文科学研究与开发机构 R&D 经费内部支出情况 ………… 72
2－45　县级以上政府部门属社会与人文科学研究与开发机构 R&D 经常费支出情况 …………… 73
2－46　县级以上政府部门属社会与人文科学研究与开发机构人员流动情况 ……………………… 73
2－47　县级以上政府部门属科技信息与文献机构概况 ……………………………………… 74
2－48　县级以上政府部门属科技信息与文献机构人员情况 ………………………………… 75
2－49　县级以上政府部门属科技信息与文献机构科技活动人员情况 ………………………… 75
2－50　县级以上政府部门属科技信息与文献机构科技经费收入情况 ………………………… 76
2－51　县级以上政府部门属科技信息与文献机构技术性收入情况 …………………………… 76
2－52　县级以上政府部门属科技信息与文献机构经费支出情况 ……………………………… 77
2－53　县级以上政府部门属科技信息与文献机构资产情况 ………………………………… 78
2－54　县级以上政府部门属科技信息与文献机构课题情况(一) …………………………… 78
2－55　县级以上政府部门属科技信息与文献机构课题情况(二) …………………………… 79
2－56　县级以上政府部门属科技信息与文献机构课题经费内部支出情况 …………………… 81
2－57　县级以上政府部门属科技信息与文献机构课题人员情况 ……………………………… 81

2－58　县级以上政府部门属科技信息与文献机构论文、著作和专利情况 …… 82
2－59　县级以上政府部门属科技信息与文献机构馆藏资源情况 …… 82
2－60　县级以上政府部门属科技信息与文献机构数据库情况 …… 82
2－61　县级以上政府部门属科技信息与文献机构基础设施情况 …… 83
2－62　县级以上政府部门属科技信息与文献机构信息服务与文献工作情况 …… 83
2－63　县级以上政府部门属科技信息与文献机构电子信息利用情况 …… 84
2－64　县级以上政府部门属科技信息与文献机构对外科技服务活动情况 …… 84
2－65　县级以上政府部门属科技信息与文献机构人员流动情况 …… 85
2－66　县级以上政府部门属科技信息与文献机构招聘人员情况 …… 86
2－67　县级以上政府部门属科技信息与文献机构流出人员情况 …… 86
2－68　县属研究与开发机构概况 …… 87
2－69　县属研究与开发机构人员情况 …… 88
2－70　县属研究与开发机构经费收入情况 …… 88
2－71　县属研究与开发机构经费支出与固定资产情况 …… 89
2－72　县属研究与开发机构课题情况 …… 90
2－73　县属研究与开发机构课题经费内部支出情况 …… 90
2－74　县属研究与开发机构课题投入人员情况 …… 91
2－75　县属研究与开发机构论文、著作和专利情况 …… 91
2－76　县属研究与开发机构技术推广与科技协作情况 …… 92
2－77　县属研究与开发机构 R&D 人员情况 …… 92
2－78　县属研究与开发机构 R&D 经费支出情况 …… 93
2－79　县属研究与开发机构 R&D 经费内部支出情况 …… 93
2－80　转制机构概况 …… 94
2－81　转制机构人员情况 …… 97
2－82　转制机构科技活动人员情况 …… 98
2－83　转制机构经费收入情况 …… 99
2－84　转制机构技术性收入情况 …… 101
2－85　转制机构经费支出情况 …… 103
2－86　转制机构资产情况 …… 105
2－87　转制机构课题情况(一) …… 105
2－88　转制机构课题情况(二) …… 106
2－89　转制机构课题经费内部支出情况 …… 111
2－90　转制机构课题投入人员情况 …… 112
2－91　转制机构课题投入科学家工程师情况 …… 113
2－92　转制机构论文、著作和专利情况 …… 114
2－93　转制机构 R&D 人员情况 …… 115
2－94　转制机构 R&D 人员折合全时工作量情况 …… 116
2－95　转制机构 R&D 经费支出情况 …… 118
2－96　转制机构 R&D 经费内部支出情况 …… 119
2－97　转制机构 R&D 经常费支出情况 …… 121
2－98　转制机构对外科技服务活动情况 …… 122
2－99　转制机构合建研究机构情况 …… 123
2－100　转制机构人员流动情况 …… 124

2-101　转制机构招聘人员情况 …… 125
2-102　转制机构流出人员情况 …… 126
2-103　转制机构生产经营情况 …… 127
2-104　转制机构新产品开发和产出情况 …… 128
2-105　转制机构科技基础条件平台建设情况 …… 129
2-106　转制机构科技基础条件平台当年运行服务情况 …… 130

三、规模以上工业企业情况

3-1　历年规模以上工业企业科技活动情况 …… 133
3-2　规模以上工业企业基本情况 …… 134
3-3　规模以上工业企业科技活动人员情况 …… 137
3-4　规模以上工业企业科技活动经费筹集情况 …… 140
3-5　规模以上工业企业科技活动经费支出情况 …… 143
3-6　规模以上工业企业科技成果情况 …… 149
3-7　规模以上工业企业科技项目情况 …… 152
3-8　规模以上工业企业技术改造、技术获取及减免税情况 …… 156
3-9　规模以上工业企业办科技机构情况 …… 159

四、大中型工业企业情况

4-1　历年大中型工业企业科技活动情况 …… 165
4-2　大中型工业企业基本情况 …… 166
4-3　大中型工业企业科技活动人员情况 …… 169
4-4　大中型工业企业科技活动经费筹集情况 …… 172
4-5　大中型工业企业科技活动经费支出情况 …… 175
4-6　大中型工业企业科技成果情况 …… 178
4-7　大中型工业企业科技项目情况 …… 181
4-8　大中型工业企业技术改造、技术获取及减免税情况 …… 185
4-9　大中型工业企业办科技机构情况 …… 188

五、高等院校

5-1　高等院校基本情况(1978—2007) …… 193
5-2　高等院校分类情况(2007 年) …… 194
5-3　高等院校自然科学领域科技人力资源情况(一) …… 194
5-4　高等院校自然科学领域科技人力资源情况(二) …… 195
5-5　高等院校自然科学领域科技人力资源情况(三) …… 196
5-6　高等院校自然科学领域科技活动经费情况 …… 197
5-7　高等院校自然科学领域科技活动机构情况(一) …… 198
5-8　高等院校自然科学领域科技活动机构情况(二) …… 198
5-9　高等院校自然科学领域科技项目情况(一) …… 199
5-10　高等院校自然科学领域科技项目情况(二) …… 199
5-11　高等院校自然科学领域科技交流情况 …… 200
5-12　高等院校自然科学领域技术转让与知识产权情况(一) …… 200
5-13　高等院校自然科学领域技术转让与知识产权情况(二) …… 201
5-14　高等院校自然科学领域科技成果情况 …… 201

六、高技术产业

6－1　高技术产业从业人员及工程技术人员情况 …… 205
6－2　高技术产业生产经营情况(一) …… 207
6－3　高技术产业生产经营情况(二) …… 209
6－4　高技术产业技术装备及科技机构情况 …… 211
6－5　高技术产业科技活动人员情况 …… 213
6－6　高技术产业科技活动经费筹集情况 …… 215
6－7　高技术产业科技活动经费支出情况 …… 217
6－8　高技术产业新产品及专利情况(一) …… 219
6－9　高技术产业新产品及专利情况(二) …… 221
6－10　高技术产业技术引进情况 …… 223
6－11　高技术产业大型企业从业人员及工程技术人员情况 …… 225
6－12　高技术产业大型企业生产经营情况(一) …… 226
6－13　高技术产业大型企业生产经营情况(二) …… 227
6－14　高技术产业大型企业技术装备及科技机构情况 …… 228
6－15　高技术产业大型企业科技活动人员情况 …… 229
6－16　高技术产业大型企业科技活动经费筹集情况 …… 230
6－17　高技术产业大型企业科技活动经费支出情况 …… 231
6－18　高技术产业大型企业新产品及专利情况(一) …… 232
6－19　高技术产业大型企业新产品及专利情况(二) …… 233
6－20　高技术产业大型企业技术引进情况 …… 234
6－21　高技术产业中型企业从业人员及工程技术人员情况 …… 235
6－22　高技术产业中型企业生产经营情况(一) …… 237
6－23　高技术产业中型企业生产经营情况(二) …… 239
6－24　高技术产业中型企业技术装备及科技机构情况 …… 241
6－25　高技术产业中型企业科技活动人员情况 …… 243
6－26　高技术产业中型企业科技活动经费筹集情况 …… 245
6－27　高技术产业中型企业科技活动经费支出情况 …… 247
6－28　高技术产业中型企业新产品及专利情况(一) …… 249
6－29　高技术产业中型企业新产品及专利情况(二) …… 251
6－30　高技术产业中型企业技术引进情况 …… 253
6－31　高技术产业小型企业从业人员及工程技术人员情况 …… 255
6－32　高技术产业小型企业生产经营情况(一) …… 257
6－33　高技术产业小型企业生产经营情况(二) …… 259
6－34　高技术产业小型企业技术装备及科技机构情况 …… 261
6－35　高技术产业小型企业科技活动人员情况 …… 263
6－36　高技术产业小型企业科技活动经费筹集情况 …… 265
6－37　高技术产业小型企业科技活动经费支出情况 …… 267
6－38　高技术产业小型企业新产品及专利情况(一) …… 269
6－39　高技术产业小型企业新产品及专利情况(二) …… 271
6－40　高技术产业小型企业技术引进情况 …… 273
6－41　高技术产业国有及国有控股企业从业人员及工程技术人员情况 …… 275
6－42　高技术产业国有及国有控股企业生产经营情况(一) …… 277

6－43　高技术产业国有及国有控股企业生产经营情况(二) …… 279
6－44　高技术产业国有及国有控股企业技术装备及科技机构情况 …… 281
6－45　高技术产业国有及国有控股企业科技活动人员情况 …… 283
6－46　高技术产业国有及国有控股企业科技活动经费筹集情况 …… 285
6－47　高技术产业国有及国有控股企业科技活动经费支出情况 …… 287
6－48　高技术产业国有及国有控股企业新产品及专利情况(一) …… 289
6－49　高技术产业国有及国有控股企业新产品及专利情况(二) …… 291
6－50　高技术产业国有及国有控股企业技术引进情况 …… 293
6－51　高技术产业三资企业从业人员及工程技术人员情况 …… 294
6－52　高技术产业三资企业生产经营情况(一) …… 296
6－53　高技术产业三资企业生产经营情况(二) …… 298
6－54　高技术产业三资企业技术装备及科技机构情况 …… 300
6－55　高技术产业三资企业科技活动人员情况 …… 302
6－56　高技术产业三资企业科技活动经费筹集情况 …… 304
6－57　高技术产业三资企业科技活动经费支出情况 …… 306
6－58　高技术产业三资企业新产品及专利情况(一) …… 308
6－59　高技术产业三资企业新产品及专利情况(二) …… 310
6－60　高技术产业三资企业技术引进情况 …… 312
6－61　高技术产业集体企业从业人员及工程技术人员情况 …… 314
6－62　高技术产业集体企业生产经营情况(一) …… 315
6－63　高技术产业集体企业生产经营情况(二) …… 316
6－64　高技术产业集体企业技术装备及科技机构情况 …… 317
6－65　高技术产业集体企业科技活动人员情况 …… 318
6－66　高技术产业集体企业科技活动经费筹集情况 …… 319
6－67　高技术产业集体企业科技活动经费支出情况 …… 320
6－68　高技术产业集体企业新产品及专利情况(一) …… 321
6－69　高技术产业集体企业新产品及专利情况(二) …… 322
6－70　高技术产业集体企业技术引进情况 …… 323
6－71　高技术产业股份企业从业人员及工程技术人员情况 …… 324
6－72　高技术产业股份企业生产经营情况(一) …… 325
6－73　高技术产业股份企业生产经营情况(二) …… 326
6－74　高技术产业股份企业技术装备及科技机构情况 …… 327
6－75　高技术产业股份企业科技活动人员情况 …… 328
6－76　高技术产业股份企业科技活动经费筹集情况 …… 329
6－77　高技术产业股份企业科技活动经费支出情况 …… 330
6－78　高技术产业股份企业新产品及专利情况(一) …… 331
6－79　高技术产业股份企业新产品及专利情况(二) …… 332
6－80　高技术产业股份企业技术引进情况 …… 333

七、全国及分省(市、区)情况

7－1　全国及分地区科技活动人员情况 …… 337
7－2　全国及分地区科技活动经费筹集情况 …… 338
7－3　全国及分地区科技活动经费支出情况 …… 339

7-4　全国及分地区研究与试验发展(R&D)情况 …… 340
7-5　全国及分地区科技成果情况 …… 342
7-6　全国及分地区高技术产业总产值情况 …… 343
7-7　全国及分地区高技术产业增加值情况 …… 344
7-8　全国及分地区高技术产业销售收入情况 …… 345
7-9　全国及分地区高技术产业利润情况 …… 346
7-10　全国及分地区高技术产业利税情况 …… 347
7-11　全国及分地区高技术产业出口交货值情况 …… 348
7-12　全国及分地区高技术产业新产品出口销售收入情况 …… 349
7-13　全国及分地区高技术产业科技活动人员情况 …… 350
7-14　全国及分地区高技术产业科技活动人员中科学家和工程师情况 …… 351
7-15　全国及分地区高技术产业科技活动经费筹集额情况 …… 352
7-16　全国及分地区高技术产业科技活动经费筹集额中政府资金情况 …… 353
7-17　全国及分地区高技术产业科技活动经费筹集额中企业资金情况 …… 354
7-18　全国及分地区高技术产业科技活动经费筹集额中金融机构贷款情况 …… 355
7-19　全国及分地区高技术产业科技活动经费内部支出情况 …… 356
7-20　全国及分地区高技术产业活动经费内部支出中劳务费情况 …… 357
7-21　全国及分地区高技术产业科技活动经费内部支出中仪器设备费情况 …… 358
7-22　全国及分地区高技术产业专利申请数情况 …… 359
7-23　全国及分地区高技术产业拥有发明专利数情况 …… 360
7-24　全国及分地区高技术产业技术引进经费支出情况 …… 361
7-25　全国及分地区高技术产业消化吸收经费支出情况 …… 362
7-26　全国及分地区高技术产业购买国内技术经费支出情况 …… 363
7-27　全国及分地区高技术产业 R&D 经费内部支出情况 …… 364
7-28　全国及分地区高技术产业科技机构数情况 …… 365
7-29　全国及分地区高技术产业 R&D 活动人员折合全时当量情况 …… 366
7-30　全国及分地区高技术产业年末固定资产原价情况 …… 367
7-31　全国及分地区高技术产业微电子控制设备原价情况 …… 368

主要指标解释 …… 369

一、综　合

1－1　行政区划(2007年底)

单位:个

地　　区	市辖区	县及县级市	建制镇	乡	村
合　计	32	58	750	453	31060
杭州市	8	5	105	31	2501
宁波市	6	5	80	11	2649
温州市	3	8	119	143	5390
嘉兴市	2	5	53		935
湖州市	2	3	44	16	1063
绍兴市	1	5	79	15	2246
金华市	2	7	75	36	4821
衢州市	2	4	47	46	2589
舟山市	2	2	21	11	414
台州市	3	6	65	28	5031
丽水市	1	8	62	116	3481

1-2 历年生产总值

年份	全省生产总值（亿元）	第一产业	第二产业	工业	建筑业	第三产业	人均生产总值（元）
1978	123.72	47.09	53.52	46.97	6.55	23.11	331
1979	157.75	67.56	64.07	55.59	8.48	26.12	417
1980	179.92	64.61	84.07	73.71	10.36	31.24	471
1981	204.86	69.06	94.68	84.08	10.60	41.12	531
1982	234.01	84.88	98.44	87.21	11.23	50.69	599
1983	257.09	82.89	113.12	102.55	10.57	61.08	650
1984	323.25	104.40	141.48	127.91	13.57	77.37	810
1985	429.16	123.88	198.91	178.68	20.23	106.37	1067
1986	502.47	136.29	230.89	206.63	24.26	135.29	1237
1987	606.99	159.41	281.47	249.69	31.78	166.11	1478
1988	770.25	195.68	354.39	315.36	39.03	220.18	1853
1989	849.44	210.95	386.25	346.50	39.75	252.24	2023
1990	904.69	225.04	408.18	363.74	44.44	271.47	2138
1991	1089.33	245.22	494.11	438.36	55.75	350.00	2558
1992	1375.70	262.67	653.43	581.73	71.70	459.60	3212
1993	1925.91	315.97	983.96	876.26	107.70	625.99	4469
1994	2689.28	438.65	1398.12	1243.37	154.75	852.52	6201
1995	3557.55	549.96	1854.52	1645.51	209.01	1153.07	8149
1996	4188.53	594.94	2232.17	1983.90	248.27	1361.43	9552
1997	4686.11	618.90	2554.57	2285.24	269.33	1512.64	10624
1998	5052.62	609.30	2766.95	2484.97	281.97	1676.38	11394
1999	5443.92	606.31	2974.74	2679.68	295.06	1862.87	12214
2000	6141.03	630.98	3273.93	2945.70	328.23	2236.12	13416
2001	6898.34	659.78	3572.88	3181.93	390.94	2665.68	14713
2002	8003.67	685.20	4090.48	3640.84	449.64	3227.99	16978
2003	9705.02	717.85	5096.38	4462.97	633.42	3890.79	20444
2004	11648.70	814.10	6250.38	5491.33	759.05	4584.22	24352
2005	13437.85	892.83	7166.15	6349.34	816.81	5378.87	27703
2006	15742.51	925.10	8509.57	7590.57	919.00	6307.84	31874
2007	18780.44	986.02	10148.45	9095.65	1052.80	7645.97	37411

注：本表按当年价格计算。2000 年以后人均生产总值均按常住人口计算。

1－3　历年总户数和总人口数(年底数)

年份	总户数 (万户)	总人口数 (万人)	按性别分		按农业和非农业分	
			男性	女性	农业人口	非农业人口
1978	897.62	3750.96	1948.29	1802.67	3321.96	429.00
1979	905.32	3792.33	1967.4	1824.93	3332.57	459.76
1980	923.58	3826.58	1985.59	1840.99	3346.4	480.18
1981	965.92	3871.51	2007.55	1863.96	3362.04	509.47
1982	990.66	3924.32	2034.98	1889.34	3387.79	536.53
1983	1014.03	3963.1	2056.06	1907.04	3413.05	550.05
1984	1038.85	3993.09	2071.46	1921.63	3425.47	567.62
1985	1081.2	4029.56	2090.69	1938.87	3395.35	634.21
1986	1122.09	4070.07	2112.05	1958.02	3417.19	652.88
1987	1167.3	4121.19	2137.38	1983.81	3455.14	666.05
1988	1211.08	4169.85	2161.26	2008.59	3487.61	682.24
1989	1240.41	4208.88	2180.83	2028.05	3515.46	693.42
1990	1259.49	4234.91	2193.71	2041.2	3538.13	696.78
1991	1276.8	4261.37	2206.65	2054.72	3555.37	706.00
1992	1297.81	4285.91	2218.72	2067.19	3560.13	725.78
1993	1311.07	4313.3	2232.72	2080.58	3563.24	750.06
1994	1321.54	4341.2	2246.57	2094.63	3565.19	776.01
1995	1339.82	4369.63	2259.54	2110.09	3567.14	802.49
1996	1353.99	4400.09	2273.54	2126.55	3570.17	829.92
1997	1369.79	4422.28	2282.85	2139.43	3557.19	865.09
1998	1389.44	4446.86	2293.29	2153.57	3539.78	907.08
1999	1410.25	4467.46	2302.64	2164.82	3519.79	947.67
2000	1440.4	4501.22	2316.54	2184.68	3506.2	995.02
2001	1447.67	4519.84	2323.87	2195.97	3473.63	1046.21
2002	1466.19	4535.98	2330.3	2205.68	3438.76	1097.22
2003	1485.72	4551.58	2335.61	2215.97	3394.08	1157.5
2004	1509.29	4577.22	2345.26	2231.96	3353.16	1224.06
2005	1534.16	4602.11	2354.19	2247.91	3335.3	1266.81
2006	1556.53	4629.43	2364.97	2264.46	3317.26	1312.17
2007	1578.85	4659.34	2377.12	2282.22	3308.21	1351.13

注：本表资料为公安年报数。

1－4 历年从业人员总数(年底数)

单位:万人

年份	从业人员总数	职工合计	国有单位	城镇集体单位	其他单位	城镇私营和个体从业人员	乡村从业人员	其他从业人员
1978	1794.96	312.89	183.14	129.75		1.51	1480.56	
1979	1829.9	339.91	196.78	143.13		2	1487.99	
1980	1856.42	359.73	208.5	151.23		3.51	1493.18	
1981	1954.53	397.35	223.62	155.73		4.11	1571.07	
1982	2021.74	374.33	232.29	142.04		5.25	1642.16	
1983	2141.16	382.75	237.68	145.07		7.61	1750.8	
1984	2248.91	402.51	228.26	172.72	1.53	9.55	1836.85	
1985	2318.56	426.57	240.71	183.81	2.05	12.09	1879.9	
1986	2386.42	443.04	251.92	188.73	2.39	12.87	1930.51	
1987	2444.73	459.65	263.46	192.97	3.22	15.69	1969.39	
1988	2502.73	475.74	274.3	196.97	4.47	22.54	2004.45	
1989	2522.86	470.12	274.95	189.34	5.83	27.03	2025.71	
1990	2554.46	476.02	280.87	189.12	6.03	29.84	2048.6	
1991	2579.36	492.81	293.41	191.09	8.31	30.98	2049.22	6.35
1992	2600.38	491.37	297.96	181.62	11.79	38.29	2065.04	5.68
1993	2615.89	502.36	300.59	176.12	25.65	52.54	2052.66	8.33
1994	2640.51	500.88	294.13	170.42	36.33	82.39	2024.39	32.85
1995	2621.47	498.61	294.59	161.89	42.13	96.44	2015.45	10.97
1996	2625.06	495.35	290.22	156.25	48.88	108.99	2010.21	10.51
1997	2619.66	482.26	285.05	144.53	52.68	110.27	2016.2	10.93
1998	2612.54	455.8	256.61	102.94	96.25	122.86	2021.56	12.32
1999	2625.17	427.45	233.15	80.21	114.09	163.34	2021.24	13.14
2000	2726.09	398.53	208.19	58.93	131.41	208.56	2106.14	12.86
2001	2796.65	372.39	185.36	41.28	145.75	236	2173.63	14.63
2002	2858.56	367.14	179.67	35.49	151.98	280.97	2185.87	24.58
2003	2918.74	373.21	170.4	30.53	172.28	349.19	2168.74	27.6
2004	2991.95	447.47	176.44	36.05	234.98	383.11	2144.28	17.09
2005	3100.76	522.93	177.93	31.17	313.83	373.22	2196.42	8.19
2006	3172.38	590.47	182.27	28.51	379.7	467.05	2094.49	20.37
2007	3405.01	641.17	185.94	27.68	427.56	630.48	2107.84	25.52

注:1978—2000 年按户籍统计,2001—2007 年按所在地统计。

1－5　地方财政科技拨款情况(1990—2007)

年份	财政科技拨款（亿元）	科技三项费	科学事业费	财政科技拨款占财政支出的比　重(%)
1990	1.50	0.77	0.73	1.87
1991	1.73	0.91	0.81	2.03
1992	1.93	0.96	0.95	2.03
1993	2.26	1.11	1.11	1.80
1994	2.78	1.32	1.37	1.82
1995	3.49	1.78	1.63	1.94
1996	4.42	2.04	2.19	2.07
1997	5.57	2.94	2.41	2.32
1998	7.30	4.08	2.98	2.55
1999	9.46	5.59	3.39	2.80
2000	13.98	9.18	3.95	3.24
2001	18.55	12.05	5.12	3.10
2002	24.94	16.05	6.12	3.33
2003	29.41	19.52	7.17	3.28
2004	38.35	25.18	9.15	3.61
2005	50.01	34.10	10.56	3.95
2006	62.88	41.52	12.81	4.29
2007	72.88			4.03

1－6　省本级财政科技拨款情况(1999—2007)

	省本级地方财政科技拨款（亿元）	科技三项费	科学事业费	科技基建费	占本级财政支出比重（%）
1999	3.32	1.37	1.93	0.02	5.94
2000	3.97	1.76	2.20	0.01	5.99
2001	5.13	2.23	2.89	0.01	5.71
2002	6.52	3.33	3.12	0.07	6.19
2003	7.52	3.87	3.58	0.06	6.52
2004	10.01	5.53	4.48	0.01	7.29
2005	12.96	7.90	4.79	0.01	8.10
2006	16.48	9.09	5.58	0.01	9.04
2007	17.61				8.50

1－7 科技活动人员构成情况(1990—2007)

单位:人

年份	科技活动人员合计	科学家工程师	研究机构	科学家工程师	高等院校	科学家工程师	工业企业	科学家工程师	其他部门	科学家工程师
1990	76925		14718		15958		41244		5005	
1991	86518		15795		15760		46208		8755	
1992	98103		14332		15891		55088		12792	
1993	111264		13095		16311		64048		17810	
1994	109883		11966		15549		62215		20153	
1995	121764	54199	10873		15453		73762		21676	
1996	130191	65367	10981		16051		74980		28179	
1997	141729	82189	11551		9718		81919		38541	
1998	149212	81734	11080		10777		88733		38622	
1999	150883	82384	10734		10647		93832		35670	
2000	152885	95151	8950	6129	12660	12222	99842	56376	31433	20424
2001	164157	105930	8066	5458	15178	14774	107067	62908	33846	22790
2002	189443	123641	7915	5246	19659	18258	122153	73507	39716	26630
2003	208861	136742	7588	5247	21763	21289	134673	80898	44837	29308
2004	209278	125650	7509	5164	22930	19522	149910	81245	28929	19719
2005	257750	163519	8657	6093	25077	21629	196739	115983	27277	19814
2006	310525	189775	9098	6598	25436	21941	240696	135200	35295	26036
2007	350467	218669	10636	7697	26496	22909	273068	157842	40267	30221

1-8 研究与试验发展(R&D)活动人员构成情况(1990—2007)

单位:人年

年份	R&D人员合计	科学家工程师	研究机构	科学家工程师	高等院校	科学家工程师	工业企业	科学家工程师	其他部门	科学家工程师
1990	12324	8049								
1991	13018	8611								
1992	13929	9332								
1993	14904	10115								
1994	15630	10746								
1995	16255	11318								
1996	17068	12038								
1997	17649	13102								
1998	23097	18587								
1999	27401	20358								
2000	28604	21235	2893	2154	5252	5082	16160	10695	4299	3304
2001	39156	25830	2739	2120	5679	5537	24279	13884	6459	4289
2002	44585	33619	2828	2355	7740	7253	26574	18556	7443	5455
2003	49566	37809	2928	2484	8157	8039	31330	21656	7151	5630
2004	58460	42920	2802	2417	10291	9926	39785	26419	549	494
2005	80117	59993	3189	2775	10641	10337	61108	42451	585	521
2006	108123	78605	3388	2545	10450	10121	88029	77946	574	515
2007	130462	90036	4451	3557	10837	10467	105550	67711	594	534

1－9 科技活动经费构成情况(1990—2007)

单位:亿元

年　份	科技活动经费	科研机构	高等院校	工业企业	其他部门
1990	8.60	2.36	0.52	5.49	0.23
1991	9.86	2.15	0.69	6.76	0.26
1992	14.12	3.00	1.27	9.48	0.37
1993	17.93	3.66	2.66	10.95	0.66
1994	23.21	3.12	1.91	17.23	0.95
1995	32.57	4.59	2.45	24.37	1.17
1996	37.96	4.77	2.53	29.31	1.35
1997	51.33	7.21	4.23	34.35	5.53
1998	60.89	8.18	4.46	41.56	6.69
1999	76.78	10.49	5.81	52.37	8.11
2000	104.89	9.56	7.39	76.95	10.99
2001	124.29	11.16	9.17	91.04	12.92
2002	150.03	10.60	11.26	112.44	15.73
2003	185.20	14.68	13.61	139.72	17.19
2004	243.85	15.68	19.09	191.22	17.86
2005	321.42	19.43	20.32	264.24	17.43
2006	407.85	21.17	24.87	333.66	28.15
2007	516.78	25.05	26.11	426.92	38.70

1－10 科技活动经费投入情况(1990—2007)

年　份	科技活动经费（亿元）	占 GDP 比重（%）	R&D 活动经费（亿元）	占 GDP 比重（%）
1990	8.6	0.96	2.04	0.23
1991	9.86	0.91	2.27	0.21
1992	14.12	1.03	3.46	0.25
1993	17.93	0.94	4.43	0.23
1994	23.21	0.87	7.88	0.3
1995	32.57	0.92	9.14	0.26
1996	37.96	0.92	10.5	0.25
1997	51.33	1.11	15.19	0.33
1998	60.89	1.22	19.7	0.39
1999	76.78	1.43	27.05	0.5
2000	104.89	1.74	36.59	0.61
2001	124.27	1.83	44.74	0.66
2002	150.03	1.92	57.65	0.74
2003	185.20	1.97	77.76	0.83
2004	243.85	2.09	115.55	0.99
2005	321.42	2.39	163.29	1.22
2006	407.85	2.59	224.03	1.42
2007	516.78	2.75	286.32	1.52

1-11 研究与试验发展(R&D)经费情况(1990—2007)

单位:亿元

年份	R&D活动经费支出	按执行部门分				按经费来源分			
		研究机构	高等院校	工业企业	其他部门	政府资金	企业资金	国外资金	其他资金
1990	2.04	0.96	0.51	0.52	0.05				
1991	2.27	0.87	0.69	0.64	0.06				
1992	3.46	1.21	1.25	0.9	0.09				
1993	4.43	1.48	1.77	1.04	0.13				
1994	7.88	1.33	1.82	4.52	0.21				
1995	9.14	1.85	2.42	4.63	0.24				
1996	10.5	2.23	2.43	5.56	0.29				
1997	15.19	2.96	3.04	7.85	1.34				
1998	19.7	3.10	3.00	11.80	1.80				
1999	27.05	3.04	3.71	17.80	2.50				
2000	36.59	3.21	3.33	26.54	3.51	5.73	26.93	0.53	3.40
2001	44.74	3.32	5.09	32.04	4.29	6.59	32.73	0.64	4.78
2002	57.65	2.97	6.58	42.58	5.52	6.77	42.20	0.17	8.51
2003	77.76	4.35	7.88	59.62	5.91	9.46	57.70	0.32	10.28
2004	115.55	4.62	13.33	91.10	6.50	13.78	97.42	0.63	3.72
2005	163.29	11.58	13.9	130.41	7.40	24.12	134.74	0.55	3.88
2006	224.03	12.38	15.99	183.39	12.27	28.00	190.28	1.12	4.63
2007	286.32	13.63	18.18	235.55	18.96	30.94	246.40	2.50	6.48

1－12　地方国有企事业单位专业技术人员情况(1990—2007)

单位:人

	总　　计	工程技术人员	农业技术人员	科学技术人员	卫生技术人员	教学人员	其　　他
1991	624459	103472	13826	4721	80837	274985	146618
1992	652234	107934	13243	4487	86260	281172	159138
1993	676167	113001	12861	4556	90396	286600	168753
1994	696455	116672	14648	4358	94353	292171	174253
1995	703133	118630	14856	4447	97658	304513	163029
1996	741998	125584	17472	4357	103331	322953	168301
1997	768769	128788	17817	4551	109286	337230	171097
1998	770929	128201	18767	3894	108782	344290	166995
1999	792969	132877	19456	4027	115026	357441	164142
2000	784993	125710	19183	4075	117971	368294	149760
2001	766471	112939	19195	4205	121796	377050	131286
2002	761390	107786	18319	4207	125686	385007	120385
2003	777986	110674	18926	5140	130700	392515	120031
2004	898859	93731	18954	2486	150235	405641	227812
2005	814699	98224	19214	6281	153944	413375	123661
2006	828474	100016	18749	5952	158926	420777	124054
2007	840539	100576	19379	6176	162583	423577	128248

1－13　按行业分的事业单位专业技术人员(2007年)

单位:人

项　　目	总计	按职务分					按专业分					
		高级职务	#正高级职　务	中级职务	初级职务	未聘任专业技术职务	#工程技术人员	#农业技术人员	#科学技术人员	#卫生技术人员	#教学人　员	#其他专技人员
总　数	**742675**	**73018**	**6704**	**302427**	**328284**	**38946**	**57595**	**18694**	**6045**	**158720**	**422805**	**78816**
农林牧渔业	29654	1702	66	10467	16321	1164	8130	16554	8	170	47	4745
交通运输仓储及邮电通讯业	8956	683		3476	4470	327	4405	12		10	41	4488
信息传输、计算机服务和软件业	1084	86		370	523	105	771	1		1	8	303
金融保险业	542	18		230	294		20			4		520
租赁和商务服务业	1652	50		579	880	143	442	6	5	19	24	1156
科学研究技术服务和地质勘查业	15831	3050	217	6383	5745	653	10317	575	1988	223	81	2647
水利环境和公共设施管理业	17474	1391	15	6562	8865	656	12700	264	61	67	34	4348
居民服务和其他服务业	3914	223	5	1206	2254	231	2231	66	2	50	12	1553
教育	437900	48021	3311	197327	171976	20576	2939	85	3781	1872	421135	8088
卫生、社会保障和社会福利业	171435	13647	2563	55800	91209	10779	2620	131	142	155618	571	12353
文化体育和娱乐业	28759	3049	513	10641	13003	2064	4820	24	24	98	516	23277
其他行业	25474	1098	14	9386	12744	2246	8200	976	34	588	336	15338

注:统计范围为地方国有乡(镇)街道以上的专业技术人员。

1－14　按行业分的企业单位专业技术人员(2007年)

单位:人

项　目	总计	按职务分					按专业分					
		高级职务	#正高级职务	中级职务	初级职务	未聘任专业技术职务	#工程技术人员	#农业技术人员	#科学技术人员	#卫生技术人员	#教学人员	#其他专技人员
总　数	**97864**	**5014**	**86**	**27546**	**51259**	**14045**	**42981**	**685**	**131**	**3863**	**772**	**49432**
农林牧渔业	1199	29	1	265	813	92	555	168		20	2	454
交通运输仓储及邮电通讯业	14321	589		4363	8508	861	6174	9		151	83	7904
信息传输、计算机服务和软件业	791	39		126	262	364	405		23		14	349
金融保险业	4262	90	1	1311	2400	461	216		1	3	5	4037
租赁和商务服务业	2726	31	1	623	1516	556	248	2		750	4	1722
科学研究技术服务和地质勘查业	1880	321	2	646	758	155	1640		17		1	222
水利环境和公共设施管理业	2776	136	5	717	1642	281	1632	34	3	3	8	1096
居民服务和其他服务业	1693	57	1	406	1036	194	726	9		12	12	934
教育	390	45	8	112	207	26	9			3	339	39
卫生、社会保障和社会福利业	51			10	41					48		3
文化体育和娱乐业	1825	187	38	522	803	313	268		1	2	7	1547
其他行业	65950	3490	29	18445	33273	10742	31108	463	86	2871	297	31125

1－15　技术市场成交合同数量与成交金额(1990—2007)

	合同项数（项）					成交金额（万元）				
		技术开发	技术转让	技术咨询	技术服务		技术开发	技术转让	技术咨询	技术服务
1990	8336	1375	526	1436	4999	13623	3999	1285	951	7387
1991	9200	1014	538	1502	6146	16236	4064	2805	1564	7804
1992	12670	1788	671	2188	8023	30829	5478	4121	4171	17060
1993	15769	876	437	3824	10632	71485	7520	4366	12153	47374
1994	14436	550	458	4387	9041	71966	6866	5339	18463	41298
1995	17954	467	491	5206	11790	97768	10510	10396	22174	54689
1996	19031	759	360	4554	13358	107293	12239	4831	22463	67761
1997	19808	849	378	5296	13285	133232	14018	8516	27906	82792
1998	21774	1094	314	5294	15072	162275	21432	7032	34486	99324
1999	25479	1713	542	6435	16789	188496	35651	12124	42448	96273
2000	31218	4391	395	11163	15269	276275	73794	13419	69398	119664
2001	33728	4014	510	10328	18876	316652	88501	12115	84019	132017
2002	38400	4143	458	13975	19824	389438	91372	17510	124756	155800
2003	50861	5886	489	21046	23440	530352	120639	24097	207732	177884
2004	39974	6862	562	18825	13725	581465	170182	27396	233855	150032
2005	20628	6788	816	8361	4663	386954	197527	34666	87409	67352
2006	17734	6900	682	6908	3244	399618	241660	26982	73721	57255
2007	16400	6508	830	5711	3351	454184	282385	38620	69574	63605

1－16　科协系统科技活动情况(2006—2007)

项　目	单位	科协合计		省科协		市科协		县级科协	
		2006	2007	2006	2007	2006	2007	2006	2007
机构数	个	**102**	**102**	**1**	**1**	**11**	**11**	**90**	**90**
人员数	人	**1157**	**1158**	**122**	**142**	**373**	**348**	**662**	**668**
学术活动									
学术会议									
次数	次	775	1059	15	5	360	581	400	473
参加人数	人	178510	205800	2840	2030	113250	128370	62420	75428
科技培训									
办培训班	个	5988	9519	79	63	510	1343	5399	8113
培训人次	人次	611616	775724	3200	3272	53034	166240	555382	606212
科普活动									
讲座次数	次	6513	6245	8	13	1071	1256	5434	4976
听讲人数	人次	1913175	1684822	5200	5200	382681	211690	1525294	1467932
展览次数	次	1763	2241	37	40	181	170	1545	2031
参观人数	人次	4167204	3927521	176000	310500	1174086	935700	2817118	2681321
咨询活动									
完成合同	项	1773	2687	1180	1178	253	1066	340	443
合同实现金额	千元	161037	303951	136000	141000	10700	106098	14337	56853
技术交易额	千元	158482	290233	136000	141000	10700	101210	11782	48023
出　版									
编著科技图书	种	119	145			17	16	102	129
年发行总量	册	499700	1063580			99400	100100	400300	963480

1－17 科协系统省级学会情况(2000—2007)

项　目	单位	2000	2001	2002	2003	2004	2005	2006	2007
机构数	个	**133**	**133**	**138**	**144**	**147**	**149**	**149**	**153**
会员数	人	**153909**	**134412**	**158487**	**135243**	**132062**	**148298**	**158427**	**155008**
学术活动									
学术会议									
次数	次	441	488	468	486	517	567	634	652
参加人数	人	41535	47425	46336	48904	58954	66100	76158	70349
交流论文数	篇	12399	19728	12378	16904	14092	22988	2115	33617
科技培训									
办培训班	个	265	242	282	326	350	286	460	440
培训人次	人次	26872	16237	20744	24910	25754	20625	45929	56007
继续教育	人次	8708	6135	4203	9208	4821	7354	11263	14929
科普活动									
讲座次数	次	426	373	321	328	588	696	668	674
听讲人数	人次	99885	72361	37053	65740	77955	117214	322887	208156
展览次数	次	103	37	48	105	88	118	71	72
参观人数	人次	278144	97880	110317	307790	326814	445843	153108	268860
青少年科技竞赛次数	次	20	44	23	30	30	33	41	50
咨询活动									
完成合同	项	288	238	268	283	309	319	245	211
合同实现金额	千元	5490	20555	8426	11549	12591	38009	8057	52289
技术交易额	千元	1507	4220	3009	7437	2573	2682	3178	51024
出　版									
主办科技期刊	种	49	38	14	51	51	42	46	42
年发行总数	册	2376465	569530	236600	1712535	999100	1052500	1382500	1448900
编著科技图书	种	57	133	78	178	21	24	36	32
年发行总量	册	63057	394200	259300	306800	95000	160500	91500	130800

1－18　专利申请量和授权量(1990—2007)

单位:件

	申请量合计	发　明	实用新型	外观设计	授权量合计	发　明	实用新型	外观设计
1990	2243	256	1754	233	989	43	882	64
1991	2571	300	1965	306	1217	49	1006	162
1992	3194	377	2382	435	1577	63	1343	171
1993	3343	423	2353	567	2946	129	2404	413
1994	3495	389	2373	733	2028	62	1612	354
1995	4042	357	2323	1362	2131	54	1455	622
1996	5162	403	2845	1914	2410	45	1377	988
1997	6262	493	3062	2707	3167	64	1487	1616
1998	7074	571	3309	3194	4470	47	1967	2456
1999	8177	587	3465	4125	7071	108	3524	3439
2000	10316	859	4439	5018	7495	184	3439	3872
2001	12828	1093	5216	6519	8312	174	3549	4589
2002	17265	1843	6390	9032	10479	188	3860	6431
2003	21463	2750	7758	10955	14402	398	4928	9076
2004	25294	3578	9021	12695	15249	785	5492	8972
2005	43221	6776	12723	23722	19056	1110	6778	11168
2006	52980	8333	15940	28707	30968	1424	10503	19041
2007	68933	9532	19270	40131	42069	2213	16108	23748

1－19　测绘部门主要指标完成情况(2000—2007)

项　　目	2000	2001	2002	2003	2004	2005	2006	2007
测绘工作产值(万元)	27996	31615	42126	55357	73011	78758	91092	98634
年末测绘人数(人)	4929	4767	5398	5637	6616	7324	7741	7796
劳动生产率(元/人)	56798	66320	78041	98202	110355	107534	117675	126500
地形图测图(幅)	45805	39350	57309	54061	65111	68210	54628	57855
各等级三角导线,GPS测量(点)	6955	10229	13159	14747	11811	11801	12155	11915
各等级水准测量(公里)	7452	10507	8918	18719	13736	14712	21611	15065
编制各种专题图(幅)	1167	649	467	396	2028	3001	9334	7602
地图印刷(令)	12370	17462	6767	2572	7907			
提供各种比例尺地形图(张)	20195	15531	17295	20392	17362	20721	33564	68443
提供航摄照片(片)	13066	8192	5560	5780	4372	213		
提供大地控制点成果(点)	2246	993	3727	3562	1525	1455	3011	14368

1－20　标准计量、质量监督机构和人员数(2000—2007)

项　目	2000	2001	2002	2003	2004	2005	2006	2007
质量技术监督行政部门及其技术机构(个)	156	157	166	186	190	186	192	190
省级机构数(个)	11	10	11	14	14	14	15	15
市级机构数(个)	44	45	48	56	55	52	51	51
县(市、区)级机构数(个)	101	102	107	116	121	120	126	124
产品质量监督检验机构数(个)	175	151	166	176	810	943	987	1024
省级院(所)	67	58	60	68	144	151	121	125
市级院(所)	47	45	39	44	418	507	392	406
县级院(所)	61	48	67	64	248	285	474	493
年末职工总数(人)	3644	4113	4551	4552	4761	4903	5133	5295
专业技术人员(人)	1808	2056	2123	2190	2224	2330	2433	2545
业务管理人员(人)	749	729	597	587	655	668	774	701
行政人员(人)	722	915	1408	1429	1515	1471	1544	1621
工人(人)	365	413	429	346	367	434	382	428
已建省级社会公用计量标准(大类)	10	10	10	10	10	10	10	10
已建市级社会公用计量标准(大类)	10	10	10	10	10	10	10	10
已开展强制检定工作计量器具(项)		52	49	48	683	41	43	42
计量仪器检定(万台件)	114	109	268	107	143	135	134.81	150.2
产品质量监督检验受检企业数(个)		23877	22819	22780	17113	19999	25612	25101
本年度财政拨款(万元)	7240	15993	21194	26134	43060	51823	59348	85812
#省级机构拨款	1372	2914	3911	3578	8154	9353	11118	22704
市级机构拨款	2275	5397	6146	9306	13985	16967	19605	25263
县级机构拨款	3593	7682	11137	13250	20920	25502	28625	37845
固定资产总值(万元)	32381	42340	48250	68268	74754	87220	116160	138284
省级固定资产	5897	6305	10010	13979	15263	19049	18729	24988
市级固定资产	13105	15381	17456	21473	24213	27863	43790	53829
县级固定资产	13379	20651	20784	32816	35278	40308	53641	59466
现有工作用房(万平方米)	15.08	18.84	21.63	26.99	35.37	31.32	34.48	33.44
标准馆藏总量(万件)	13	7.5	9.5	20	20	20	20	25
国内标准	6	5	5	12.4	16	15	13	13.5
国外标准	7	2.5	4.5	7.6	4	5	7	11.5
打击假冒伪劣案件立案数(个)	9833	11736	11989	11085	10667	9889	11000	10310

1－21 高新技术产品进出口贸易情况

单位:万美元

	出口		进口		进出口	
	2006	2007	2006	2007	2006	2007
高新技术产品(合计)	1016226	527153	674404	502567	1690630	1029720
生物技术	5227	4916	182	19	5409	4935
生命科学技术	126007	168226	26698	37500	152705	205726
光电技术	17805	21348	12495	12471	30300	33819
计算机与通信技术	748484	169641	253119	48054	1001603	217695
电子技术	71079	88660	297766	330360	368845	419020
计算机集成制造技术	34567	46413	76643	63828	111210	110241
材料技术	9610	23178	5973	6901	15583	30079
航空航天技术	1337	2173	1331	3146	2668	5319
其他技术	2110	2599	198	288	2308	2887

1－22 分地区工业制成品、高新技术产品进出口情况

单位:万美元

地区	出口					
	2006年			2007年		
	总值	工业制成品	高新技术产品	总值	工业制成品	高新技术产品
杭州市	2622481	2530623	679181	2995835	2896524	536762
宁波市	2876961	2759188	187300	3824465	3713666	129929
温州市	808133	781233	23271	1014639	992883	30644
嘉兴市	917580	883449	37510	1167353	1124492	42612
湖州市	266637	242173	8746	367379	335664	1102
绍兴市	1050289	1031341	22485	1380799	1358618	29750
金华市	580595	572833	15355	754500	744587	18837
衢州市	46349	36692	3090	72179	61968	7813
舟山市	162239	65199	225	238583	121687	97
台州市	703447	689025	38580	936311	920148	16913
丽水市	54716	51930	482	74819	71419	568

单位:万美元

地　区	进　口					
	2006年			2007年		
	总　值	工业制成品	高新技术产品	总　值	工业制成品	高新技术产品
杭州市	1268039	1068888	478378	1345851	1056537	300929
宁波市	1344264	1062256	139846	1825077	1502932	136743
温州市	181328	87882	2956	210009	119543	4686
嘉兴市	347696	257117	34201	443610	335368	35847
湖州市	34253	20146	1701	58957	28938	2026
绍兴市	344619	333706	5949	548138	532260	8142
金华市	36649	31851	2232	41546	36796	2216
衢州市	17593	6793	673	33896	10693	459
舟山市	108964	28660	2886	169027	45408	2650
台州市	139699	127457	5395	172820	163174	8819
丽水市	2153	848	187	9409	928	49

1－23　全省科技成果获奖情况(1990—2007)

单位:项

年份	国家自然科学奖	国家技术发明奖	国家科技进步奖	省科技进步奖	省重大科技贡献奖
1990		3	16	297	
1991	2	7	14	299	
1992		4	6	297	
1993	1	4	24	300	
1994				299	
1995	5	5	19		
1996		3	12	300	
1997	2	6	22	300	
1998		1	16	299	
1999	1		11	299	
2000			13	300	
2001		1	8	300	
2002	2		4	279	
2003		1	8	280	3
2004		2	13	280	
2005	3		11	280	2
2006	1	2	9	280	
2007	2	6	21	273	3

注:国家自然科学奖1999年以前每两年评定一次,1999年以后每年评定一次。
1994年,国家级奖励全国暂停一年。
自1996年起,省级奖励的获奖年份以当年评审命名。
省重大科技贡献奖从2003年开始评定,每两年评一次,是科技人才个人奖励。

二、研究与开发机构

2-1 县级以上政府部门属研究与开发机构情况(1986—2007)

年份	机构数(个)	从事科技活动人员(人)	#科学家工程师	科技经费筹集额(万元)	#政府拨款	科技经费支出额(万元)	#人员费用
1986	153			14015	8877	12580	3067
1987	152			17721	10431	15234	3001
1988	156			18920	14073	27715	4065
1989	161			24889	11974	25070	4026
1990	163			33801	15801	29169	5123
1991	164			29623	9330	26494	5001
1992	165			40512	14410	37017	6156
1993	162			47139	14289	45206	9001
1994	161			53069	18251	48025	13993
1995	161			62021	11784	59248	15589
1996	161			72172	25110	63407	18189
1997	162			91503	31795	83434	20806
1998	164			126704	47919	107580	23018
1999	160			126740	50194	113565	28392
2000	146			120587	54365	108129	27263
2001	127			89248	51719	82109	26341
2002	110	5470	3756	89540	54571	80771	28286
2003	104	5095	3746	115029	65770	97981	38157
2004	96	5171	3836	116542	80373	102949	34213
2005	99	5798	4543	144821	109676	120907	31646
2006	99	6178	4917	176610	128341	142664	38853
2007	100	6677	5491	211682	155461	167207	44752

2－2　县及县以上政府部门属各类研究与开发机构概况

	单位	县以上部门属研究与开发机构合计	自然科学和技术领域	社会与人文科学领域	科技信息和文献机构	县属研究与开发机构	转制机构
机构数	个	100	85	4	11	48	49
职工总数	人	7526	6967	245	314	489	5635
单位在职从事科技活动人员	人	6000	5488	219	293	369	2889
科学家工程师	人	4814	4389	207	218	194	2224
R&D人员	人年	2069	1914	155		30	768
科技经费筹集额	千元	2116816	1931223	63780	121813	40538	533321
政府拨款	千元	1554614	1383152	63780	107682	38884	211622
科技经费内部支出	千元	1672071	1543148	49322	79601	38780	558132
资产购建支出	千元	323345	311134	2390	9821	4298	74661
R&D经费内部支出	千元	600048	566822	33226		3253	157111
资产合计	千元	4195308	3905361	104145	185802	68557	4398379
课题数	个	3581	3458	67	56	136	572
课题经费支出	千元	843280	800811	28875	13594	18635	304883
R&D课题经费支出	千元	389178	366853	22325		2981	113254
课题投入人员	人年	4414	4178	161	75	212	1686
R&D课题投入科学家工程师	人年	1593	1480	113		22	509
专利申请受理	项	143	143			1	49
专利授权	项	48	48			2	59
科技论文	篇	2868	2436	372	60	99	426
科技专著	种	86	54	29	3	3	5

2-3　县级以上政府部门属自然科学研究与开发机构概况

	机构数（个）	从业人员总数（人）	单位在职科技活动人员	科学家工程师	经费收入总额（千元）	政府资金	经费支出总额（千元）	科技经费支出
总　计	**85**	**6967**	**5488**	**4389**	**2136657**	**1383152**	**1781414**	**1543148**
按隶属关系分组								
地方部门属	77	5771	4505	3506	1534485	862057	1326626	1105626
省级部门属	23	3286	2653	2136	1074218	593153	918097	770918
计划单列市部门属	10	393	296	254	80272	40836	73206	66288
地市级部门属	44	2092	1556	1116	379995	228068	335323	268420
中央部门属	8	1196	983	883	602172	521095	454788	437522
中国科学院	1	115	110	110	144782	141257	59969	56479
按服务的国民经济行业分组								
农、林、牧、渔业	29	2856	2184	1704	774389	674373	713437	634164
农业	16	1490	1106	829	326467	290456	295958	266546
林业	4	202	135	103	56036	54697	48021	42290
渔业	4	222	179	139	51494	43808	54295	39631
农、林、牧、渔服务业	5	942	764	633	340392	285412	315163	285697
制造业	18	900	733	538	172415	111633	129944	121490
农副食品加工业	2	21	17	11	2050	1271	1870	1482
食品制造业	1	79	52	51	7047	2775	10226	7797
饮料制造业	1	35	31	22	6849	3304	5279	4773
化学原料及化学制品制造业	1	109	109	48	11661	7628	9903	9903
医药制造业	3	164	125	114	29970	24647	24240	22253
非金属矿物制品业	1	22	11	2	1865	1666	1797	1350
通用设备制造业	3	307	263	213	84487	51274	55305	54668
专用设备制造业	4	127	114	69	27219	18930	19626	18387
仪器仪表及文化、办公用机械制造业	1	22			210		520	
工艺品及其他制造业	1	14	11	8	1057	138	1178	877
电力、燃气及水的生产和供应业	1	92	73	62	26837	8204	22320	21540
电力、热力的生产和供应业	1	92	73	62	26837	8204	22320	21540
信息传输、计算机服务和软件业	1	4	4	2	309	105	301	301
计算机服务业	1	4	4	2	309	105	301	301
科学研究、技术服务和地质勘查业	22	1780	1485	1228	757951	491586	589602	504771
研究与试验发展	7	670	548	449	286587	242347	201258	193535

	机构数（个）	从业人员总数（人）	单位在职科技活动人员	科学家工程师	经费收入总额（千元）	政府资金	经费支出总额（千元）	科技经费支出
专业技术服务业	8	843	755	620	329210	229211	273940	269114
科技交流和推广服务业	6	167	118	105	39864	10146	33770	21481
地质勘查业	1	100	64	54	102290	9882	80634	20641
水利、环境和公共设施管理业	12	1310	985	837	400398	93598	322302	257930
水利管理业	2	366	310	273	138906	42407	116565	110632
环境管理业	10	944	675	564	261492	51191	205737	147298
卫生、社会保障和社会福利业	1	6	5	2	586	396	586	545
卫生	1	6	5	2	586	396	586	545
文化、体育和娱乐业	1	19	19	16	3772	3257	2922	2407
体育	1	19	19	16	3772	3257	2922	2407
按机构所属学科分组								
自然科学领域	6	588	491	435	342496	214649	281439	219573
信息科学与系统科学	1	6	6	5	974	974	502	502
地球科学	3	545	451	401	335957	209270	277397	215588
生物学	2	37	34	29	5565	4405	3540	3483
农业科学领域	33	3216	2368	1835	823208	704801	757521	657329
农学	22	2464	1914	1471	663029	568328	610721	549464
林学	7	530	275	225	108685	92665	92505	68234
水产学	4	222	179	139	51494	43808	54295	39631
医学科学领域	6	566	435	339	150024	105387	146149	142816
基础医学	3	78	73	64	25426	17411	17012	16678
临床医学	1	6	5	2	586	396	586	545
预防医学与卫生学	1	368	278	203	102988	71728	110542	109302
中医学与中药学	1	114	79	70	21024	15852	18009	16291
工程科学与技术领域	38	2564	2164	1756	816100	354920	592205	520146
工程与技术科学基础学科	2	176	167	102	35625	20798	25109	24848
材料科学	2	137	121	112	146647	142923	61766	57829
机械工程	6	541	468	370	150045	54888	111553	98440
能源科学技术	2	52	43	33	10259	8011	10735	9686
核科学技术	1	23	19	17	3446	3021	3075	2785
电子、通信与自动控制技术	4	156	109	69	16662	11537	15129	13642
计算机科学技术	1	4	4	2	309	105	301	301

	机构数（个）	从业人员总数（人）	单位在职科技活动人员	科学家工程师	经费收入总额（千元）	政府资金	经费支出总额（千元）	科技经费支出
化学工程	2	107	78	77	19127	9584	15655	13188
食品科学技术	2	42	33	16	3885	3299	3730	3158
土木建筑工程	1	44	42	31	5640	5436	5536	5431
水利工程	3	458	383	335	165743	50611	138885	132172
环境科学技术	9	715	624	524	222917	32002	168356	135520
安全科学技术	1	65	53	53	20076	3506	16346	15478
管理学	2	44	20	15	15719	9199	16029	7668
社会、人文科学领域	2	33	30	24	4829	3395	4100	3284
艺术学	1	14	11	8	1057	138	1178	877
体育科学	1	19	19	16	3772	3257	2922	2407
按机构中从事科技活动人员规模分组								
500～999人	1	775	636	522	303217	251860	283945	256115
300～499人	2	833	745	633	354186	206697	290092	271046
200～299人	4	1202	963	793	431273	262281	379767	366341
100～199人	5	869	696	513	286835	224151	186644	174325
50～99人	18	1600	1244	1018	421639	233073	347181	251814
30～49人	16	908	632	472	178345	117029	155160	122122
20～29人	13	388	313	241	91688	50923	73860	59553
10～19人	15	296	200	152	58494	30337	55738	33788
0～9人	11	96	59	45	10980	6801	9027	8044
地方属机构按地区分组								
杭州市	23	3431	2717	2173	1111598	584055	960571	812411
宁波市	10	393	296	254	80272	40836	73206	66288
温州市	14	856	651	471	149281	97138	127692	101032
嘉兴市	2	186	163	129	32059	22593	17886	13386
湖州市	4	167	123	97	37010	28754	32052	22049
绍兴市	1	49	42	29	7622	7008	7740	7122
金华市	6	164	132	96	28736	24793	23011	21044
衢州市	5	43	37	33	6344	6308	5108	4843
舟山市	6	174	131	68	32458	16148	36307	23538
台州市	4	210	127	90	38568	23899	33643	26105
丽水市	2	98	86	66	10537	10525	9410	7808

2-4 县级以上政府部门属自然科学研究与开发机构人员情况

单位：人

	从业人员总数	单位在职科技活动人员		外来流动科技活动人员		离退休人员
			女性	外聘的流动研究人员	非本单位在读研究生	
总计	**6967**	**5488**	**1770**	**261**	**416**	**4417**
按隶属关系分组						
地方部门属	5771	4505	1493	243	120	3820
省级部门属	3286	2653	952	54	69	1966
计划单列市部门属	393	296	102	4		317
地市级部门属	2092	1556	439	185	51	1537
中央部门属	1196	983	277	18	296	597
中国科学院	115	110	45	11	77	
地方属机构按地区分组						
杭州市	3431	2717	965	33	56	2410
宁波市	393	296	102	4		317
温州市	856	651	206	178	50	540
嘉兴市	186	163	41	19	13	44
湖州市	167	123	40	9	1	98
绍兴市	49	42	8			29
金华市	164	132	24			110
衢州市	43	37	10			26
舟山市	174	131	36			76
台州市	210	127	38			113
丽水市	98	86	23			57

2－5　县级以上政府部门属自然科学研究与开发机构人员按工作性质分类情况

单位：人

	单位在职科技活动人员	科学家工程师	科技管理	课题活动	科技服务	生产经营活动人员	其他人员
总　计	**5488**	**4389**	**864**	**3523**	**1101**	**612**	**867**
按隶属关系分组							
地方部门属	4505	3506	745	2761	999	517	749
省级部门属	2653	2136	450	1652	551	278	355
计划单列市部门属	296	254	54	208	34	28	69
地市级部门属	1556	1116	241	901	414	211	325
中央部门属	983	883	119	762	102	95	118
中国科学院	110	110	18	59	33		5
按学科领域分组							
自然科学领域	491	435	55	398	38	30	67
农业科学领域	2368	1835	303	1766	299	354	494
医学科学领域	435	339	93	263	79	61	70
工程科学与技术领域	2164	1756	407	1074	683	167	233
社会、人文科学领域	30	24	6	22	2		3
地方属机构按地区分组							
杭州市	2717	2173	476	1596	645	322	392
宁波市	296	254	54	208	34	28	69
温州市	651	471	71	392	188	15	190
嘉兴市	163	129	24	120	19	8	15
湖州市	123	97	16	92	15	27	17
绍兴市	42	29		42			7
金华市	132	96	24	87	21	22	10
衢州市	37	33	6	28	3		6
舟山市	131	68	30	62	39	31	12
台州市	127	90	27	80	20	64	19
丽水市	86	66	17	54	15		12

2－6　县级以上政府部门属自然科学研究与开发机构科技活动人员情况

单位：人

	单位在职科技活动人员	学位		学历				职称		
		博士	硕士	研究生	博士	大学	大专	高级	中级	初级
总　计	**5488**	**342**	**1044**	**1316**	**342**	**2522**	**932**	**1590**	**1783**	**1258**
按隶属关系分组										
地方部门属	4505	192	773	901	192	2121	810	1193	1503	1003
省级部门属	2653	162	528	648	162	1209	466	754	902	532
计划单列市部门属	296	6	57	58	6	159	53	88	100	77
地市级部门属	1556	24	188	195	24	753	291	351	501	394
中央部门属	983	150	271	415	150	401	122	397	280	255
中国科学院	110	31	51	82	31	22	6	28	14	68
地方属机构按地区分组										
杭州市	2717	143	521	621	143	1246	510	771	968	529
宁波市	296	6	57	58	6	159	53	88	100	77
温州市	651	16	89	89	16	344	106	166	204	180
嘉兴市	163	24	42	67	24	53	17	32	28	22
湖州市	123	3	20	25	3	56	17	28	27	31
绍兴市	42		3	3		25	2	13	7	22
金华市	132		11	15		61	27	22	46	31
衢州市	37		2	2		25	6	14	13	5
舟山市	131		5	5		43	21	15	35	33
台州市	127		16	10		58	26	23	41	45
丽水市	86		7	6		51	25	21	34	28

2-7 县级以上政府部门属自然科学研究与开发机构经费收入情况

单位:千元

	科技经费筹集额						生产经营收入	其他收入
		政府资金	企业资金	事业单位资金	国外资金	其他资金		
总　计	**1931223**	**1383152**	**284421**	**247667**	**531**	**15452**	**159023**	**41291**
按隶属关系分组								
地方部门属	1342776	862057	228293	237281	531	14614	149299	37290
省级部门属	947328	593153	174119	167735	531	11790	110124	16646
计划单列市部门属	75115	40836	32935	1344			3722	1435
地市级部门属	320333	228068	21239	68202		2824	35453	19209
中央部门属	588447	521095	56128	10386		838	9724	4001
中国科学院	144782	141257	2687			838		
按服务的国民经济行业分组								
农、林、牧、渔业	743954	674373	1291	65695		2595	16490	13825
农业	305437	290456	330	12115		2536	9177	11733
林业	55256	54697	500			59	780	
渔业	45231	43808	246	1177			4761	1502
农、林、牧、渔服务业	338030	285412	215	52403			1772	590
制造业	167397	111633	7175	48360		229	2671	2347
农副食品加工业	2050	1271	223	556				
食品制造业	6164	2775	3389				883	
饮料制造业	6219	3304	2915				487	143
化学原料及化学制品制造业	11661	7628	200	3833				
医药制造业	29566	24647	138	4781				404
非金属矿物制品业	1865	1666				199		
通用设备制造业	82992	51274	296	31422				1495
专用设备制造业	26698	18930		7768			426	95
仪器仪表及文化、办公用机械制造业								210
工艺品及其他制造业	182	138	14			30	875	
电力、燃气及水的生产和供应业	21341	8204	13137				5487	9
电力、热力的生产和供应业	21341	8204	13137				5487	9
信息传输、计算机服务和软件业	281	105	21	155			27	1

	科技经费筹集额	政府资金	企业资金	事业单位资金	国外资金	其他资金	生产经营收入	其他收入
计算机服务业	281	105	21	155			27	1
科学研究、技术服务和地质勘查业	650871	491586	87528	58729	531	12497	93317	8763
研究与试验发展	274634	242347	17600	2005	185	12497	2593	4360
专业技术服务业	325278	229211	39600	56467			80	3852
科技交流和推广服务业	27244	10146	16495	257	346		12069	551
地质勘查业	23715	9882	13833				78575	
水利、环境和公共设施管理业	343536	93598	175269	74538		131	41031	15831
水利管理业	136009	42407	42334	51268			2897	
环境管理业	207527	51191	132935	23270		131	38134	15831
卫生、社会保障和社会福利业	586	396		190				
卫生	586	396		190				
文化、体育和娱乐业	3257	3257						515
体育	3257	3257						515
按机构所属学科领域分组								
自然科学领域	261631	214649	46049	933			78655	2210
农业科学领域	777395	704801	4626	65373		2595	31439	14254
医学科学领域	145632	105387	14230	14251	185	11579		4392
工程科学与技术领域	743126	354920	219502	167110	346	1248	48054	19920
社会、人文科学领域	3439	3395	14			30	875	515
地方属机构按地区分组								
杭州市	979284	584055	173776	206805	531	14117	120363	11951
宁波市	75115	40836	32935	1344			3722	1435
温州市	123431	97138	20873	5191		229	2789	17941
嘉兴市	26872	22593		4070		209	1100	4087
湖州市	29426	28754	405	267			6973	611
绍兴市	7008	7008						614
金华市	28261	24793	105	3363			91	384
衢州市	6308	6308						36
舟山市	19378	16148	9	3221			12861	219
台州市	37168	23899	190	13020		59	1400	
丽水市	10525	10525						12

2－8 县级以上政府部门属自然科学研究与开发机构技术性收入情况

单位：千元

	技术性收入	来自企业	技术开发收　　入	技术转让收　　入	技术咨询服务收入	学术和科普活动收入
总　计	**532088**	**284421**	**58533**	**9002**	**461225**	**3328**
按隶属关系分组						
地方部门属	465574	228293	55846	4240	403279	2209
省级部门属	341854	174119	54980	4240	280615	2019
计划单列市部门属	34279	32935			34279	
地市级部门属	89441	21239	866		88385	190
中央部门属	66514	56128	2687	4762	57946	1119
中国科学院	2687	2687	2687			
按服务的国民经济行业分组						
农、林、牧、渔业	66986	1291	33862	5462	27232	430
农业	12445	330	352	4762	6901	430
林业	500	500			500	
渔业	1423	246	175		1248	
农、林、牧、渔服务业	52618	215	33335	700	18583	
制造业	55535	7175	3295	490	49817	1933
农副食品加工业	779	223			779	
食品制造业	3389	3389			3389	
饮料制造业	2915	2915			2511	404
化学原料及化学制品制造业	4033	200	200		3833	
医药制造业	4919	138	2799	490	101	1529
通用设备制造业	31718	296	296		31422	
专用设备制造业	7768				7768	
工艺品及其他制造业	14	14			14	
电力、燃气及水的生产和供应业	13137	13137			12852	285
电力、热力的生产和供应业	13137	13137			12852	285

	技术性收入	来自企业	技术开发收入	技术转让收入	技术咨询服务收入	学术和科普活动收入
信息传输、计算机服务和软件业	176	21			176	
计算机服务业	176	21			176	
科学研究、技术服务和地质勘查业	146257	87528	17225	3050	125512	470
研究与试验发展	19605	17600	17216	300	1619	470
专业技术服务业	96067	39600			96067	
科技交流和推广服务业	16752	16495	9		16743	
地质勘查业	13833	13833		2750	11083	
水利、环境和公共设施管理业	249807	175269	4151		245636	20
水利管理业	93602	42334	301		93301	
环境管理业	156205	132935	3850		152335	20
卫生、社会保障和社会福利业	190					190
卫生	190					190
按机构所属学科领域分组						
自然科学领域	46982	46049	138	2750	44094	
农业科学领域	69999	4626	33862	5462	29841	834
医学科学领域	28481	14230	17070	790	8432	2189
工程科学与技术领域	386612	219502	7463		378844	305
社会、人文科学领域	14	14			14	
地方属机构按地区分组						
杭州市	380581	173776	50741	4240	323601	1999
宁波市	34279	32935			34279	
温州市	26064	20873	791		25273	
嘉兴市	4070		3850		200	20
湖州市	672	405	138		534	
金华市	3468	105	208		3070	190
舟山市	3230	9	9		3221	
台州市	13210	190	109		13101	

2-9　县级以上政府部门属自然科学研究与开发机构科技经费支出情况

单位:千元

	科技经费内部支出	人员费用	资产购建支出	购置科研仪器设备	其他日常支出	生产经营支出	其他支出
总　计	**1543148**	**406447**	**311134**	**224496**	**825567**	**140861**	**73196**
按隶属关系分组							
地方部门属	1105626	321185	159342	100078	625099	133401	63390
省级部门属	770918	198579	121194	74675	451145	89168	33802
计划单列市部门属	66288	23143	6385	1264	36760	3446	3472
地市级部门属	268420	99463	31763	24139	137194	40787	26116
中央部门属	437522	85262	151792	124418	200468	7460	9806
中国科学院	56479	6668	37419	26179	12392	3340	150
按服务的国民经济行业分组							
农、林、牧、渔业	634164	183660	79103	39176	371401	15061	40003
农业	266546	91902	27338	23358	147306	9399	20013
林业	42290	10641	9275	4666	22374	824	4907
渔业	39631	13329	8872	1289	17430	4402	10262
农、林、牧、渔服务业	285697	67788	33618	9863	184291	436	4821
制造业	121490	47011	23924	23883	50555	3219	5235
农副食品加工业	1482	948	169	169	365		388
食品制造业	7797	4722			3075	2002	427
饮料制造业	4773	2069	92	92	2612	356	150
化学原料及化学制品制造业	9903	2851	340	340	6712		
医药制造业	22253	7786	2529	2529	11938		1987
非金属矿物制品业	1350	509			841		447
通用设备制造业	54668	20016	19603	19562	15049		637
专用设备制造业	18387	7969	992	992	9426	620	619
仪器仪表及文化、办公用机械制造业							520
工艺品及其他制造业	877	141	199	199	537	241	60
电力、燃气及水的生产和供应业	21540	3513	3376	2854	14651	213	567
电力、热力的生产和供应业	21540	3513	3376	2854	14651	213	567
信息传输、计算机服务和软件业	301	206			95		

	科技经费内部支出	人员费用	资产购建支出	购置科研仪器设备	其他日常支出	生产经营支出	其他支出
计算机服务业	301	206			95		
科学研究、技术服务和地质勘查业	504771	108671	181251	135103	214849	74239	10592
研究与试验发展	193535	38641	76706	41109	78188	4529	3194
专业技术服务业	269114	57504	101356	90805	110254		4826
科技交流和推广服务业	21481	6384	925	925	14172	10137	2152
地质勘查业	20641	6142	2264	2264	12235	59573	420
水利、环境和公共设施管理业	257930	62057	22480	22480	173393	48129	16243
水利管理业	110632	24520	11534	11534	74578	4668	1265
环境管理业	147298	37537	10946	10946	98815	43461	14978
卫生、社会保障和社会福利业	545	305			240		41
卫生	545	305			240		41
文化、体育和娱乐业	2407	1024	1000	1000	383		515
体育	2407	1024	1000	1000	383		515
按机构所属学科领域分组							
自然科学领域	219573	36253	91286	80735	92034	59573	2293
农业科学领域	657329	193977	84728	39680	378624	31535	44448
医学科学领域	142816	34316	31347	12111	77153	97	3236
工程科学与技术领域	520146	140736	102574	90771	276836	49415	22644
社会、人文科学领域	3284	1165	1199	1199	920	241	575
地方属机构按地区分组							
杭州市	812411	210878	121216	78225	480317	104277	19674
宁波市	66288	23143	6385	1264	36760	3446	3472
温州市	101032	42393	12512	12471	46127	2155	24505
嘉兴市	13386	6373	2188	2188	4825	400	4100
湖州市	22049	7185	3959	3959	10905	5436	4567
绍兴市	7122	2305	68	68	4749		618
金华市	21044	5933	4375	847	10736	884	1083
衢州市	4843	1960	9	9	2874		265
舟山市	23538	7245	7723	140	8570	11270	1499
台州市	26105	9290	227	227	16588	5533	2005
丽水市	7808	4480	680	680	2648		1602

2－10　县级以上政府部门属自然科学研究与开发机构资产情况

单位：千元

	资产合计	流动资产	固定资产			无形资产	对外投资
				科研房屋建筑物	科研仪器设备和图书资料		
总　计	**3905361**	**2176297**	**1508067**	**451920**	**698762**	**11826**	**209171**
按隶属关系分组							
地方部门属	2756325	1550373	1003887	250561	425928	11826	190239
省级部门属	1873634	1106807	590865	113737	319381	8324	167638
计划单列市部门属	201706	103427	88721	38723	33182		9558
地市级部门属	680985	340139	324301	98101	73365	3502	13043
中央部门属	1149036	625924	504180	201359	272834		18932
中国科学院	229956	117115	112841	90099	22742		
地方属机构按地区分组							
杭州市	1909918	1125202	637862	114824	331763	8324	138530
宁波市	201706	103427	88721	38723	33182		9558
温州市	284469	109443	163866	48689	30133	2483	8677
嘉兴市	77469	42449	12794	379	3224		22226
湖州市	93525	54119	34326	17309	9717		5080
绍兴市	14528	7297	7231	1085	6146		
金华市	30851	14846	15195	10722	2116		810
衢州市	17020	11898	5122	350	654		
舟山市	31634	14923	12742	5334	4397	4	3965
台州市	67016	50840	16096	9447	3243		80
丽水市	28189	15929	9932	3699	1353	1015	1313

2－11　县级以上政府部门属自然科学研究与开发机构课题情况(一)

	课题数合　计(个)	当年开题	当年完成	课题经费内部支出(千元)	政府资金	投入人员(人年)	科学家工程师
合　计	**3458**	**1845**	**1141**	**800811**	**454369**	**4178**	**3290**
按课题活动类型分组							
基础研究	86	46	29	11741	11741	54	54
应用研究	218	90	63	140792	121850	480	424
试验发展	831	280	295	214321	148091	1204	1003
研究与试验发展成果应用	826	315	320	170534	107561	1217	906
科技服务	1455	1109	417	249324	64035	1181	865
生产性活动	42	5	17	14101	1092	42	40

2－12　县级以上政府部门属自然科学研究与开发机构课题情况(二)

	课题数合计（个）	R&D课题	课题经费内部支出（千元）	政府资金	R&D课题经费	课题投入人员（人年）	科学家和工程师	R&D人员
总　计	**3458**	**1135**	**800811**	**454369**	**366853**	**4178**	**3290**	**1738**
按隶属关系分组								
地方部门属	2800	693	566548	254219	181957	3279	2479	1059
省级部门属	2117	502	442981	159868	144613	2060	1545	702
计划单列市部门属	77	30	42262	18615	6311	191	160	62
地市级部门属	606	161	81305	75736	31033	1027	774	295
中央部门属	658	442	234263	200150	184896	900	811	679
中国科学院	55	55	14033	10254	14033	106	100	106
按服务的国民经济行业分组								
农、林、牧、渔业	1536	637	347216	214606	164143	1882	1421	818
农业	587	218	112529	109938	59399	881	636	378
林业	191	138	27099	26548	18386	138	116	91
渔业	74	11	18623	16895	2007	137	96	21
农、林、牧、渔服务业	684	270	188965	61225	84351	726	573	329
制造业	219	65	30792	23623	11469	345	253	123
农副食品加工业	14		1115	780		14	2	
饮料制造业	14	8	3728	1029	435	25	18	4
化学原料及化学制品制造业	13		1785	870		14	12	
医药制造业	97	26	12192	11368	4933	127	105	53
非金属矿物制品业	1		70	70		1	1	
通用设备制造业	62	31	8290	6694	6101	98	77	66
专用设备制造业	18		3612	2812		65	39	
电力、燃气及水的生产和供应业	56	8	14815	2542	1844	46	46	8
电力、热力的生产和供应业	56	8	14815	2542	1844	46	46	8
信息传输、计算机服务和软件业	1		45	45		2	1	
计算机服务业	1		45	45		2	1	
科学研究、技术服务和地质勘查业	559	352	228169	174975	162573	1172	1046	655
研究与试验发展	224	175	59493	46277	44936	538	504	306

	课题数合计（个）	R&D课题	课题经费内部支出（千元）	政府资金	R&D课题经费	课题投入人员（人年）	科学家和工程师	R&D人员
专业技术服务业	277	164	135833	120047	116328	504	446	341
科技交流和推广服务业	27	1	17665	3384	221	76	53	2
地质勘查业	31	12	15177	5267	1088	55	42	6
水利、环境和公共设施管理业	1079	73	179647	38451	26824	731	523	134
水利管理业	228	50	77599	22881	24047	211	171	73
环境管理业	851	23	102048	15570	2777	520	352	61
文化、体育和娱乐业	8		128	128		1	1	
体育	8		128	128		1	1	
按课题所属学科分组								
自然科学领域	305	235	145969	137356	132584	515	448	439
信息科学与系统科学	6	1	600	530	158	9	8	3
力学	5	3	410	199	249	5	4	3
物理学	2	1	410	310	10	6	5	1
化学	7	5	873	693	343	5	4	2
地球科学	189	158	122894	115939	113376	364	335	330
生物学	96	67	20781	19685	18448	127	92	101
农业科学领域	1461	595	328438	202188	150658	1888	1420	794
农学	1010	386	226793	132759	103661	1395	1060	599
林学	242	130	39383	38784	17640	214	150	94
畜牧、兽医科学	118	68	41633	11754	27610	127	101	83
水产学	91	11	20628	18890	1746	152	109	19
医学科学领域	179	100	40877	32550	22980	283	264	155
基础医学	60	60	12871	12746	12871	84	80	84
临床医学	1		295	295		4	3	
预防医学与卫生学	30	23	13855	8841	7647	78	74	41
药学	10	8	5534	2646	1653	32	32	20
中医学与中药学	78	9	8322	8022	808	85	74	11
工程科学与技术领域	1487	204	283949	81062	60270	1426	1096	348
工程与技术科学基础学科	36	4	3921	2106	2236	27	19	7
测绘科学技术	1	1	580	10	580	2	2	2

	课题数合计（个）	R&D 课题	课题经费内部支出（千元）	政府资金	R&D 课题经费	课题投入人员（人年）	科学家和工程师	R&D 人员
材料科学	74	62	18788	12446	14577	149	135	113
机械工程	20	11	3677	2445	2335	28	25	18
动力与电气工程	16	14	3317	3144	3262	30	20	29
能源科学技术	25	5	3645	3081	735	43	37	11
核科学技术	2		500	500		6	3	
电子、通信与自动控制技术	17	13	4010	3547	2819	39	33	31
计算机科学技术	10	3	3372	1460	578	27	22	4
化学工程	21	2	1980	1207	533	105	99	2
纺织科学技术	1		140					
食品科学技术	92	36	19817	8577	8250	109	75	37
土木建筑工程	10	1	871	779	70	16	14	2
水利工程	286	38	93884	21724	21038	271	229	58
交通运输工程	6	2	786	656	496	8	6	3
航空、航天科学技术	2	2	776	776	776	5	5	5
环境科学技术	861	10	108874	17604	1986	516	345	26
安全科学技术	3		14823	915		38	23	
管理学	4		188	87		8	6	
社会、人文科学领域	26	1	1579	1212	361	66	63	2
艺术学	3		9	3		10	10	
经济学	13		978	978		51	50	
社会学	1		103	103		2	2	
教育学	1	1	361		361	2	1	2
体育科学	8		128	128		1	1	
按课题技术领域分组								
非技术领域	22	1	2496	2285	360	74	71	2
信息技术	108	18	22962	9744	6310	130	110	38
生物技术	1058	571	246659	162736	143365	1411	1099	776
新材料	97	63	18036	13853	14700	260	240	112
能源技术	82	14	17854	5237	2501	83	73	20
激光技术	10	8	2233	2233	1835	15	15	10

	课题数合计（个）	R&D 课题	课题经费内部支出（千元）	政府资金	R&D 课题经费	课题投入人员（人年）	科学家和工程师	R&D 人员
自动化技术	24	11	5211	3002	1904	60	51	30
海洋技术	1077	171	245243	139850	115518	921	709	340
其他技术领域	980	278	240118	115430	80360	1224	922	410
按课题来源分组								
中央政府部门下达课题	455	317	214018	182681	170154	728	626	554
自然科学基金课题	86	86	14957	11011	14957	82	70	82
863 计划课题	42	37	17565	13414	16151	77	67	70
国家科技支撑（攻关）计划课题	55	32	19158	9657	7593	58	46	28
国家星火计划课题	4		857	447		7	5	
国家 973 计划课题	20	20	7297	6065	7297	34	32	34
其他课题	248	142	154183	142086	124155	470	406	340
地方政府部门下达课题	1621	676	340274	236267	163676	2409	1871	995
地方自然科学基金课题	140	111	23142	16217	14650	157	123	105
地方科技攻关计划课题	706	339	191489	116327	108759	1262	1005	623
地方星火计划课题	7		397	357		9	6	
地方社会科学基金课题	15	10	4000	3794	3044	50	43	18
其他课题	753	216	121247	99572	37223	931	694	250
企业委托课题	1074	36	176436	11985	8054	747	558	67
自选课题	119	51	23232	9166	11882	111	81	44
国际合作课题	26	22	7452	3668	6301	29	24	22
其他课题	163	33	39401	10601	6786	155	131	55
按课题合作形式分组								
与境外机构合作	31	25	8301	4633	6645	33	28	22
与国内高校合作	114	39	21412	18272	7081	296	252	56
与国内独立研究机构合作	213	120	104316	103309	86907	400	317	290
与境内注册的其他企业合作	236	68	40275	20990	15051	292	224	85
独立研究	2688	800	571909	260208	211457	2941	2279	1149
其他	176	83	54597	46956	39711	217	190	136
按课题的社会经济目标分组								

	课题数合计（个）	R&D课题	课题经费内部支出（千元）	政府资金	R&D课题经费	课题投入人员（人年）	科学家和工程师	R&D人员
环境保护及污染防治	910	34	121441	25577	7972	556	375	41
环境政策、构架	13		2752	2446		21	15	
环境与资源评估	41	6	7525	4434	3528	40	30	9
环境监测	6	5	841	781	811	10	8	9
环境保护	25	8	3949	2852	1666	26	22	5
环境污染的避免	17	5	24161	1621	414	54	44	7
环境治理	795	7	76299	10948	872	382	238	8
灾害的预防、预报及治理	13	3	5915	2495	682	23	18	3
促进能源的生产、分配和合理利用	108	26	27453	8260	5004	123	110	38
能源产业政策研究、发展战略和规划、管理系统和方法研究等	7		6048	1333		18	15	
能源矿物的开采和加工技术	3	3	334	112	334	4	3	4
能源转换技术	1		110	70				
能源输送、储存与分配技术	3	3	285	285	285	4	4	4
可再生能源	75	10	17187	4202	2097	66	62	11
能源设施和设备建造	16	8	3207	1988	2016	25	24	15
节约能源的技术	3	2	283	271	273	7	3	5
促进卫生事业的发展	221	132	50140	40130	30766	361	319	218
诊断与治疗	88	15	8793	8773	1223	102	87	21
预防医学	1	1	160		160	3	2	3
公共卫生	22	20	8152	4138	3617	44	40	32
营养和食品卫生	23	12	4920	3447	2162	49	31	16
药物滥用和成瘾	11	11	1933	1933	1933	22	22	22
卫生医疗其他研究	76	73	26183	21840	21671	141	136	124
促进教育事业的发展	2	1	416	55	361	2	2	2
非学历教育与培训	1	1	361		361	2	1	2
其他教育	1		55	55		1		
基础设施以及城市和农村规划	112	20	25790	9356	8665	120	101	34
交通运输	6	2	1159	805	543	8	8	4
通信	2	1	880	850	180	4	2	3

2－12　续表 5

	课题数合计（个）	R&D 课题	课题经费内部支出（千元）	政府资金	R&D 课题经费	课题投入人员（人年）	科学家和工程师	R&D 人员
城市规划与市政工程	25	13	9413	3378	7669	33	28	24
农村发展规划与建设	77	4	13494	3479	273	70	59	3
交通运输、通信、城市与农村发展对环境影响的研究	2		844	844		4	4	
社会发展和社会服务	17		1668	1591		16	14	
社会结构与关系	3		218	142		8	6	
政府与政治	3		341	341		6	6	
遗产保护	3		980	980		1	1	
文艺、娱乐	8		128	128		1	1	
地球和大气层的探索与利用	274	136	154159	113173	108574	422	370	289
地壳、地幔，海底的探测和研究	26	26	16900	16900	16900	89	80	89
水文地理	129	27	46722	12739	8657	118	92	32
海洋	117	81	90426	83423	82906	214	198	167
大气	2	2	110	110	110	1	1	1
民用空间的探测及开发	29	29	10792	10792	10792	62	59	62
卫星服务	29	29	10792	10792	10792	62	59	62
促进农林牧渔业发展	1431	614	319970	206830	156988	1846	1382	817
农林牧渔业发展战略研究	194	61	27131	25866	10525	341	238	123
农作物种植及培育	625	268	144445	100037	74116	796	612	390
林业和林产品	177	117	26127	25828	16234	140	112	82
畜牧业	123	68	44822	12373	28499	132	107	81
渔业	89	9	18221	16647	1424	137	92	18
农林牧渔业体系支撑	214	85	57737	24897	25450	292	214	120
农林牧渔业生产中污染的防治与处理	9	6	1488	1183	742	8	7	4
促进工商业发展	343	134	85285	37151	34533	655	544	227
促进工商业发展的一般问题研究	11		736	711		42	41	
产业共性技术研究	21	20	3782	2738	3382	43	41	39
非能源资源矿产的开采	2	1	170	70	120	2	1	1
食品、饮料和烟草制品业	75	29	16700	5534	6173	82	57	23

	课题数合计（个）	R&D课题	课题经费内部支出（千元）	政府资金	R&D课题经费	课题投入人员（人年）	科学家和工程师	R&D人员
纺织业、服装及皮革制品业	24	11	3204	1589	2469	92	84	19
化学工业	26	15	4918	2956	3286	60	49	31
非金属与金属制品业	14	12	1555	1155	1360	25	23	22
机械制造业（不包括电子设备、仪器仪表及办公机械）	16	14	3652	3240	3266	47	33	43
电子设备、仪器仪表及办公机械	14	10	2071	1048	832	38	35	17
其他制造业	9	4	672	484	288	23	22	4
建筑业	15		2359	1895		38	35	
技术服务业	110	18	42031	14761	13358	150	114	28
商业及其他服务业	3		320	160		3	3	
工商业活动中的环境保护、污染防治与处理	3		3115	810		10	6	
非定向研究	7	7	3117	873	3117	10	10	10
农业科学领域的非定向研究	7	7	3117	873	3117	10	10	10
其他民用目标	2		500	500		6	3	
国防	2	2	81	81	81	1	1	1
地方属机构课题按地区分组								
杭州市	2123	466	441144	161517	141745	1945	1483	623
宁波市	77	30	42262	18615	6311	191	160	62
温州市	229	80	34218	32876	15411	538	417	174
嘉兴市	83	48	9740	6918	3888	166	125	86
湖州市	69	27	10621	7839	4877	96	70	45
绍兴市	25		1673	1673		42	29	
金华市	49	10	5271	4314	1570	73	46	16
衢州市	29	11	2289	2289	1019	28	28	11
舟山市	34	3	3831	3752	668	54	39	7
台州市	47	18	13116	12717	6469	89	59	36
丽水市	35		2383	1711		56	25	

2－13 县级以上政府部门属自然科学研究与开发机构课题经费内部支出情况

单位：千元

	课题经费内部支出合计	基础研究	应用研究	试验发展	R&D成果应用	科技服务	生产性活动
总计	**800811**	**11741**	**140792**	**214321**	**170534**	**249324**	**14101**
按隶属关系分组							
地方部门属	566548		33278	148679	154135	227816	2639
省级部门属	442981		28883	115731	113875	182661	1831
计划单列市部门属	42262		1588	4723	8497	27454	
地市级部门属	81305		2807	28226	31763	17701	808
中央部门属	234263	11741	107514	65641	16399	21507	11462
中国科学院	14033		1424	12609			
地方属机构课题按地区分组							
杭州市	441144		27943	113803	106237	190798	2364
宁波市	42262		1588	4723	8497	27454	
温州市	34218		878	14533	16053	2754	
嘉兴市	9740		170	3718	4877	975	
湖州市	10621		1480	3397	5409	335	
绍兴市	1673				1395	278	
金华市	5271		1003	567	2924	777	
衢州市	2289			1019	584	686	
舟山市	3831			668	1657	1506	
台州市	13116		216	6252	4179	2194	275
丽水市	2383				2323	60	

2－14　县级以上政府部门属自然科学研究与开发机构课题投入人员情况

单位:人年

	投入人员合计	基础研究	应用研究	试验发展	R&D成果应用	科技服务	生产性活动
总　计	**4178**	**54**	**480**	**1204**	**1217**	**1181**	**42**
按隶属关系分组							
地方部门属	3279		163	896	1159	1049	12
省级部门属	2060		125	577	556	795	8
计划单列市部门属	191		16	46	77	53	
地市级部门属	1027		22	273	526	202	4
中央部门属	900	54	317	307	58	133	30
中国科学院	106		38	68			
地方属机构课题按地区分组							
杭州市	1945		111	512	470	843	10
宁波市	191		16	46	77	53	
温州市	538		9	164	305	59	
嘉兴市	166		6	80	61	19	
湖州市	96		10	35	45	6	
绍兴市	42				37	5	
金华市	73		8	8	44	13	
衢州市	28			11	9	9	
舟山市	54			7	23	24	
台州市	89		3	33	34	18	2
丽水市	56				54	2	

2－15 县级以上政府部门属自然科学研究与开发机构课题投入科学家工程师情况

单位：人年

	科学家和工程师合计	基础研究	应用研究	试验发展	R&D成果应用	科技服务	生产性活动
总计	**3290**	**54**	**424**	**1003**	**906**	**865**	**40**
按隶属关系分组							
地方部门属	2479		137	723	857	754	9
省级部门属	1545		105	477	396	560	7
计划单列市部门属	160		16	41	63	41	
地市级部门属	774		17	205	398	153	2
中央部门属	811	54	287	280	49	111	30
中国科学院	100		36	65			
地方属机构课题按地区分组							
杭州市	1483		97	429	354	595	7
宁波市	160		16	41	63	41	
温州市	417		6	128	233	51	
嘉兴市	125		5	60	46	15	
湖州市	70		5	23	39	3	
绍兴市	29				26	4	
金华市	46		8	5	24	10	
衢州市	28			11	9	9	
舟山市	39			6	19	14	
台州市	59		2	21	21	13	2
丽水市	25				24	1	

2－16　县级以上政府部门属自然科学研究与开发机构论文、著作和专利情况

	科技论文（篇）		科技著作（种）	专利申请受理数（件）		专利授权数（件）			拥有发明专利数（件）	
		国外发表			发明专利		发明专利	国外授权		购买的发明专利
总　计	**2436**	**190**	**54**	**143**	**113**	**48**	**27**	**1**	**79**	**0**
按隶属关系分组										
地方部门属	1947	128	40	108	87	36	21	1	48	
省级部门属	1373	115	35	87	76	29	17	1	34	
计划单列市部门属	116	5	1	3	1	1	1		5	
地市级部门属	458	8	4	18	10	6	3		9	
中央部门属	489	62	14	35	26	12	6		31	
中国科学院	48	12		10	10					
按服务的国民经济行业分组										
农、林、牧、渔业	1270	75	30	78	66	27	17	1	52	
制造业	158	12	13	10	4	10	3		13	
电力、燃气及水的生产和供应业	19	1	1							
科学研究、技术服务和地质勘查业	679	60	6	33	23	9	5		8	
水利、环境和公共设施管理业	299	42	3	22	20	1	1		5	
文化、体育和娱乐业	11		1			1	1		1	
按机构所属学科领域分组										
自然科学领域	191	38	2	13	6	8	5		7	
农业科学领域	1344	75	30	80	66	27	17	1	59	
医学科学领域	376	20	16	5	5	1	1		4	
工程科学与技术领域	514	57	5	45	36	11	3		8	
社会、人文科学领域	11		1			1	1		1	
地方属机构按地区分组										
杭州市	1279	75	32	63	52	23	13	1	21	
宁波市	116	5	1	3	1	1	1		5	
温州市	205	2	4	13	7	7	2		10	
嘉兴市	83	40		19	19					
湖州市	48			5	5	3	3		6	
绍兴市	20									
金华市	48									
衢州市	20									
舟山市	29	6		1	1					
台州市	80		3	2	2	2	2		6	
丽水市	19			2						

2－17　县级以上政府部门属自然科学研究与开发机构R&D人员情况

	R&D人员（人）	按工作量分		按学历分			
		R&D全时人员	R&D非全时人员	博士毕业	硕士毕业	本科毕业	其他
总　计	**2612**	**1330**	**1282**	**303**	**774**	**1198**	**337**
按隶属关系分组							
地方部门属	1810	884	926	184	543	826	257
省级部门属	1259	598	661	145	412	544	158
计划单列市部门属	66	42	24	5	20	32	9
地市级部门属	485	244	241	34	111	250	90
中央部门属	802	446	356	119	231	372	80
中国科学院	157	75	82	32	55	62	8
按机构所属学科领域分组							
自然科学领域	377	263	114	46	96	197	38
农业科学领域	1315	630	685	148	397	588	182
医学科学领域	288	176	112	14	73	139	62
工程科学与技术领域	632	261	371	95	208	274	55
地方属机构按地区分组							
杭州市	1111	481	630	122	372	491	126
宁波市	66	42	24	5	20	32	9
温州市	317	169	148	28	84	177	28
嘉兴市	136	100	36	24	38	37	37
湖州市	58	29	29	5	12	22	19
金华市	20	8	12		5	13	2
衢州市	11	11			1	10	
舟山市	12	8	4		2	8	2
台州市	79	36	43		9	36	34

2－18　县级以上政府部门属自然科学研究与开发机构 R&D人员折合全时工作量情况

	R&D折合全时工作量（人年）	科学家和工程师	按活动类型分			按工作岗位性质分		
			基础研究人员	应用研究人员	试验发展人员	研究人员	技术人员	其他辅助人员
总　计	**1914**	**1706**	**58**	**507**	**1349**	**1301**	**439**	**174**
按隶属关系分组								
地方部门属	1224	1065		194	1030	800	328	96
省级部门属	844	760		155	689	591	220	33
计划单列市部门属	63	56		16	47	27	33	3
地市级部门属	317	249		23	294	182	75	60
中央部门属	690	641	58	313	319	501	111	78
中国科学院	110	102		41	69	58	34	18
按服务的国民经济行业分组								
农、林、牧、渔业	880	759		121	759	625	155	100
农业	412	330		31	381	259	85	68
林业	92	83		7	85	63	1	28
渔业	23	18		6	17	18	4	1
农、林、牧、渔服务业	353	328		77	276	285	65	3
制造业	124	108		26	98	68	42	14
饮料制造业	5	4			5	1	3	1
医药制造业	53	43		26	27	23	24	6
通用设备制造业	66	61			66	44	15	7
电力、燃气及水的生产和供应业	9	9			9	7	1	1
电力、热力的生产和供应业	9	9			9	7	1	1
科学研究、技术服务和地质勘查业	711	665	58	318	335	472	199	40

	R&D折合全时工作量（人年）		按活动类型分			按工作岗位性质分		
		科学家和工程师	基础研究人员	应用研究人员	试验发展人员	研究人员	技术人员	其他辅助人员
研究与试验发展	359	339		68	291	201	139	19
专业技术服务业	341	317	58	250	33	264	59	18
科技交流和推广服务业	3	2			3	1	1	1
地质勘查业	8	7			8	6		2
水利、环境和公共设施管理业	190	165		42	148	129	42	19
水利管理业	97	92		31	66	61	29	7
环境管理业	93	73		11	82	68	13	12
按机构所属学科领域分组								
自然科学领域	364	330	58	260	46	273	66	25
农业科学领域	919	795		121	798	644	173	102
医学科学领域	248	237		43	205	141	106	1
工程科学与技术领域	383	344		83	300	243	94	46
地方属机构按地区分组								
杭州市	725	672		134	591	512	195	18
宁波市	63	56		16	47	27	33	3
温州市	190	155		11	179	113	48	29
嘉兴市	119	93		11	108	82	16	21
湖州市	47	30		10	37	26	11	10
金华市	16	14		8	8	11	4	1
衢州市	11	11			11	9	2	
舟山市	8	6			8	6	1	1
台州市	45	28		4	41	14	18	13

2－19　县级以上政府部门属自然科学研究与开发机构R&D经费支出情况

单位:千元

	R&D经费内部支出	按活动类型分			按来源分					R&D经费外部支出
		基础研究	应用研究	试验发展	政府资金	企业资金	事业单位资金	国外资金	其他资金	
总　计	**566822**	**17213**	**211101**	**338508**	**453377**	**9439**	**98316**	**4910**	**780**	**4562**
按隶属关系分组										
地方部门属	279873		50910	228963	185394	5238	86580	1975	686	
省级部门属	227278		43487	183791	134618	5212	85473	1975		
计划单列市部门属	8203		2851	5352	8203					
地市级部门属	44392		4572	39820	42573	26	1107		686	
中央部门属	286949	17213	160191	109545	267983	4201	11736	2935	94	4562
中国科学院	49548		8957	40591	45769	3779				810
按机构所属学科领域分组										
自然科学领域	168619	17047	143775	7797	159572	80	8350		617	
农业科学领域	236646	166	37567	198913	160819	3357	67820	4487	163	3752
医学科学领域	67622		12115	55507	47890	887	18422	423		
工程科学与技术领域	93935		17644	76291	85096	5115	3724			810
地方属机构按地区分组										
杭州市	216952		41221	175731	125547	4036	85394	1975		
宁波市	8203		2851	5352	8203					
温州市	26525		1551	24974	26499	26				
嘉兴市	7643		326	7317	6657	986				
湖州市	5715		1480	4235	4254		775		686	
金华市	3084		2459	625	2976		108			
衢州市	1019			1019	1019					
舟山市	821			821	668		153			
台州市	9911		1022	8889	9571	190	150			

2－20 县级以上政府部门属自然科学研究与开发机构R&D经费内部支出情况

单位：千元

	R&D经费内部支出	经常费支出	劳务费	设备购置费	其他日常支出	基本建设费	仪器设备费	土建费
总　计	**566822**	**523652**	**156148**	**124665**	**242839**	**43170**	**5465**	**37705**
按隶属关系分组								
地方部门属	279873	261573	97089	19430	145054	18300	2779	15521
省级部门属	227278	210475	71036	13331	126108	16803	1886	14917
计划单列市部门属	8203	7758	5054	352	2352	445	35	410
地市级部门属	44392	43340	20999	5747	16594	1052	858	194
中央部门属	286949	262079	59059	105235	97785	24870	2686	22184
中国科学院	49548	38308	5923	22056	10329	11240		11240
按服务的国民经济行业分组								
农、林、牧、渔业	231978	214788	82827	20113	111848	17190	3834	13356
农业	85657	82932	40460	13449	29023	2725	2273	452
林业	25220	21723	8106	2220	11397	3497	1250	2247
渔业	3362	3209	1789	160	1260	153		153
农、林、牧、渔服务业	117739	106924	32472	4284	70168	10815	311	10504
制造业	16338	16276	6927	4075	5274	62	21	41
饮料制造业	615	615	380	79	156			
医药制造业	7041	7041	3016	1740	2285			
通用设备制造业	8682	8620	3531	2256	2833	62	21	41
电力、燃气及水的生产和供应业	2406	2406	450	355	1601			
电力、热力的生产和供应业	2406	2406	450	355	1601			
科学研究、技术服务和地质勘查业	284176	258258	54093	95425	108740	25918	1610	24308

	R&D经费内部支出	经常费支出				基本建设费		
			劳务费	设备购置费	其他日常支出		仪器设备费	土建费
研究与试验发展	116374	98806	26450	25775	46581	17568	1505	16063
专业技术服务业	165846	157601	26678	69545	61378	8245		8245
科技交流和推广服务业	221	221	169		52			
地质勘查业	1735	1630	796	105	729	105	105	
水利、环境和公共设施管理业	31924	31924	11851	4697	15376			
水利管理业	26918	26918	7843	3699	15376			
环境管理业	5006	5006	4008	998				
按机构所属学科领域分组								
自然科学领域	168619	160269	27373	71256	61640	8350	105	8245
农业科学领域	236646	219011	85737	20431	112843	17635	3869	13766
医学科学领域	67622	61739	20512	3614	37613	5883	1470	4413
工程科学与技术领域	93935	82633	22526	29364	30743	11302	21	11281
地方属机构按地区分组								
杭州市	216952	200149	64369	11690	124090	16803	1886	14917
宁波市	8203	7758	5054	352	2352	445	35	410
温州市	26525	26304	14087	4348	7869	221	180	41
嘉兴市	7643	7578	5107	988	1483	65	65	
湖州市	5715	5334	2078	1766	1490	381	381	
金华市	3084	2852	1009	108	1735	232	232	
衢州市	1019	1019	591		428			
舟山市	821	668	580		88	153		153
台州市	9911	9911	4214	178	5519			

2-21 县级以上政府部门属自然科学研究与开发机构R&D经常费支出情况

单位:千元

	R&D经常费支出	按活动类型分			按来源分				
		基础研究	应用研究	试验发展	政府资金	企业资金	事业单位资金	国外资金	其他资金
总计	**523652**	**16337**	**198178**	**309137**	**419597**	**8552**	**89813**	**4910**	**780**
按隶属关系分组									
地方部门属	261573		47669	213904	168239	4351	86322	1975	686
省级部门属	210475		40475	170000	118807	4325	85368	1975	
计划单列市部门属	7758		2851	4907	7758				
地市级部门属	43340		4343	38997	41674	26	954		686
中央部门属	262079	16337	150509	95233	251358	4201	3491	2935	94
中国科学院	38308		6925	31383	34529	3779			
按机构所属学科领域分组									
自然科学领域	160269	16194	136651	7424	159572	80			617
农业科学领域	219011	143	34668	184200	143337	3357	67667	4487	163
医学科学领域	61739		11247	50492	42894		18422	423	
工程科学与技术领域	82633		15612	67021	73794	5115	3724		
地方属机构按地区分组									
杭州市	200149		38209	161940	109736	3149	85289	1975	
宁波市	7758		2851	4907	7758				
温州市	26304		1545	24759	26278	26			
嘉兴市	7578		326	7252	6592	986			
湖州市	5334		1480	3854	3873		775		686
金华市	2852		2236	616	2744		108		
衢州市	1019			1019	1019				
舟山市	668			668	668				
台州市	9911		1022	8889	9571	190	150		

2－22　县级以上政府部门属自然科学研究与开发机构对外科技服务活动情况

单位:人年

	合计	科技成果的示范性推广工作	为用户提供可行性报告、技术方案、建议及进行技术论证等技术咨询工作	地形、地质和水文考察、天文、气象和地震的日常观察	为社会和公众提供的测试、标准化、计量、计算、质量控制和专利服务	科技信息文献服务	其他科技服务活动	科技培训工作
总　计	**2197**	**410**	**536**	**32**	**560**	**100**	**415**	**144**
按隶属关系分组								
地方部门属	1983	390	451	19	518	84	400	121
省级部门属	1057	123	276	19	456	35	110	38
计划单列市部门属	115	25	55		19	5	6	5
地市级部门属	811	242	120		43	44	284	78
中央部门属	214	20	85	13	42	16	15	23
中国科学院	3				2			1
地方属机构按地区分组								
杭州市	1079	91	278	19	448	31	188	24
宁波市	115	25	55		19	5	6	5
温州市	324	98	55		23	8	109	31
嘉兴市	180	42	24		15	30	42	27
湖州市	14	4	1		1	1	4	3
绍兴市	17	3			5		4	5
金华市	31	7	5			1	12	6
衢州市	24	7	4			1	6	6
舟山市	73	28	11			5	23	6
台州市	110	74	18		7	2	5	4
丽水市	16	11					1	4

2－23　县级以上政府部门属自然科学研究与开发机构合建研究机构情况

	合建机构数（个）	科技活动人员（人）	科技经费内部支出（千元）
总　计	**79**	**1141**	**305712**
按隶属关系分组			
地方部门属	68	879	78535
省级部门属	56	723	63971
计划单列市部门属	4	46	6073
地市级部门属	8	110	8491
中央部门属	11	262	227177
按重点发展学科的组成类型分组			
国家(重点)实验室	2	64	32180
国家工程技术(研究)中心	1	19	335
部门、地方(重点)实验室	15	262	49218
部门、地方工程技术(研究)中心	7	227	19003
与境外机构合办	1	18	286
与国内高校合办	4	38	1930
自建	48	503	201960
其他	1	10	800
地方属机构按地区分组			
杭州市	47	634	56283
宁波市	4	46	6073
温州市	10	116	6854
嘉兴市	5	61	6710
湖州市	2	22	2615

2-24 县级以上政府部门属自然科学研究与开发机构人员流动情况

单位:人

	新增人员	应届高校毕业生	招聘的其他人员	其他	减少人员	离退休	离开本单位的人员	其他	不在岗人员
总计	**593**	**314**	**220**	**59**	**327**	**157**	**158**	**12**	**59**
按隶属关系分组									
地方部门属	485	242	184	59	246	141	95	10	37
省级部门属	303	169	115	19	142	80	54	8	32
计划单列市部门属	31	19	7	5	46	30	15	1	
地市级部门属	151	54	62	35	58	31	26	1	5
中央部门属	108	72	36		81	16	63	2	22
中国科学院	62	30	32		39		39		
地方属机构按地区分组									
杭州市	306	164	121	21	141	82	52	7	32
宁波市	31	19	7	5	46	30	15	1	
温州市	63	15	22	26	12	3	9		
嘉兴市	13	5	8		11	2	8	1	
湖州市	28	19	9		6	3	3		
绍兴市	1			1	1	1			
金华市	17	8	8	1	10	9	1		
衢州市	2	1		1	2	2			
舟山市	12	4	6	2	5	3	2		5
台州市	5	4	1		5	3	1	1	
丽水市	7	3	2	2	7	3	4		

2－25 县级以上政府部门属自然科学研究与开发机构招聘人员情况

单位:人

	招聘的应届高校毕业生	招聘的其他人员	学历			来源					年龄				
			博士研究生	硕士研究生	大学本科毕业	来自研究院所	来自企业	来自高等院校	来自国外	来自政府部门	＜30岁	30～39岁	40～49岁	50～59岁	≥60岁
总　计	314	220	41	49	100	23	108	23	12	7	129	65	19	6	1
按隶属关系分组															
地方部门属	242	184	19	38	98	21	80	23	6	7	95	64	18	6	1
省级部门属	169	115	14	20	68	14	41	11	6	1	59	45	7	3	1
计划单列市部门属	19	7		3	2	2	4			1	5		1	1	
地市级部门属	54	62	5	15	28	5	35	12		5	31	19	10	2	
中央部门属	72	36	22	11	2	2	28		6		34	1	1		
中国科学院	30	32	20	10	2		27		5		32				
地方属机构按地区分组															
杭州市	164	121	13	22	72	14	46	12	4	2	65	49	6	1	
宁波市	19	7		3	2	2	4			1	5		1	1	
温州市	15	22	2	2	11	1	16	5			8	5	7	2	
嘉兴市	5	8	3	2	3		5	1	2		2	3		2	1
湖州市	19	9	1	6	1	4	4	31			5	3	1		
金华市	8	8		2	4		1	4			8				
衢州市	1														
舟山市	4	6		1	5		3			2	1	4	1		
台州市	4	1					1						1		
丽水市	3	2								2	1		1		

2－26　县级以上政府部门属自然科学研究与开发机构流出人员情况

单位：人

	流出人员	学历			主要流向					年龄				
		博士研究生	硕士研究生	大学本科毕业	流向政府部门	流向企业	外资或合资企业	出国	流向高等学校	<30岁	30~39岁	40~49岁	50~59岁	≥60岁
总　计	**158**	**16**	**41**	**84**	**26**	**116**	**3**	**3**	**6**	**99**	**30**	**22**	**4**	**3**
按隶属关系分组														
地方部门属	95	5	17	60	25	59	3	1	6	42	29	17	4	3
省级部门属	54	3	11	34	9	38	1	1	5	31	12	5	3	3
计划单列市部门属	15		1	11	7	7			1	2	10	3		
地市级部门属	26	2	5	15	9	14	2			9	7	9	1	
中央部门属	63	11	24	24	1	57		2		57	1	5		
中国科学院	39	10	20	9	1	38				39				
地方属机构按地区分组														
杭州市	52	3	10	31	9	37	1	1	4	29	11	6	3	3
宁波市	15		1	11	7	7			1	2	10	3		
温州市	9	2		6		9				4	2	2	1	
嘉兴市	8		4	4	4	3			1	3	3	2		
湖州市	3		1	2		2	2			2	1			
金华市	1			1		1				1				
舟山市	2			2	2							2		
台州市	1			1	1							1		
丽水市	4		1	2	2					1	2	1		

2－27 县级以上政府部门属自然科学研究与开发机构科技基础条件平台建设情况

	有科技基础条件平台的机构数(个)	平台建设投入的工作量(人年)	平台建设国家投入的资金(千元)	平台建设地方与部门投入的资金(千元)
总　计	**8**	**205**	**22308**	**21881**
按隶属关系分组				
地方部门属	6	197	6000	21881
省级部门属	3	175	5200	17800
地市级部门属	3	22	800	4081
中央部门属	2	8	16308	
中国科学院	1	7	16308	
地方属机构按地区分组				
杭州市	2	118	4500	11430
温州市	1	27	1500	2800
湖州市	3	52		7651

2－28 县级以上政府部门属自然科学研究与开发机构科技基础条件平台运行服务情况

	用户数(个)	平台资源对外服务的次数(次)	平台资源对各类科研项目(课题)服务的次数(次)	对企业等机构所提供服务的次数
总　计	**1307**	**7508**	**2940**	**2322**
按隶属关系分组				
地方部门属	1178	6280	1685	1294
省级部门属	1065	5675	1325	1043
地市级部门属	113	605	360	251
中央部门属	129	1228	1255	1028
中国科学院	29	28	55	28
按服务的国民经济行业分组				
农、林、牧、渔业	1126	5780	1433	1043
制造业	102	1200	1202	1001
科学研究、技术服务和地质勘查业	79	528	305	278
地方属机构按地区分组				
杭州市	160	1100	600	500
温州市	95	75	35	15
湖州市	923	5105	1050	779

2－29　县级以上政府部门属社会与人文科学研究与开发机构概况

	机构数（个）	从业人员总数（人）	单位在职科技活动人员	科学家和工程师	经费收入总额（千元）	政府资金	经费支出总额（千元）	科技经费支出
总　计	**4**	**245**	**219**	**207**	**65619**	**63780**	**53607**	**49322**
按隶属关系分组								
地方部门属	4	245	219	207	65619	63780	53607	49322
省级部门属	3	218	206	196	57941	56403	46106	44009
地市级部门属	1	27	13	11	7678	7377	7501	5313
按机构所属学科分组								
社会、人文科学领域	4	245	219	207	65619	63780	53607	49322
马克思主义	1	129	121	114	31105	30505	24015	23111
考古学	1	57	55	52	20137	19302	15585	14767
经济学	1	32	30	30	6699	6596	6506	6131
社会学	1	27	13	11	7678	7377	7501	5313
按机构中从事科技活动人员规模分组								
100～199 人	1	129	121	114	31105	30505	24015	23111
50～99 人	1	57	55	52	20137	19302	15585	14767
20～29 人	1	32	30	30	6699	6596	6506	6131
10～19 人	1	27	13	11	7678	7377	7501	5313
按地区分组								
杭州市	4	245	219	207	65619	63780	53607	49322

2－30 县级以上政府部门属社会与人文科学研究与开发机构人员情况

单位：人

	单位在职科技活动人员					其他人员
		科学家工程师	科技管理	课题活动	科技服务	
总　计	**219**	**207**	**34**	**168**	**17**	**26**
按隶属关系分组						
地方部门属	219	207	34	168	17	26
省级部门属	206	196	33	156	17	12
地市级部门属	13	11	1	12		14
按机构所属学科领域分组						
社会、人文科学领域	219	207	34	168	17	26
按地区分组						
杭州市	219	207	34	168	17	26

2－31 县级以上政府部门属社会与人文科学研究与开发机构科技活动人员情况

单位：人

	单位在职科技活动人员	学位		学历				职称		
		博士	硕士	研究生	博士	大学	大专	高级	中级	初级
总　计	**219**	**15**	**72**	**95**	**17**	**77**	**32**	**109**	**94**	**11**
按隶属关系分组										
地方部门属	219	15	72	95	17	77	32	109	94	11
省级部门属	206	13	69	90	15	73	29	105	87	10
地市级部门属	13	2	3	5	2	4	3	4	7	1
按地区分组										
杭州市	219	15	72	95	17	77	32	109	94	11

2-32 县级以上政府部门属社会与人文科学研究与开发机构经费收入情况

	科技经费筹集额（千元）	政府资金	生产经营收入	其他收入
总　计	**63780**	**63780**	**835**	**1004**
按隶属关系分组				
地方部门属	63780	63780	835	1004
省级部门属	56403	56403	835	703
地市级部门属	7377	7377		301
按机构所属学科领域分组				
社会、人文科学领域	63780	63780	835	1004
按地区分组				
杭州市	63780	63780	835	1004

2-33 县级以上政府部门属社会与人文科学研究与开发机构经费支出情况

单位：千元

	科技经费内部支出	人员费用	资产购建支出	购置科研仪器设备	其他日常支出	其他支出
总　计	**49322**	**17148**	**2390**	**2390**	**29784**	**4285**
按隶属关系分组						
地方部门属	49322	17148	2390	2390	29784	4285
省级部门属	44009	16353	2240	2240	25416	2097
地市级部门属	5313	795	150	150	4368	2188
按机构所属学科领域分组						
社会、人文科学领域	49322	17148	2390	2390	29784	4285
按地区分组						
杭州市	49322	17148	2390	2390	29784	4285

2－34　县级以上政府部门属社会与人文科学研究与开发机构资产情况

单位:千元

	资产合计	资动资产	固定资产	科研仪器设备和图书资料
总　计	**104145**	**76656**	**27489**	**10346**
按隶属关系分组				
地方部门属	104145	76656	27489	10346
省级部门属	101648	75911	25737	10196
地市级部门属	2497	745	1752	150
按地区分组				
杭州市	104145	76656	27489	10346

2－35　县级以上政府部门属社会与人文科学研究与开发机构课题情况(一)

	课题数合计(个)	当年开题	当年完成	课题经费内部支出(千元)	政府资金	课题投入人员(人年)	科学家工程师
总　计	**67**	**58**	**59**	**28875**	**28845**	**161**	**149**
按课题活动类型分组							
基础研究	35	30	32	14985	14955	78	76
应用研究	19	17	17	3940	3940	23	16
试验发展	3	2	1	3400	3400	21	21
科技服务	10	9	9	6550	6550	38	36

2－36　县级以上政府部门属社会与人文科学研究与开发机构课题情况(二)

	课题数合计(个)	R&D课题	课题经费内部支出(千元)	政府资金	R&D课题经费	课题投入人员(人年)	科学家和工程师	R&D人员
总　计	**67**	**57**	**28875**	**28845**	**22325**	**161**	**149**	**123**
按隶属关系分组								
地方部门属	67	57	28875	28845	22325	161	149	123
省级部门属	48	39	26610	26580	20300	150	149	113
地市级部门属	19	18	2265	2265	2025	11		10
按课题所属学科分组								
社会、人文科学领域	67	57	28875	28845	22325	161	149	123
哲学	2	2	1530	1530	1530	12	12	12
宗教学	1	1	1360	1360	1360	8	8	8
历史学	4	4	2325	2325	2325	13	11	13
考古学	26	26	8400	8370	8400	38	38	38
经济学	14	7	6549	6549	2619	39	37	17
法学	2	1	1360	1360	680	9	9	4
社会学	17	15	6161	6161	4221	35	27	24
图书馆、情报与文献学	1	1	1190	1190	1190	7	7	7
按课题来源分组								
中央政府部门下达课题	2	1	3400	3400	1700	20	20	10
国家社会科学基金课题	2	1	3400	3400	1700	20	20	10
地方政府部门下达课题	39	31	17940	17910	13330	96	95	69
地方社会科学基金课题	6	5	5610	5610	4930	36	36	31
其他课题	33	26	12330	12300	8400	60	59	38
自选课题	26	25	7535	7535	7295	45	34	44
按地区分组								
杭州市	67	57	28875	28845	22325	161	149	123

2－37 县级以上政府部门属社会与人文科学研究与开发机构课题经费内部支出情况

单位:千元

	经费支出合计	基础研究	应用研究	试验发展	科技服务
总 计	**28875**	**14985**	**3940**	**3400**	**6550**
按隶属关系分组					
地方部门属	28875	14985	3940	3400	6550
省级部门属	26610	14350	2550	3400	6310
地市级部门属	2265	635	1390		240
按地区分组					
杭州市	28875	14985	3940	3400	6550

2－38 县级以上政府部门属社会与人文科学研究与开发机构课题投入人员情况

单位:人年

	投入人员合计	基础研究	应用研究	试验发展	科技服务
总 计	**161**	**78**	**23**	**21**	**38**
按隶属关系分组					
地方部门属	161	78	23	21	38
省级部门属	150	76	16	21	37
地市级部门属	11	2	7		1
按地区分组					
杭州市	161	78	23	21	38

2－39　县级以上政府部门属社会与人文科学研究与开发机构课题投入科学家工程师情况

单位:人年

	科学家和工程师合　计	基础研究	应用研究	试验发展	科技服务
总　计	**149**	**76**	**16**	**21**	**36**
按隶属关系分组					
地方部门属	149	76	16	21	36
省级部门属	149	76	16	21	36
按地区分组					
杭州市	149	76	16	21	36

2－40　县级以上政府部门属社会与人文科学研究与开发机构论文、著作和专利情况

	科技论文（篇）	国外发表	科技著作（种）	专利申请数（件）	专利授权数（件）
总　计	**372**	**1**	**29**	**0**	**0**
按隶属关系分组					
地方部门属	372	1	29		
省级部门属	329	1	19		
地市级部门属	43		10		
按机构所属学科领域分组					
社会、人文科学领域	372	1	29		
按地区分组					
杭州市	372	1	29		

2－41　县级以上政府部门属社会与人文科学研究与开发机构 R&D 人员情况

	R&D 人员（人）	按工作量分		按学历分			
		R&D 全时人员	R&D 非全时人员	博士毕业	硕士毕业	本科毕业	其他
总　计	**164**	**114**	**50**	**14**	**52**	**70**	**28**
按隶属关系分组							
地方部门属	164	114	50	14	52	70	28
省级部门属	154	104	50	12	49	65	28
地市级部门属	10	10		2	3	5	
按机构所属学科领域分组							
社会、人文科学领域	164	114	50	14	52	70	28
按地区分组							
杭州市	164	114	50	14	52	70	28

2－42　县级以上政府部门属社会与人文科学研究与开发机构 R&D 人员折合全时工作量情况

	R&D 折合全时工作量（人年）		按活动类型分			按工作岗位性质分		
		科学家和工程师	基础研究人员	应用研究人员	试验发展人员	研究人员	技术人员	其他辅助人员
总　计	**155**	**155**	**101**	**28**	**26**	**123**	**14**	**18**
按隶属关系分组								
地方部门属	155	155	101	28	26	123	14	18
省级部门属	145	145	99	20	26	113	14	18
地市级部门属	10	10	2	8		10		
按机构所属学科分组								
社会、人文科学领域	155	155	101	28	26	123	14	18
马克思主义	93	93	47	20	26	75	14	4
考古学	52	52	52			38		14
社会学	10	10	2	8		10		
按地区分组								
杭州市	155	155	101	28	26	123	14	18

2－43　县级以上政府部门属社会与人文科学研究与开发机构 R&D 经费支出情况

单位：千元

	R&D经费内部支出	按活动类型分			按来源分	R&D经费外部支出
		基础研究	应用研究	试验发展	政府资金	
总　计	**33226**	**23364**	**5021**	**4841**	**33226**	**0**
按隶属关系分组						
地方部门属	33226	23364	5021	4841	33226	
省级部门属	31201	22729	3631	4841	31201	
地市级部门属	2025	635	1390		2025	
按机构所属学科领域分组						
社会、人文科学领域	33226	23364	5021	4841	33226	
按地区分组						
杭州市	33226	23364	5021	4841	33226	

2－44　县级以上政府部门属社会与人文科学研究与开发机构 R&D 经费内部支出情况

单位：千元

	R&D经费内部支出	经常费支出			
			劳务费	设备购置费	其他日常支出
总　计	**33226**	**33226**	**13150**	**1820**	**18256**
按隶属关系分组					
地方部门属	33226	33226	13150	1820	18256
省级部门属	31201	31201	12355	1820	17026
地市级部门属	2025	2025	795		1230
按机构所属学科领域分组					
社会、人文科学领域	33226	33226	13150	1820	18256
按地区分组					
杭州市	33226	33226	13150	1820	18256

2－45　县级以上政府部门属社会与人文科学研究与开发机构 R&D 经常费支出情况

单位:人

	R&D 经常费支出	按活动类型分			按来源分
		基础研究	应用研究	试验发展	政府资金
总　计	**33226**	**23364**	**5021**	**4841**	**33226**
按隶属关系分组					
地方部门属	33226	23364	5021	4841	33226
省级部门属	31201	22729	3631	4841	31201
地市级部门属	2025	635	1390		2025
按机构所属学科领域分组					
社会、人文科学领域	33226	23364	5021	4841	33226
按地区分组					
杭州市	33226	23364	5021	4841	33226

2－46　县级以上政府部门属社会与人文科学研究与开发机构人员流动情况

单位:人

	新增人员	应届高校毕业生	减少人员	离退休	其　他	不在岗人　员
总　计	**2**	**2**	**3**	**2**	**1**	**4**
按隶属关系分组						
地方部门属	2	2	3	2	1	4
省级部门属			3	2	1	4
地市级部门属	2	2				
按地区分组						
杭州市	2	2	3	2	1	4

2－47 县级以上政府部门属科技信息与文献机构概况

	机构数（个）	从业人员总数（人）	单位在职科技活动人员	科学家工程师	经费收入总额（千元）	政府资金	经费支出总额（千元）	科技经费支出
总　计	**11**	**314**	**293**	**218**	**123903**	**107682**	**82805**	**79601**
按隶属关系分组								
地方部门属	11	314	293	218	123903	107682	82805	79601
省级部门属	2	129	123	98	80595	67742	55432	54904
计划单列市部门属	1	35	30	22	19717	19065	6603	5373
地市级部门属	8	150	140	98	23591	20875	20770	19324
按国民经济行业分组								
电力、燃气及水的生产和供应业	1	22	20	14	2853	2622	2547	2299
科学研究、技术服务和地质勘查业	9	268	253	192	118442	103430	77696	75062
卫生、社会保障和社会福利业	1	24	20	12	2608	1630	2562	2240
按机构中从事科技活动人员规模分组								
100～199 人	1	107	103	84	77742	65120	52885	52605
30～49 人	2	70	65	48	28781	28129	15667	14437
20～29 人	3	73	64	48	9052	6971	8183	6652
10～19 人	4	55	52	30	6784	6154	4551	4388
0～9 人	1	9	9	8	1544	1308	1519	1519
按地区分组								
杭州市	4	188	178	136	92267	78436	67058	66208
宁波市	1	35	30	22	19717	19065	6603	5373
温州市	1	27	24	22	3591	2719	3074	2113
湖州市	1	9	9	8	1544	1308	1519	1519
绍兴市	1	14	11	7	1220	1084	1220	1170
金华市	1	13	13	9	802	696	802	741
舟山市	1	13	13	6	1373	1180	1223	1223
丽水市	1	15	15	8	3389	3194	1306	1254

2-48 县级以上政府部门属科技信息与文献机构人员情况

单位:人

	单位在职科技活动人员	科学家工程师	科技管理	课题活动	科技服务	生产经营活动人员	其他人员
总 计	**293**	**218**	**53**	**70**	**170**	**4**	**17**
按隶属关系分组							
地方部门属	293	218	53	70	170	4	17
省级部门属	123	98	20	17	86	1	5
计划单列市部门属	30	22	3	12	15		5
地市级部门属	140	98	30	41	69	3	7
按地区分组							
杭州市	178	136	30	38	110	1	9
宁波市	30	22	3	12	15		5
温州市	24	22	4	5	15	3	
湖州市	9	8	4		5		
绍兴市	11	7	2		9		3
金华市	13	9	2		11		
舟山市	13	6	6	4	3		
丽水市	15	8	2	11	2		

2-49 县级以上政府部门属科技信息与文献机构科技活动人员情况

单位:人

	单位在职科技活动人员	学位		学历			职称		
		博士	硕士	研究生	大学	大专	高级	中级	初级
总 计	**293**	**1**	**35**	**37**	**137**	**74**	**61**	**115**	**76**
按隶属关系分组									
地方部门属	293	1	35	37	137	74	61	115	76
省级部门属	123		22	22	51	32	34	45	31
计划单列市部门属	30		2	2	13	15	2	14	12
地市级部门属	140	1	11	13	73	27	25	56	33
按地区分组									
杭州市	178	1	31	32	78	38	47	64	45
宁波市	30		2	2	13	15	2	14	12
温州市	24				15	5	5	9	8
湖州市	9		2	2	4	2	1	6	2
绍兴市	11				7	4	2	5	4
金华市	13			1	6	2	1	7	3
舟山市	13				6	3		5	2
丽水市	15				8	5	3	5	

2－50　县级以上政府部门属科技信息与文献机构经费收入情况

单位：千元

	科技经费筹集额				生产经营收入	其他收入
		政府资金	企业资金	事业单位资金		
总　计	**121813**	**107682**	**822**	**13309**	**483**	**1497**
按隶属关系分组						
地方部门属	121813	107682	822	13309	483	1497
省级部门属	79649	67742		11907	11	935
计划单列市部门属	19415	19065		350		302
地市级部门属	22749	20875	822	1052	472	260
按地区分组						
杭州市	91219	78436		12783	11	1037
宁波市	19415	19065		350		302
温州市	3155	2719	436		436	
湖州市	1506	1308	97	101	36	2
绍兴市	1170	1084	86			50
金华市	696	696				106
舟山市	1263	1180	8	75		
丽水市	3389	3194	195			

2－51　县级以上政府部门属科技信息与文献机构技术性收入情况

单位：千元

	技术性收入		技术开发收入	技术咨询服务收入
		来自企业		
总　计	**14131**	**822**	**83**	**14048**
按隶属关系分组				
地方部门属	14131	822	83	14048
省级部门属	11907			11907
计划单列市部门属	350			350
地市级部门属	1874	822	83	1791
按地区分组				
杭州市	12783			12783
宁波市	350			350
温州市	436	436		436
湖州市	198	97		198
绍兴市	86	86		86
舟山市	83	8	83	
丽水市	195	195		195

2-52 县级以上政府部门属科技信息与文献机构经费支出情况

单位:千元

	科技经费内部支出	人员费用	资产购建支出	购置科研仪器设备	其他日常支出	生产经营支出	其他支出
总　计	**79601**	**23923**	**9821**	**9821**	**45857**	**604**	**2600**
按隶属关系分组							
地方部门属	79601	23923	9821	9821	45857	604	2600
省级部门属	54904	12593	8283	8283	34028	209	319
计划单列市部门属	5373	3186	838	838	1349		1230
地市级部门属	19324	8144	700	700	10480	395	1051
按地区分组							
杭州市	66208	15961	8659	8659	41588	209	641
宁波市	5373	3186	838	838	1349		1230
温州市	2113	1418	100	100	595	395	566
湖州市	1519	552	8	8	959		
绍兴市	1170	825			345		50
金华市	741	557	28	28	156		61
舟山市	1223	734	164	164	325		
丽水市	1254	690	24	24	540		52

2－53　县级以上政府部门属科技信息与文献机构资产情况

单位:千元

	资产合计	流动资产	固定资产	科研房屋建筑物	科研仪器设备和图书资料	对外投资
总　计	**185802**	**121202**	**63669**	**4758**	**52284**	**931**
按隶属关系分组						
地方部门属	185802	121202	63669	4758	52284	931
省级部门属	135437	87745	46872	4758	40356	820
计划单列市部门属	24500	19805	4635		3938	60
地市级部门属	25865	13652	12162		7990	51
按地区分组						
杭州市	145889	93206	51863	4758	44421	820
宁波市	24500	19805	4635		3938	60
温州市	6199	3489	2710		1846	
湖州市	1860	578	1231		226	51
绍兴市	949	692	257		257	
金华市	1409	859	550		550	
舟山市	1792	215	1577		437	
丽水市	3204	2358	846		609	

2－54　县级以上政府部门属科技信息与文献机构课题情况(一)

	课题数合计(个)	当年开题	当年完成	课题经费内部支出(千元)	政府资金	课题投入人员(人年)	科学家工程师
合计	**56**	**42**	**23**	**13594**	**13272**	**75**	**58**
按课题活动类型分组							
研究与试验发展成果应用	11	8	2	5500	5500	15	15
科技服务	45	34	21	8094	7772	60	43

2－55　县级以上政府部门属科技信息与文献机构课题情况(二)

	课题数合计（个）	R&D课题	课题经费内部支出（千元）	政府资金	课题投入人员（人年）	科学家和工程师
总　计	**56**	**0**	**13594**	**13272**	**75**	**58**
按隶属关系分组						
地方部门属	56		13594	13272	75	58
省级部门属	26		6867	6777	28	28
计划单列市部门属	5		1680	1680	12	8
地市级部门属	25		5047	4815	35	21
按国民经济行业分组						
电力、燃气及水的生产和供应业	5		630	540	9	9
科学研究、技术服务和地质勘查业	49		12702	12702	63	49
卫生、社会保障和社会福利业	2		262	30	3	
按课题所属学科分组						
自然科学领域	13		3591	3591	15	14
信息科学与系统科学	13		3591	3591	15	14
医学科学领域	2		262	30	3	
预防医学与卫生学	2		262	30	3	
工程科学与技术领域	29		8406	8316	42	37
机械工程	3		340	280	5	5
能源科学技术	2		290	260	4	4
计算机科学技术	11		5705	5705	19	17
管理学	13		2071	2071	14	11
社会、人文科学领域	12		1335	1335	14	7
新闻学与传播学	1		50	50		
图书馆、情报与文献学	11		1285	1285	14	7
按课题技术领域分组						
信息技术	22		6295	6295	31	22
能源技术	2		290	260	4	4

2－55 续表

	课题数合计（个）	R&D 课题	课题经费内部支出（千元）	政府资金	投入人员（人年）	科学家和工程师
其他技术领域	32		7009	6717	40	32
按课题来源分组						
地方政府部门下达课题	51		12964	12732	66	49
地方自然科学基金课题	5		872	640	9	
其他课题	46		12092	12092	57	49
自选课题	5		630	540	9	9
按课题的社会经济目标分组						
促进能源的生产、分配和合理利用	2		290	260	4	4
能源输送、储存与分配技术	1		140	130	2	2
能源设施和设备建造	1		150	130	2	2
基础设施以及城市和农村规划	2		145	145	2	2
农村发展规划与建设	1		80	80	1	1
交通运输、通信、城市与农村发展对环境影响的研究	1		65	65	1	1
社会发展和社会服务	31		7479	7247	36	23
社会结构与关系	8		440	440	5	5
社会发展和社会服务其他研究	23		7039	6807	31	18
促进工商业发展	21		5680	5620	33	29
促进工商业发展的一般问题研究	4		2310	2300	9	9
产业共性技术研究	2		200	170	3	3
机械制造业(不包括电子设备、仪器仪表及办公机械	1		80	60	1	1
建筑业	1		271	271	2	2
技术服务业	13		2819	2819	18	14
按地区分组						
杭州市	38		9824	9502	46	42
宁波市	5		1680	1680	12	8
温州市	4		770	770	7	
舟山市	1		181	181	4	2
丽水市	8		1139	1139	7	5

2－56 县级以上政府部门属科技信息与文献机构课题经费内部支出情况

单位：千元

	经费支出合计	R&D成果应用	科技服务
总 计	**13594**	**5500**	**8094**
按隶属关系分组			
地方部门属	13594	5500	8094
省级部门属	6867	5500	1367
计划单列市部门属	1680		1680
地市级部门属	5047		5047
按地区分组			
杭州市	9824	5500	4324
宁波市	1680		1680
温州市	770		770
舟山市	181		181
丽水市	1139		1139

2－57 县级以上政府部门属科技信息与文献机构课题人员情况

单位：人年

	投入人员合计		R&D成果应用		科技服务	
		科学家工程师		科学家工程师		科学家工程师
总 计	**75**	**58**	**15**	**15**	**60**	**43**
按隶属关系分组						
地方部门属	75	58	15	15	60	43
省级部门属	28	28	15	15	13	13
计划单列市部门属	12	8			12	8
地市级部门属	35	21			35	21
按地区分组						
杭州市	46	42	15	15	31	27
宁波市	12	8			12	8
温州市	7				7	
舟山市	4	2			4	2
丽水市	7	5			7	5

2－58　县级以上政府部门属科技信息与文献机构论文、著作和专利情况

	科技论文（篇）	科技著作（种）	专利申请数（件）	专利授权数（件）
总　计	**60**	**3**	**0**	**0**
按隶属关系分组				
地方部门属	60	3		
省级部门属	31	2		
地市级部门属	29	1		
按地区分组				
杭州市	45	3		
温州市	10			
丽水市	5			

2－59　县级以上政府部门属科技信息与文献机构馆藏资源情况

	单位	馆藏累计	当年新增量	当年剔除量
图书、资料	册	115732	2789	1445
期刊	种	46229	3758	
其中：外文原版期刊	种	2788	182	
缩微制品	盒（张）	23064		
音像制品	盒（张）	12795	1120	
电子期刊	种	64		

2－60　县级以上政府部门属科技信息与文献机构数据库情况

		数　据　库（个）	数据记录量（万条）	当年更新量
引进国外数据库	书目文摘型	19	6600	430
	全文文献型	5	1600	400
引进国内数据库	书目文摘型	59	10030	1590
	全文文献型	81	14460	4810
	数值型	1	10	
	多媒体型		20	10
自建数据库	书目文摘型	4	3552	280
	全文文献型	6	303	41
	数值型	1		

2－61　县级以上政府部门属科技信息与文献机构基础设施情况

	单位	累计总量	当年新增量	当年报废量				数量
计算机有关设备	台	537	71	53	自建	网络数	个	14
其中:大、中型机	台				网络	网上用户	个	27410
小型机	台	1			对外	DIALOG	个	25
微机	台	472	65	53	联网	STN	个	
终端	台	31			网上	OCLC	个	
扫描设备	台	28	6		用户	INTERNET	个	16402
复印机	台	18	2	1	数量	其他	个	
摄、录像机	台	25						
印刷设备	台	5						

2－62　县级以上政府部门属科技信息与文献机构信息服务与文献工作情况

	单位	数　　量			单位	数　　量
阅览	人次	18950	文献信息	文摘	篇	5459
外借	人次	880	加工	数据库数据加工	条	28708
资料复制	千页	246	声像制作		部	160
读者咨询	人次	16257	翻译	中译外	万字	20
缩微制作	张(卷)			外译中	万字	20
课题检索	个	1379	出版印刷	图书、资料	万字	371
查新	项	6068		连续出版物	万字	783
专题咨询服务	次	1547		其中:电子版	种	4
信息分析研究	篇	934		科技报告	种	3

2－63 县级以上政府部门属科技信息与文献机构电子信息利用情况

	次　数 （次）	机　时 （小时）	信息量 （兆字节）
数据库检索	407415	28620	100849
网络信息检索	1249130	44160	31891
电子期刊利用	814080	35410	10002001
从网上获取信息	504700	29330	39398
向网上发布信息	129330	45516	10003032

2－64 县级以上政府部门属科技信息与文献机构对外科技服务活动情况

单位：人年

	合计	科技成果的示范性推广工作	为用户提供可行性报告、技术方案、建议及进行技术论证等技术咨询工作	地形、地质和水文考察、天文、气象和地震的日常观察	为社会和公众提供的测试、标准化、计量、计算、质量控制和专利服务	科技信息文献服务	其他科技服务活动	科技培训工　作
总　计	**201**	**9**	**47**	**1**	**10**	**50**	**71**	**13**
按隶属关系分组								
地方部门属	201	9	47	1	10	50	71	13
省级部门属	86		26		2	11	42	5
计划单列市部门属	26	2	7		2	7	6	2
地市级部门属	89	7	14	1	6	32	23	6
按地区分组								
杭州市	107	2	30		2	17	47	9
宁波市	26	2	7		2	7	6	2
温州市	16		7			7	2	
湖州市	6	2	1			2	1	
绍兴市	8					3	5	
金华市	11				6	5		
舟山市	12					7	5	
丽水市	15	3	2	1		2	5	2

2-65 县级以上政府部门属科技信息与文献机构人员流动情况

单位:人

	新增人员	应届高校毕业生	招聘的其他人员	其他	减少人员	离退休	离开本单位的人员	不在岗人员
总　计	**10**	**5**	**3**	**2**	**17**	**11**	**6**	**1**
按隶属关系分组								
地方部门属	10	5	3	2	17	11	6	1
省级部门属	3	2	1		8	5	3	1
计划单列市部门属					1	1		
地市级部门属	7	3	2	2	8	5	3	
按地区分组								
杭州市	5	4	1		11	8	3	1
宁波市					1	1		
温州市	2		1	1	1		1	
湖州市	1	1			1	1		
绍兴市					2		2	
丽水市	2		1	1	1	1		

2－66 县级以上政府部门属科技信息与文献机构招聘人员情况

单位:人

	应届高校毕业生	由外单位调入人员	学 历	来 源		年 龄	
			大学本科毕业	来自研究院所	来自高等院校	＜30 岁	30～39 岁
总 计	**5**	**3**	**3**	**1**	**1**	**2**	**1**
按隶属关系							
地方部门属	5	3	3	1	1	2	1
省级部门属	2	1	1	1			1
地市级部门属	3	2	2		1	2	
按地区分组							
杭州市	4	1	1	1			1
温州市		1	1		1	1	
湖州市	1						
丽水市		1	1			1	

2－67 县级以上政府部门属科技信息与文献机构流出人员情况

单位:人

	流出人员	学 历		流 向			年 龄		
		博士研究生	大学本科毕业	流向政府部门	流向企业	出国	＜30 岁	30～39 岁	40～49 岁
总 计	**6**	**1**	**4**	**3**	**2**	**1**	**2**	**2**	**2**
按隶属关系分									
地方部门属	6	1	4	3	2	1	2	2	2
省级部门属	3	1	2	1	1	1	1	1	1
地市级部门属	3		2	2	1		1	1	1
按地区分组									
杭州市	3	1	2	1	1	1	1	1	1
温州市	1		1	1			1		
绍兴市	2		1	1	1			1	1

2－68 县属研究与开发机构概况

	机构数（个）	从业人员总数（人）	科技活动人员	科学家工程师	经费收入总额（千元）	政府资金	经费支出总额（千元）	科技经费支出
总　计	**48**	**489**	**369**	**194**	**48283**	**38884**	**46150**	**38780**
按国民经济行业分组								
农、林、牧、渔业	39	405	302	153	39596	32103	37986	31578
制造业	2	14	14	3	937	937	1085	1085
信息传输、计算机服务和软件业	1	8	7	5	1500	1485	1500	1485
科学研究、技术服务和地质勘查业	2	13	12	6	824	824	824	824
水利、环境和公共设施管理业	2	22	14	10	3533	2660	2842	2460
卫生、社会保障和社会福利业	1	22	16	14	1600	765	1567	1052
文化、体育和娱乐业	1	5	4	3	293	110	346	296
按机构中从事科技活动人员规模分组								
20～29 人	2	52	42	18	3646	2536	3703	2378
10～19 人	10	148	119	67	16714	13193	16496	13633
1～9 人	36	289	208	109	27923	23155	25951	22769
按地区分组								
杭州市	4	36	30	18	4943	4673	4996	4479
宁波市	4	40	36	20	7031	7023	7030	6604
温州市	2	24	22	14	1996	1976	1920	1841
嘉兴市	4	36	33	5	3217	3112	3292	3085
湖州市	2	33	10	9	3005	1890	2451	1545
绍兴市	8	64	59	33	5780	5382	5833	5468
金华市	10	88	70	53	5994	4681	6046	5222
衢州市	6	68	42	21	7173	4563	6575	4958
台州市	3	27	25	5	2296	1615	2666	2162
丽水市	5	73	42	16	6848	3969	5341	3416

2-69 县属研究与开发机构人员情况

单位:人

	科技活动人员					生产经营活动人员	其他人员
		科学家工程师	科技管理	课题活动	科技服务		
总　计	**369**	**194**	**69**	**229**	**71**	**60**	**60**
杭州市	30	18	7	20	3		6
宁波市	36	20	7	23	6	1	3
温州市	22	14	2	17	3		2
嘉兴市	33	5	6	21	6		3
湖州市	10	9	1	8	1	14	9
绍兴市	59	33	14	26	19	1	4
金华市	70	53	13	51	6	14	4
衢州市	42	21	10	28	4	10	16
台州市	25	5	4	18	3	2	
丽水市	42	16	5	17	20	18	13

2-70 县属研究与开发机构经费收入情况

单位:千元

	科技经费筹集额（千元）						生产经营收入	其他收入
		政府资金	企业资金	事业单位资金	金融机构贷款	其他资金		
总　计	**40538**	**38884**	**137**	**1267**	**120**	**130**	**6151**	**1594**
杭州市	4706	4673		33				237
宁波市	7023	7023						8
温州市	1976	1976						20
嘉兴市	3214	3112	102					3
湖州市	2343	1890		453			557	105
绍兴市	5382	5382					183	215
金华市	4901	4681		120		100	1045	48
衢州市	5383	4563	35	635	120	30	1464	326
台州市	1621	1615		6			43	632
丽水市	3989	3969		20			2859	

2-71 县属研究与开发机构经费支出与固定资产情况

单位:千元

	科技经费内部支出	人员费用	资产购建支出	购置科研仪器设备	其他日常支出	生产经营支出	年末固定资产原价	科研仪器设备
总　计	**38780**	**19096**	**4298**	**3977**	**15386**	**4443**	**68557**	**19312**
按国民经济行业分组								
农、林、牧、渔业	31578	14821	4049	3728	12708	3899	65058	18764
制造业	1085	688			397		296	199
信息传输、计算机服务和软件业	1485	995			490		25	
科学研究、技术服务和地质勘查业	824	528			296		82	
水利、环境和公共设施管理业	2460	1199	238	238	1023		1486	150
卫生、社会保障和社会福利业	1052	585	11	11	456	494	1014	199
文化、体育和娱乐业	296	280			16	50	596	
按地区分组								
杭州市	4479	1482	193	193	2804		2842	193
宁波市	6604	3015	1638	1638	1951	121	2757	1056
温州市	1841	946	238	238	657		610	17
嘉兴市	3085	1592	182	121	1311		2200	449
湖州市	1545	937			608	472	1503	
绍兴市	5468	3460	33	33	1975	50	2570	324
金华市	5222	2755	473	271	1994	600	4939	700
衢州市	4958	1808	821	763	2329	1084	33475	15460
台州市	2162	1210			952	474	4939	383
丽水市	3416	1891	720	720	805	1642	12722	730

2－72 县属研究与开发机构课题情况

	课题数合计（个）	课题经费支出（千元）	政府资金	课题投入人员（人年）	其中：科学家和工程师	其中：研究人员
总　计	**136**	**18635**	**15628**	**212**	**120**	**67**
按国民经济行业分组						
农、林、牧、渔业	132	17275	15628	203	111	66
水利、环境和公共设施管理业	4	1360		9	9	1
按地区分组						
杭州市	25	1827	1712	20	11	11
宁波市	26	4588	4588	33	19	11
温州市	6	1485	1485	20	13	5
嘉兴市	6	1496	1496	15	3	5
湖州市	4	1360		9	9	1
绍兴市	13	2120	2120	33	16	5
金华市	20	1956	1664	31	24	8
衢州市	18	1956	1442	25	13	10
台州市	7	820	176	15	5	4
丽水市	11	1027	945	12	8	8

2－73 县属研究与开发机构课题经费内部支出情况

单位：千元

	课题经费内部支出合计	试验发展	R&D成果应用	科技服务	生产性活动
总　计	**18635**	**2981**	**8380**	**7254**	**20**
杭州市	1827	166	549	1112	
宁波市	4588		2914	1674	
温州市	1485		534	951	
嘉兴市	1496	600	896		
湖州市	1360	680	510	170	
绍兴市	2120			2120	
金华市	1956	1313	319	304	20
衢州市	1956	112	1369	475	
台州市	820	110	610	100	
丽水市	1027		679	348	

2－74 县属研究与开发机构课题投入人员情况

单位:人年

	试验发展	科学家工程师	R&D成果应用	科学家工程师	科技服务	科学家工程师
总　计	**30**	**22**	**95**	**45**	**87**	**53**
杭州市	2	2	5	2	13	7
宁波市			22	13	12	6
温州市			11	7	9	6
嘉兴市	5	1	10	2		
湖州市	4	4	3	3	2	2
绍兴市					33	16
金华市	14	12	10	5	6	6
衢州市	3	3	15	3	7	7
台州市	2	1	11	4	1	
丽水市			8	6	4	2

2－75 县属研究与开发机构论文、著作和专利情况

	科技论文（篇）	科技著作（种）	专利申请受理数（件）	专利授权数（件）	发明专利	拥有发明专利总数（件）
总　计	**99**	**3**	**1**	**2**	**2**	**3**
杭州市	28					
宁波市	23					
温州市	2					
嘉兴市	4					
湖州市	5		1	2	2	3
绍兴市	9					
金华市	18	1				
衢州市	1	2				
丽水市	9					

2-76 县属研究与开发机构技术推广与科技协作情况

	举办各类技术培训班		创办各类农村科技协作组织（个）
	班　次	人　次	
总　计	**475**	**28118**	**29**
杭州市	50	3110	3
宁波市	42	2730	
温州市	14	961	16
湖州市	3	150	
绍兴市	32	3700	1
金华市	101	7000	1
衢州市	142	5617	6
台州市	7	680	2
丽水市	84	4170	

2-77 县属研究与开发机构 R&D 人员情况

	R&D 人员（人）	按工作量分		按学历分		R&D 人员折合全时工作量（人年）
		R&D 全时人员	R&D 非全时人员	本科毕业	其他	
总　计	**36**	**25**	**11**	**17**	**19**	**30**
按国民经济行业分组						
农、林、牧、渔业	32	21	11	13	19	26
水利、环境和公共设施管理业	4	4		4		4
按地区分组						
杭州市	4	1	3	2	2	2
嘉兴市	5	5			5	5
湖州市	4	4		4		4
金华市	16	13	3	6	10	14
衢州市	4	1	3	3	1	3
台州市	3	1	2	2	1	2

2－78　县属研究与开发机构 R&D 经费支出情况

单位:千元

	R&D 经费内部支出	政府资金	企业资金	事业单位资金	其他资金	R&D 经费外部支出
总　计	**3253**	**2111**	**15**	**898**	**229**	**0**
按国民经济行业分组						
农、林、牧、渔业	2573	2111	15	218	229	
水利、环境和公共设施管理业	680			680		
按地区分组						
杭州市	166	166				
嘉兴市	600	600				
湖州市	680			680		
金华市	1527	1325		202		
衢州市	112	20	15		77	
台州市	168			16	152	

2－79　县属研究与开发机构 R&D 经费内部支出情况

单位:千元

	R&D 经费内部支出	经常费支出	劳务费	设备购置费	其他日常支出	基本建设费	仪器设备费
总　计	**3253**	**3051**	**1864**	**213**	**974**	**202**	**202**
杭州市	166	166	82	3	81		
嘉兴市	600	600	306	12	282		
湖州市	680	680	446		234		
金华市	1527	1325	804	198	323	202	202
衢州市	112	112	92		20		
台州市	168	168	134		34		

2－80 转制机构概况

	机构数（个）	从业人员总数（人）	单位在职科技活动人员	科学家工程师	经费收入总额（千元）	政府资金	经费支出总额（千元）	科技经费支出
总　计	**49**	**5635**	**2889**	**2224**	**4499584**	**211622**	**4192046**	**558132**
按隶属关系分组								
地方部门属	37	4207	1980	1469	3373252	115988	3096022	376495
省级部门属	21	3311	1513	1125	3134893	107857	2896524	292147
计划单列市部门属	1	132	110	99	50471	3341	40772	37239
地市级部门属	15	764	357	245	187888	4790	158726	47109
中央部门属	12	1428	909	755	1126332	95634	1096024	181637
按国民经济行业分组								
农、林、牧、渔业	3	319	229	195	97391	65715	83599	77829
农业	1	193	133	123	69222	46573	53741	52189
林业	1	27	16	12	9292	4771	11155	7675
渔业	1	99	80	60	18877	14371	18703	17965
采矿业	1	125	94	83	50159	2464	42779	16429
煤炭开采和洗选业	1	125	94	83	50159	2464	42779	16429
制造业	26	3536	1494	1079	3214830	94748	2969980	297193
纺织业	3	141	78	58	121557	8927	117515	13556
造纸及纸制品业	1	67	22	15	43800	3800	35990	3840
石油加工、炼焦及核燃料加工业	1	96	39	34	76336	900	57092	3588
化学原料及化学制品制造业	3	1418	394	298	1898300	29076	1810046	73494
医药制造业	2	72	51	43	12573	8422	26161	23524
非金属矿物制品业	1	49	45	36	14796	1619	14596	3989
有色金属冶炼及压延加工业	1	139	85	63	532492	6493	452733	19631
通用设备制造业	4	543	283	187	195790	11669	168784	64466
专用设备制造业	4	342	251	187	83974	12941	73743	58760
通信设备、计算机及其他电子设备制造业	3	546	214	139	206123	6338	180046	22342
仪器仪表及文化、办公用机械制造业	1	95	19	15	21755	4253	26409	5956
工艺品及其他制造业	2	28	13	4	7334	310	6865	4047
电力、燃气及水的生产和供应业	3	507	350	274	798260	19098	791908	65543
电力、热力的生产和供应业	2	439	295	226	762500	5388	757648	46033
水的生产和供应业	1	68	55	48	35760	13710	34260	19510
建筑业	1	146	130	114	27815	2845	24443	23804
房屋和土木工程建筑业	1	146	130	114	27815	2845	24443	23804
交通运输、仓储和邮政业	1	13	12	11	3551	3080	2722	2230

	机构数（个）	从业人员总数（人）	单位在职科技活动人员	科学家工程师	经费收入总额（千元）	政府资金	经费支出总额（千元）	科技经费支出
城市公共交通业	1	13	12	11	3551	3080	2722	2230
信息传输、计算机服务和软件业	4	326	148	111	112265	7369	100616	28643
电信和其他信息传输服务业	2	192	61	32	49700	3032	44314	6422
计算机服务业	1	41			23580		23433	43
软件业	1	93	87	79	38985	4337	32869	22178
科学研究、技术服务和地质勘查业	9	505	383	325	93358	13763	82332	41369
专业技术服务业	5	261	226	201	59565	9392	52140	27384
科技交流和推广服务业	4	244	157	124	33793	4371	30192	13985
文化、体育和娱乐业	1	158	49	32	101955	2540	93667	5092
文化艺术业	1	158	49	32	101955	2540	93667	5092
按机构所属学科分组								
自然科学领域	3	143	80	68	86334	7031	81465	26306
化学	1	96	39	34	76336	900	57092	3588
地球科学	1	21	21	19	4685	4685	4874	4874
生物学	1	26	20	15	5313	1446	19499	17844
农业科学领域	3	319	229	195	97391	65715	83599	77829
农学	1	193	133	123	69222	46573	53741	52189
林学	1	27	16	12	9292	4771	11155	7675
水产学	1	99	80	60	18877	14371	18703	17965
医学科学领域	2	88	62	49	13537	12396	13243	11849
基础医学	1	42	31	21	6277	5420	6581	6169
中医学与中药学	1	46	31	28	7260	6976	6662	5680
工程科学与技术领域	39	5057	2505	1908	4294988	126170	4006874	438101
工程与技术科学基础学科	1	49	25	14	3355		3046	993
材料科学	1	68	55	48	35760	13710	34260	19510
冶金工程技术	1	139	85	63	532492	6493	452733	19631
机械工程	10	1592	1001	753	1107178	34328	1067130	184285
动力与电气工程	2	161	49	32	102361	2540	93957	5092
电子、通信与自动控制技术	5	677	305	201	260193	9745	221010	27683
计算机科学技术	4	330	146	123	77928	5547	74490	32456
化学工程	5	1493	420	317	1942258	32876	1846347	77401
纺织科学技术	3	141	78	58	121557	8927	117515	13556
食品科学技术	1	22	20	17	2916	1996	2583	2319
土木建筑工程	2	195	175	150	42611	4464	39039	27793

	机构数（个）	从业人员总数（人）	单位在职科技活动人员	科学家工程师	经费收入总额（千元）	政府资金	经费支出总额（千元）	科技经费支出
交通运输工程	1	13	12	11	3551	3080	2722	2230
环境科学技术	3	177	134	121	62828	2464	52042	25152
社会、人文科学领域	2	28	13	4	7334	310	6865	4047
艺术学	2	28	13	4	7334	310	6865	4047
按机构中从事科技活动人员规模分组								
300～499人	1	1286	327	241	1227534	18864	1241818	61553
200～299人	2	810	484	346	937887	16116	907852	104336
100～199人	5	998	701	584	375434	60763	317602	140622
50～99人	9	856	613	482	755846	50475	649646	123024
30～49人	11	820	427	328	913654	32241	785592	48469
20～29人	11	617	258	184	220269	20614	215648	58165
10～19人	5	168	74	54	40444	12154	46115	21373
0～9人	5	80	5	5	28516	395	27773	590
按院所改革模式分组								
2007年底前进入企业或工商管理局登记为企业法人	45	5460	2745	2113	4466194	184066	4159166	526894
进入企业或企业集团	17	1902	1118	864	1780026	68573	1659331	204336
转为中央或省直属大型科技企业	1	125	94	83	50159	2464	42779	16429
转为科技型企业	16	2906	1242	944	2455119	101255	2278152	251220
转为企业型科技咨询、科技中介、技术推广等单位	11	527	291	222	180890	11774	178904	54909
2007年底前转制到位的事业单位	4	175	144	111	33390	27556	32880	31238
转为事业型科技咨询、科技中介、技术推广等单位	1	21	21	19	4685	4685	4874	4874
并入高校	3	154	123	92	28705	22871	28006	26364
地方属机构按地区分组								
杭州市	27	3584	1623	1211	3229355	94762	2967976	291596
宁波市	1	132	110	99	50471	3341	40772	37239
温州市	1	31	24	16	10012	2454	8378	3358
嘉兴市	3	134	79	40	45460	510	41406	17188
湖州市	1	15	15	13	1814		1810	1810
绍兴市	1	49	25	14	3355		3046	993
金华市	2	163	24	16	13908	550	13931	6346
舟山市	1	99	80	60	18877	14371	18703	17965

2－81 转制机构人员情况

单位：人

	单位在职科技活动人员	科学家工程师	科技管理	课题活动	科技服务	生产经营活动人员	其他人员
总　计	**2889**	**2224**	**468**	**1885**	**536**	**2236**	**510**
按隶属关系分组							
地方部门属	1980	1469	340	1229	411	1839	388
省级部门属	1513	1125	272	927	314	1494	304
计划单列市部门属	110	99	6	99	5	12	10
地市级部门属	357	245	62	203	92	333	74
中央部门属	909	755	128	656	125	397	122
按机构所属学科领域分组							
自然科学领域	80	68	14	49	17	41	22
农业科学领域	229	195	35	133	61	54	36
医学科学领域	62	49	11	36	15	7	19
工程科学与技术领域	2505	1908	405	1657	443	2129	423
社会、人文科学领域	13	4	3	10		5	10
按院所改革模式分组							
2007年底前进入企业或工商管理局登记为企业法人	2745	2113	444	1786	515	2218	497
进入企业或企业集团	1118	864	164	804	150	625	159
转为中央或省直属大型科技企业	94	83	19	74	1	28	3
转为科技型企业	1242	944	198	747	297	1357	307
转为企业型科技咨询、科技中介、技术推广等单位	291	222	63	161	67	208	28
2007年底前转制到位的事业单位	144	111	24	99	21	18	13
转为事业型科技咨询、科技中介、技术推广等单位	21	19	5	16			
并入高校	123	92	19	83	21	18	13
地方属机构按地区分组							
杭州市	1623	1211	300	1005	318	1622	339
宁波市	110	99	6	99	5	12	10
温州市	24	16	6	13	5	6	1
嘉兴市	79	40	10	39	30	43	12
湖州市	15	13	2		13		
绍兴市	25	14	4		21	21	3
金华市	24	16	3	12	9	124	15
舟山市	80	60	9	61	10	11	8

2－82　转制机构科技活动人员情况

单位：人

	单位在职科技活动人员	学位		学历				职称		
		博士	硕士	研究生	博士	大学	大专	高级	中级	初级
总　计	**2889**	**34**	**283**	**324**	**33**	**1542**	**722**	**726**	**996**	**753**
按隶属关系分组										
地方部门属	1980	16	192	216	15	1034	507	434	703	502
省级部门属	1513	12	151	171	12	770	415	352	546	380
计划单列市部门属	110		10	10		86	10	18	67	23
地市级部门属	357	4	31	35	3	178	82	64	90	99
中央部门属	909	18	91	108	18	508	215	292	293	251
按院所改革模式分组										
2007年底前进入企业或工商管理局登记为企业法人	2745	29	261	295	28	1480	690	680	953	723
进入企业或企业集团	1118	5	83	92	5	641	292	340	408	303
转为中央或省直属大型科技企业	94		13	13		51	26	30	13	36
转为科技型企业	1242	23	149	173	22	649	267	256	440	289
转为企业型科技咨询、科技中介、技术推广等单位	291	1	16	17	1	139	105	54	92	95
2007年底前转制到位的事业单位	144	5	22	29	5	62	32	46	43	30
转为事业型科技咨询、科技中介、技术推广等单位	21	5	5	11	5	7	1	8	7	2
并入高校	123		17	18		55	31	38	36	28
地方属机构按地区分组										
杭州市	1623	16	161	182	15	837	442	367	562	417
宁波市	110		10	10		86	10	18	67	23
温州市	24					14	9	1	11	12
嘉兴市	79		7	8		30	12	12	15	18
湖州市	15					13	1	1	5	9
绍兴市	25					10	12	8	6	8
金华市	24		2	2		14		2	14	2
舟山市	80		12	14		30	21	25	23	13

2-83　转制机构经费收入情况

单位:千元

	科技经费筹集额	政府资金	企业资金	金融机构贷款	其他资金	生产经营收入	其他收入
总　计	**533321**	**211622**	**291116**	**30000**	**583**	**3808809**	**71254**
按隶属关系分组							
地方部门属	352609	115988	206038	30000	583	2877522	56921
省级部门属	272501	107857	134061	30000	583	2727146	53046
计划单列市部门属	46035	3341	42694			4436	
地市级部门属	34073	4790	29283			145940	3875
中央部门属	180712	95634	85078			931287	14333
按国民经济行业分组							
农、林、牧、渔业	88595	65715	22880			5875	2921
农业	68369	46573	21796			853	
林业	4771	4771				4521	
渔业	15455	14371	1084			501	2921
采矿业	19009	2464	16545			31150	
煤炭开采和洗选业	19009	2464	16545			31150	
制造业	270389	94748	145487	30000	154	2810582	51659
纺织业	9936	8927	939		70	110443	1178
造纸及纸制品业	3800	3800				30000	
石油加工、炼焦及核燃料加工业	1501	900	601			73992	843
化学原料及化学制品制造业	67317	29076	38241			1740629	23954
医药制造业	11431	8422	2925		84	1132	10
非金属矿物制品业	4631	1619	3012			10165	
有色金属冶炼及压延加工业	47560	6493	11067	30000		479132	
通用设备制造业	46813	11669	35144			132788	16189
专用设备制造业	60617	12941	47676			21977	1380
通信设备、计算机及其他电子设备制造业	8238	6338	1900			194752	3133
仪器仪表及文化、办公用机械制造业	4253	4253				12987	4515
工艺品及其他制造业	4292	310	3982			2585	457
电力、燃气及水的生产和供应业	50565	19098	31467			743200	4495
电力、热力的生产和供应业	34136	5388	28748			727792	572
水的生产和供应业	16429	13710	2719			15408	3923
建筑业	25455	2845	22610			2360	
房屋和土木工程建筑业	25455	2845	22610			2360	
交通运输、仓储和邮政业	3200	3080	120			348	3

单位:千元

	科技经费筹集额	政府资金	企业资金	金融机构贷款	其他资金	生产经营收入	其他收入
城市公共交通业	3200	3080	120			348	3
信息传输、计算机服务和软件业	32711	7369	24913		429	71701	7853
电信和其他信息传输服务业	7561	3032	4529			37469	4670
计算机服务业						22094	1486
软件业	25150	4337	20384		429	12138	1697
科学研究、技术服务和地质勘查业	40857	13763	27094			44178	4323
专业技术服务业	31897	9392	22505			23656	4012
科技交流和推广服务业	8960	4371	4589			20522	311
文化、体育和娱乐业	2540	2540				99415	
文化艺术业	2540	2540				99415	
按机构所属学科领域分组							
自然科学领域	10357	7031	3326			75124	853
农业科学领域	88595	65715	22880			5875	2921
医学科学领域	12919	12396	439		84	618	
工程科学与技术领域	417158	126170	260489	30000	499	3724607	67023
社会、人文科学领域	4292	310	3982			2585	457
按院所改革模式分组							
2007年底前进入企业或工商管理局登记为企业法人	504322	184066	289673	30000	583	3807342	68330
进入企业或企业集团	203674	68573	105017	30000	84	1539529	31023
转为中央或省直属大型科技企业	19009	2464	16545			31150	
转为科技型企业	243002	101255	141677		70	2102015	33702
转为企业型科技咨询、科技中介、技术推广等单位	38637	11774	26434		429	134648	3605
2007年底前转制到位的事业单位	28999	27556	1443			1467	2924
转为事业型科技咨询、科技中介、技术推广等单位	4685	4685					
并入高校	24314	22871	1443			1467	2924
地方属机构按地区分组							
杭州市	268995	94762	143650	30000	583	2822881	51279
宁波市	46035	3341	42694			4436	
温州市	2634	2454	180			7378	
嘉兴市	15318	510	14808			28656	1486
湖州市	1564		1564				250
绍兴市						2370	985
金华市	2608	550	2058			11300	
舟山市	15455	14371	1084			501	2921

2－84　转制机构技术性收入情况

单位：千元

	技术性收入	来自企业	技术开发收入	技术转让收入	技术咨询服务收入	学术和科普活动收入
总　计	**291116**	**210905**	**59675**	**1295**	**227023**	**3123**
按隶属关系分组						
地方部门属	206038	128067	57622	1295	146875	246
省级部门属	134061	74830	4048	1295	128472	246
计划单列市部门属	42694	42694	42694			
地市级部门属	29283	10543	10880		18403	
中央部门属	85078	82838	2053		80148	2877
按国民经济行业分组						
农、林、牧、渔业	22880	22158			21336	1544
农业	21796	21074			20252	1544
渔业	1084	1084			1084	
采矿业	16545	16545			16545	
煤炭开采和洗选业	16545	16545			16545	
制造业	145487	102778	50343	1295	93849	
纺织业	939	939			939	
石油加工、炼焦及核燃料加工业	601	601			601	
化学原料及化学制品制造业	38241	5490		1245	36996	
医药制造业	2925	200	200		2725	
非金属矿物制品业	3012				3012	
有色金属冶炼及压延加工业	11067	11067		50	11017	
通用设备制造业	35144	35144	695		34449	
专用设备制造业	47676	47437	47548		128	
通信设备、计算机及其他电子设备制造业	1900	1900	1900			
工艺品及其他制造业	3982				3982	
电力、燃气及水的生产和供应业	31467	29949			30699	768
电力、热力的生产和供应业	28748	28748			28748	
水的生产和供应业	2719	1201			1951	768
建筑业	22610	22610			22364	246

	技术性收入	来自企业	技术开发收　入	技术转让收　入	技术咨询服务收入	学术和科普活动收入
房屋和土木工程建筑业	22610	22610			22364	246
交通运输、仓储和邮政业	120		120			
城市公共交通业	120		120			
信息传输、计算机服务和软件业	24913	4529	2922		21991	
电信和其他信息传输服务业	4529	4529			4529	
软件业	20384		2922		17462	
科学研究、技术服务和地质勘查业	27094	12336	6290		20239	565
专业技术服务业	22505	12147	1760		20180	565
科技交流和推广服务业	4589	189	4530		59	
按机构所属学科领域分组						
自然科学领域	3326	601			3326	
农业科学领域	22880	22158			21336	1544
医学科学领域	439	200	311		128	
工程科学与技术领域	260489	187946	59364	1295	198251	1579
社会、人文科学领域	3982				3982	
按院所改革模式分组						
2007年底前进入企业或工商管理局登记为企业法人	289673	209821	59444	1295	225811	3123
进入企业或企业集团	105017	89949	2948	50	100686	1333
转为中央或省直属大型科技企业	16545	16545			16545	
转为科技型企业	141677	100082	53494	1245	85148	1790
转为企业型科技咨询、科技中介、技术推广等单位	26434	3245	3002		23432	
2007年底前转制到位的事业单位	1443	1084	231		1212	
并入高校	1443	1084	231		1212	
地方属机构按地区分组						
杭州市	143650	76217	8578	1295	133531	246
宁波市	42694	42694	42694			
温州市	180				180	
嘉兴市	14808	4450	4450		10358	
湖州市	1564	1564			1564	
金华市	2058	2058	1900		158	
舟山市	1084	1084			1084	

2－85　转制机构经费支出情况

单位：千元

	科技经费内部支出	人员费用	资产购建支出	购置科研仪器设备	其他日常支出	生产经营支出	其他支出
总　计	**558132**	**178053**	**74661**	**52420**	**305418**	**3560344**	**73570**
按隶属关系分组							
地方部门属	376495	125243	57592	36731	193660	2670251	49276
省级部门属	292147	99438	44452	28781	148257	2562884	41493
计划单列市部门属	37239	11200	350	350	25689	2949	584
地市级部门属	47109	14605	12790	7600	19714	104418	7199
中央部门属	181637	52810	17069	15689	111758	890093	24294
按国民经济行业分组							
农、林、牧、渔业	77829	16144	5185	5185	56500	1281	4489
农业	52189	7821	1824	1824	42544	780	772
林业	7675	1840	2000	2000	3835		3480
渔业	17965	6483	1361	1361	10121	501	237
采矿业	16429	7180	710	710	8539	22531	3819
煤炭开采和洗选业	16429	7180	710	710	8539	22531	3819
制造业	297193	96885	55713	34852	144595	2620334	52453
纺织业	13556	4178	2968	2968	6410	103376	583
造纸及纸制品业	3840	990	500	500	2350	32000	150
石油加工、炼焦及核燃料加工业	3588	2496	850	850	242	48882	4622
化学原料及化学制品制造业	73494	20038	4865	4865	48591	1728260	8292
医药制造业	23524	3072	15706	35	4746	1457	1180
非金属矿物制品业	3989	2305			1684	10559	48
有色金属冶炼及压延加工业	19631	13922	3210	3210	2499	431752	1350
通用设备制造业	64466	22408	15169	15169	26889	76791	27527
专用设备制造业	58760	18260	4946	2906	35554	12753	2230
通信设备、计算机及其他电子设备制造业	22342	7865	6232	3082	8245	156912	792
仪器仪表及文化、办公用机械制造业	5956	950	1267	1267	3739	15291	5162
工艺品及其他制造业	4047	401			3646	2301	517
电力、燃气及水的生产和供应业	65543	16451	8267	6887	40825	724015	2350
电力、热力的生产和供应业	46033	12951	3467	2087	29615	709415	2200
水的生产和供应业	19510	3500	4800	4800	11210	14600	150
建筑业	23804	10063	802	802	12939		639
房屋和土木工程建筑业	23804	10063	802	802	12939		639

	科技经费内部支出					生产经营支出	其他支出
		人员费用	资产购建支出	购置科研仪器设备	其他日常支出		
交通运输、仓储和邮政业	2230	799	203	203	1228	425	67
城市公共交通业	2230	799	203	203	1228	425	67
信息传输、计算机服务和软件业	28643	7684	415	415	20544	70307	1666
电信和其他信息传输服务业	6422	3990	415	415	2017	37138	754
计算机服务业	43				43	22689	701
软件业	22178	3694			18484	10480	211
科学研究、技术服务和地质勘查业	41369	20466	2356	2356	18547	33200	7763
专业技术服务业	27384	13139	982	982	13263	17888	6868
科技交流和推广服务业	13985	7327	1374	1374	5284	15312	895
文化、体育和娱乐业	5092	2381	1010	1010	1701	88251	324
文化艺术业	5092	2381	1010	1010	1701	88251	324
按机构所属学科领域分组							
自然科学领域	26306	5241	16783	1112	4282	50339	4820
农业科学领域	77829	16144	5185	5185	56500	1281	4489
医学科学领域	11849	4650	170	170	7029		1394
工程科学与技术领域	438101	151617	52523	45953	233961	3506423	62350
社会、人文科学领域	4047	401			3646	2301	517
按院所改革模式分组							
2007年底前进入企业或工商管理局登记为企业法人	526894	166448	72700	50459	287746	3559418	72854
进入企业或企业集团	204336	75940	31621	30241	96775	1408049	46946
转为中央或省直属大型科技企业	16429	7180	710	710	8539	22531	3819
转为科技型企业	251220	70966	22386	17196	157868	2006433	20499
转为企业型科技咨询、科技中介、技术推广等单位	54909	12362	17983	2312	24564	122405	1590
2007年底前转制到位的事业单位	31238	11605	1961	1961	17672	926	716
转为事业型科技咨询、科技中介、技术推广等单位	4874	1646	262	262	2966		
并入高校	26364	9959	1699	1699	14706	926	716
地方属机构按地区分组							
杭州市	291596	102517	44763	29092	144316	2629225	47155
宁波市	37239	11200	350	350	25689	2949	584
温州市	3358	907	780	780	1671	4980	40
嘉兴市	17188	1978	4922	2882	10288	23382	836
湖州市	1810	786			1024		
绍兴市	993	495	286	286	212	1820	233
金华市	6346	877	5130	1980	339	7394	191
舟山市	17965	6483	1361	1361	10121	501	237

2－86 转制机构资产情况

单位：千元

	资产合计	流动资产	固定资产			无形资产	对外投资
				科研房屋建筑物	科研仪器设备和图书资料		
总　计	**4398379**	**2400629**	**1282717**	**453166**	**175281**	**309385**	**405648**
按隶属关系分组							
地方部门属	3541341	1976787	1017108	281569	102562	251486	295960
省级部门属	3100759	1816701	870935	218567	90149	214946	198177
计划单列市部门属	52373	14673	22306	19641	2517	5771	9623
地市级部门属	388209	145413	123867	43361	9896	30769	88160
中央部门属	857038	423842	265609	171597	72719	57899	109688
按院所改革模式分组							
2007年底前进入企业或工商管理局登记为企业法人	4322091	2349196	1259432	447053	158878	309385	404078
进入企业或企业集团	1178341	673942	276472	126854	70136	106550	121377
转为中央或省直属大型科技企业	59608	43387	10490	8039	1306	4240	1491
转为科技型企业	2813086	1487620	902566	278398	84086	161187	261713
转为企业型科技咨询、科技中介、技术推广等单位	271056	144247	69904	33762	3350	37408	19497
2007年底前转制到位的事业单位	76288	51433	23285	6113	16403		1570
转为事业型科技咨询、科技中介、技术推广等单位	9051	5147	3904		3676		
并入高校	67237	46286	19381	6113	12727		1570
地方属机构按地区分组							
杭州市	3294961	1856506	938441	238025	85639	230496	269518
宁波市	52373	14673	22306	19641	2517	5771	9623
温州市	17768	11216	2570	1194	1126	3982	
嘉兴市	64265	21900	16543	8476	2000	11203	14619
湖州市	4191	714	3043	2778	265	34	400
绍兴市	2929	2354	575		550		
金华市	54417	32327	21480	8666	1104		610
舟山市	50437	37097	12150	2789	9361		1190

2－87 转制机构课题情况(一)

	课题数合计(个)	当年开题	当年完成	课题经费内部支出(千元)	政府资金	课题投入人员(人年)	科学家工程师
合计	**572**	**327**	**310**	**304883**	**90866**	**1686**	**1261**
按课题活动类型分组							
基础研究	1	1	1	125	100	1	1
应用研究	39	23	11	15911	9157	76	61
试验发展	174	75	80	97218	45709	587	447
研究与试验发展成果应用	227	117	125	91715	23650	660	493
科技服务	123	106	92	71630	8650	294	225
生产性活动	8	5	1	28283	3600	67	33

2－88 转制机构课题情况(二)

	课题数合计(个)		课题经费内部支出(千元)			课题投入人员(人年)		
		R&D课题		政府资金	R&D课题经费		科学家和工程师	R&D人员
总　计	**572**	**214**	**304883**	**90866**	**113254**	**1686**	**1261**	**664**
按隶属关系分组								
地方部门属	402	126	205784	55976	62294	1128	794	422
省级部门属	323	106	173755	51289	54417	833	607	356
计划单列市部门属	24	2	3910	250	600	29	13	4
地市级部门属	55	18	28119	4437	7277	265	174	62
中央部门属	170	88	99099	34890	50961	558	468	242
按国民经济行业分组								
农、林、牧、渔业	82	46	33252	32424	22537	130	100	84
农业	49	33	21817	21017	16487	66	63	51
林业	8		585	557		3	1	
渔业	25	13	10850	10850	6050	61	36	33
采矿业	16	13	7488	851	1726	61	52	12
煤炭开采和洗选业	16	13	7488	851	1726	61	52	12
制造业	318	87	179551	41580	51076	884	617	306
纺织业	28	6	7375	4205	1002	63	52	15
造纸及纸制品业	7	5	3274	2850	2104	15	11	12
石油加工、炼焦及核燃料加工业	5		2518	540		24	17	
化学原料及化学制品制造业	64	30	59723	14994	20168	270	193	112
医药制造业	20	14	4410	3402	2799	36	29	23
非金属矿物制品业	3		2777	1000		31	17	
有色金属冶炼及压延加工业	22	13	11866	2734	4535	39	39	23
通用设备制造业	92		49328	2155		105	96	
专用设备制造业	51	9	18150	3831	5290	139	68	39
通信设备、计算机及其他电子设备制造业	21	8	15798	4493	12683	116	60	76
仪器仪表及文化、办公用机械制造业	3	2	2537	1376	2496	8	2	7
工艺品及其他制造业	2		1795			38	33	
电力、燃气及水的生产和供应业	38	11	45842	4510	19365	247	201	82
电力、热力的生产和供应业	31	4	35077	960	8600	206	169	40
水的生产和供应业	7	7	10765	3550	10765	42	32	42
建筑业	14		689	602		3	3	
房屋和土木工程建筑业	14		689	602		3	3	
交通运输、仓储和邮政业	11	2	1840	1720	363	12	11	3
城市公共交通业	11	2	1840	1720	363	12	11	3

	课题数合计（个）	R&D课题	课题经费内部支出（千元）	政府资金	R&D课题经费	课题投入人员（人年）	科学家和工程师	R&D人员
信息传输、计算机服务和软件业	20	15	10893	1211	4714	102	72	60
电信和其他信息传输服务业	14	11	5227	540	2392	31	19	21
软件业	6	4	5666	671	2322	71	53	39
科学研究、技术服务和地质勘查业	70	40	22578	6538	13474	229	190	118
专业技术服务业	33	26	11930	2785	8147	125	107	71
科技交流和推广服务业	37	14	10648	3753	5327	104	83	47
文化、体育和娱乐业	3		2750	1430		18	17	
文化艺术业	3		2750	1430		18	17	
按课题所属学科分组								
自然科学领域	25	21	4321	3384	2929	37	31	24
信息科学与系统科学	1	1	564	498	564	5	5	5
物理学	1	1	450	400	450	3	2	3
化学	1		140	140		2	2	
地球科学	19	19	1915	1915	1915	16	15	16
生物学	3		1252	431		11	7	
农业科学领域	83	46	33372	32544	22537	132	101	84
农学	50	33	21937	21137	16487	68	64	51
林学	8		585	557		3	1	
水产学	25	13	10850	10850	6050	61	36	33
医学科学领域	27	14	7525	5788	2799	69	49	23
临床医学	10		4367	2817		44	27	
中医学与中药学	17	14	3158	2971	2799	25	22	23
工程科学与技术领域	434	133	257586	48915	84990	1407	1046	534
工程与技术科学基础学科	2	1	443	20	423	3	3	3
材料科学	26	17	21033	4684	12775	111	94	60
机械工程	66	10	67314	3911	8618	283	199	63
动力与电气工程	12		2949			35	33	
能源科学技术	2	1	3200		1000	22	17	8
电子、通信与自动控制技术	85	31	39450	7477	25320	254	155	153
计算机科学技术	23	11	9853	3703	4515	113	89	60
化学工程	72	37	65675	18264	23127	308	222	130
纺织科学技术	25	6	6835	3905	1002	57	46	15
食品科学技术	7	2	696	196	600	15	13	5
土木建筑工程	75		20377	2466		72	70	
水利工程	4	4	5840	2550	5840	23	18	23

	课题数合计（个）	R&D 课题	课题经费内部支出（千元）	政府资金	R&D 课题经费	课题投入人员（人年）	科学家和工程师	R&D 人员
交通运输工程	6		848	728		6	5	
环境科学技术	29	13	13073	1011	1771	105	83	13
社会、人文科学领域	3		2079	235		41	34	
艺术学	2		1795			38	33	
经济学	1		284	235		3	1	
按课题技术领域分组								
信息技术	41	23	18276	5324	7953	171	134	91
生物技术	64	35	25168	22290	17087	102	86	56
新材料	106	50	86806	25530	34197	388	289	171
能源技术	11		8127			81	70	
自动化技术	83	21	37823	3893	18005	283	194	119
海洋技术	33	20	19054	2928	6177	143	110	40
其他技术领域	234	65	109629	30901	29836	518	378	188
按课题来源分组								
中央政府部门下达课题	63	40	53193	35778	42847	209	170	169
自然科学基金课题	4	4	318	318	318	4	4	4
863 计划课题	3	2	400	400	280	3	3	2
国家科技支撑(攻关)计划课题	12	12	19663	15396	19663	74	65	74
国家火炬计划课题	1		315			3	2	
国家 973 计划课题	1	1	53	53	53			
国家社会科学基金课题	1	1	4000	320	4000	15	15	15
其他课题	41	20	28445	19292	18534	110	81	74
地方政府部门下达课题	235	106	111932	49734	48835	635	452	315
地方自然科学基金课题	11	11	605	580	605	8	7	8
地方科技攻关计划课题	74	53	44905	19033	33135	226	150	182
地方星火计划课题	1		153	153		1	1	
其他课题	149	42	66269	29968	15096	400	295	125
企业委托课题	134	10	81603	3216	4979	393	282	54
自选课题	113	52	37500	1113	15218	280	211	108
国际合作课题	3	2	1485		735	15	15	13
其他课题	24	4	19170	1025	640	154	133	5
按课题合作形式分组								
与境外机构合作	1		250	200		3	3	
与国内高校合作	17	6	10383	5984	9069	44	36	29
与国内独立研究机构合作	11	8	2979	2549	1429	25	17	13

	课题数合计（个）	R&D课题	课题经费内部支出（千元）	政府资金	R&D课题经费	课题投入人员（人年）	科学家和工程师	R&D人员
与境内注册的其他企业合作	124	12	61813	8076	8117	172	152	44
独立研究	397	185	220137	71855	93597	1348	1000	573
其他	22	3	9321	2202	1042	94	53	6
按院所改革模式分组								
2007年底前进入企业或工商管理局登记为企业法人	509	180	287911	74014	104927	1575	1186	612
进入企业或企业集团	223	52	137122	21078	38469	655	541	214
转为中央或省直属大型科技企业	16	13	7488	851	1726	61	52	12
转为科技型企业	240	111	129271	48747	62410	710	474	347
转为企业型科技咨询、科技中介、技术推广等单位	30	4	14031	3338	2322	149	120	39
2007年底前转制到位的事业单位	63	34	16972	16852	8328	111	75	52
转为事业型科技咨询、科技中介、技术推广等单位	19	19	1915	1915	1915	16	15	16
并入高校	44	15	15057	14937	6413	95	60	36
按课题的社会经济目标分组								
环境保护及污染防治	39	16	16577	1583	2857	134	105	20
环境与资源评估	5		4846			57	38	
环境保护	3	3	211	211	211	1	1	1
环境污染的避免	5	1	3262	431	1000	27	20	8
环境治理	25	11	7628	533	1016	46	43	8
灾害的预防、预报及治理	1	1	630	408	630	3	3	3
促进能源的生产、分配和合理利用	37	8	37632	4003	10854	209	169	53
能源转换技术	2	1	1710	1500	560	5	3	2
可再生能源	27	4	31887	1260	8900	174	143	38
能源设施和设备建造	6	1	3032	441	391	24	19	7
节约能源的技术	2	2	1003	802	1003	6	3	6
促进卫生事业的发展	18	10	4250	4063	1884	40	28	18
诊断与治疗	10	10	1884	1697	1884	18	15	18
卫生医疗其他研究	8		2367	2367		22	13	
基础设施以及城市和农村规划	25	11	26530	916	2392	48	32	21
交通运输	10		20964	375		14	12	
通信	14	11	5227	540	2392	31	19	21
城市规划与市政工程	1		339	1		3	1	
社会发展和社会服务	3	1	2288		493	46	39	8
法律与司法	1	1	493		493	8	6	8
遗产保护	2		1795			38	33	
地球和大气层的探索与利用	16	16	3102	2272	3102	20	17	20

	课题数合计（个）	R&D 课题	课题经费内部支出（千元）	政府资金	R&D 课题经费	课题投入人员（人年）	科学家和工程师	R&D 人员
海洋	3	3	1780	950	1780	8	7	8
大气	13	13	1322	1322	1322	11	11	11
民用空间的探测及开发	1	1	125	125	125	1	1	1
卫星服务	1	1	125	125	125	1	1	1
促进农林牧渔业发展	106	60	48487	41531	34141	202	163	130
农林牧渔业发展战略研究	50	33	21867	21062	16487	66	63	51
农作物种植及培育	12	5	2192	2074	1515	12	10	7
林业和林产品	2		46	46		4	4	
渔业	29	13	11188	11183	6050	64	38	33
农林牧渔业体系支撑	13	9	13194	7166	10089	56	49	38
促进工商业发展	323	88	164929	35524	56463	979	703	387
促进工商业发展的一般问题研究	6		2326	400		18	17	
产业共性技术研究	16	7	5078	2321	2817	51	42	26
食品、饮料和烟草制品业	5	2	650	150	600	11	9	5
纺织业、服装及皮革制品业	29	7	7875	4255	1502	65	52	17
化学工业	63	26	50638	9159	11280	253	178	81
非金属与金属制品业	16	9	10033	3064	2775	53	38	16
机械制造业（不包括电子设备、仪器仪表及办公机械	18	4	16190	1430	2205	81	39	15
电子设备、仪器仪表及办公机械	68	15	29679	6269	15393	172	93	88
其他制造业	11	5	8427	770	6097	79	71	50
热力、水的生产和供应	2	2	7560	2200	7560	26	21	26
建筑业	70	1	15645	2466	80	58	58	1
技术服务业	17	8	9961	2940	5288	97	72	48
商业及其他服务业	1	1	767		767	13	11	13
工商业活动中的环境保护、污染防治与处理	1	1	100	100	100	2	2	2
国防	4	3	964	850	944	7	5	7
地方属机构按地区分组								
杭州市	338	107	178233	43618	53694	930	693	370
宁波市	24	2	3910	250	600	29	13	4
温州市	2		958	808		12	11	
嘉兴市	11	4	9833		1950	74	27	15
金华市	2		2000	450		22	14	
舟山市	25	13	10850	10850	6050	61	36	33

2－89 转制机构课题经费内部支出情况

单位:千元

	经费内部支出合计	基础研究	应用研究	试验发展	R&D成果应用	科技服务	生产性活动
总　计	**304883**	**125**	**15911**	**97218**	**91715**	**71630**	**28283**
按隶属关系分组							
地方部门属	205784		4664	57630	51932	65716	25842
省级部门属	173755		2545	51872	30322	63174	25842
计划单列市部门属	3910			600	3310		
地市级部门属	28119		2119	5158	18300	2542	
中央部门属	99099	125	11247	39589	39783	5914	2441
按院所改革模式分组							
2007年底前进入企业或工商管理局登记为企业法人	287911	125	11451	93351	87129	68173	27683
进入企业或企业集团	137122	125	7560	30784	40088	56123	2441
转为中央或省直属大型科技企业	7488			1726	380	5382	
转为科技型企业	129271		3891	58519	41046	574	25242
转为企业型科技咨询、科技中介、技术推广等单位	14031			2322	5615	6094	
2007年底前转制到位的事业单位	16972		4460	3868	4587	3458	600
转为事业型科技咨询、科技中介、技术推广等单位	1915		1915				
并入高校	15057		2545	3868	4587	3458	600
地方属机构按地区分组							
杭州市	178233		2119	51575	38634	60663	25242
宁波市	3910			600	3310		
温州市	958				958		
嘉兴市	9833			1950	5880	2003	
金华市	2000				2000		
舟山市	10850		2545	3505	1150	3050	600

2－90　转制机构课题投入人员情况

单位：人年

	投入人员合计	基础研究	应用研究	试验发展	R&D成果应用	科技服务	生产性活动
总　计	**1686**	**1**	**76**	**587**	**660**	**294**	**67**
按隶属关系分组							
地方部门属	1128		23	399	412	231	63
省级部门属	833		6	350	215	199	63
计划单列市部门属	29			4	26		
地市级部门属	265		17	45	171	32	
中央部门属	558	1	53	188	248	64	4
按院所改革模式分组							
2007年底前进入企业或工商管理局登记为企业法人	1575	1	54	557	620	277	65
进入企业或企业集团	655	1	26	187	265	171	4
转为中央或省直属大型科技企业	61			12	1	48	
转为科技型企业	710		28	319	294	8	61
转为企业型科技咨询、科技中介、技术推广等单位	149			39	60	50	
2007年底前转制到位的事业单位	111		22	30	40	17	2
转为事业型科技咨询、科技中介、技术推广等单位	16		16				
并入高校	95		6	30	40	17	2
地方属机构按地区分组							
杭州市	930		17	353	308	191	61
宁波市	29			4	26		
温州市	12				12		
嘉兴市	74			15	34	25	
金华市	22				22		
舟山市	61		6	27	11	15	2

2－91　转制机构课题投入科学家工程师情况

单位:人年

	科学家和工程师合计	基础研究	应用研究	试验发展	R&D成果应用	科技服务	生产性活动
总　计	**1261**	**1**	**61**	**447**	**493**	**225**	**33**
按隶属关系分组							
地方部门属	794		15	284	287	175	32
省级部门属	607		3	250	162	160	32
计划单列市部门属	13			3	11		
地市级部门属	174		12	32	115	15	
中央部门属	468	1	46	163	206	50	1
按院所改革模式分组							
2007年底前进入企业或工商管理局登记为企业法人	1186	1	43	427	468	216	32
进入企业或企业集团	541	1	21	160	224	134	1
转为中央或省直属大型科技企业	52			11	1	40	
转为科技型企业	474		23	224	192	4	31
转为企业型科技咨询、科技中介、技术推广等单位	120			31	50	39	
2007年底前转制到位的事业单位	75		18	21	26	9	1
转为事业型科技咨询、科技中介、技术推广等单位	15		15				
并入高校	60		3	21	26	9	1
地方属机构按地区分组							
杭州市	693		12	260	235	155	31
宁波市	13			3	11		
温州市	11				11		
嘉兴市	27			4	11	12	
金华市	14				14		
舟山市	36		3	18	6	8	1

2-92 转制机构论文、著作和专利情况

	科技论文（篇）	国外发表	科技著作（种）	专利申请受理数（件）	发明专利	专利授权数（件）	发明专利	国外授权	拥有发明专利总数（件）
总　计	**426**	**32**	**5**	**49**	**35**	**59**	**20**	**3**	**122**
按隶属关系分组									
地方部门属	223	1	2	36	26	40	15	3	88
省级部门属	206	1	2	27	21	33	13	3	67
计划单列市部门属	6					2			
地市级部门属	11			9	5	5	2		21
中央部门属	203	31	3	13	9	19	5		34
按国民经济行业分组									
农、林、牧、渔业	111	6	5	3	1	2	2		13
采矿业	26					2	1		1
制造业	160			33	24	46	15	3	86
电力、燃气及水的生产和供应业	53	6		8	7	7	2		19
建筑业	29	1				1			
交通运输、仓储和邮政业	3								
信息传输、计算机服务和软件业	6			3	2				2
科学研究、技术服务和地质勘查业	32	19		2	1	1			1
文化、体育和娱乐业	6								
按机构所属学科领域分组									
自然科学领域	19			1	1	1	1		10
农业科学领域	111	6	5	3	1	2	2		13
医学科学领域	13			11	9	6	2		14
工程科学与技术领域	283	26		34	24	50	15	3	85
按院所改革模式分组									
2007年底前进入企业或工商管理局登记为企业法人	364	32	3	44	32	55	20	3	115
进入企业或企业集团	137	25		20	18	23	5		32
转为中央或省直属大型科技企业	26					2	1		1
转为科技型企业	193	7	3	18	10	29	13	3	75
转为企业型科技咨询、科技中介、技术推广等单位	8			6	4	1	1		7
2007年底前转制到位的事业单位	62		2	5	3	4			7
转为事业型科技咨询、科技中介、技术推广等单位	10								
并入高校	52		2	5	3	4			7
地方属机构按地区分组									
杭州市	165	1		33	25	35	14	3	76
宁波市	6					2			
温州市	5								2
绍兴市				1	1	1	1		6
金华市	1			2		2			4
舟山市	46		2						

2－93 转制机构R&D人员情况

	R&D人员（人）	按工作量分		按学历分			
		R&D全时人员	R&D非全时人员	博士毕业	硕士毕业	本科毕业	其他
总　计	**1026**	**569**	**457**	**26**	**180**	**628**	**192**
按隶属关系分组							
地方部门属	616	390	226	11	111	343	151
省级部门属	539	330	209	8	94	293	144
计划单列市部门属	6	3	3		4	2	
地市级部门属	71	57	14	3	13	48	7
中央部门属	410	179	231	15	69	285	41
按机构所属学科领域分组							
自然科学领域	21	9	12	5	5	8	3
农业科学领域	134	80	54	8	30	71	25
医学科学领域	26	19	7	1	5	18	2
工程科学与技术领域	845	461	384	12	140	531	162
按院所改模式分组							
2007年底前进入企业或工商管理局登记为企业法人	943	520	423	21	166	579	177
进入企业或企业集团	346	156	190	5	48	246	47
转为中央或省直属大型科技企业	66	2	64		12	46	8
转为科技型企业	451	324	127	16	102	246	87
转为企业型科技咨询、科技中介、技术推广等单位	80	38	42		4	41	35
2007年底前转制到位的事业单位	83	49	34	5	14	49	15
转为事业型科技咨询、科技中介、技术推广等单位	21	9	12	5	5	8	3
并入高校	62	40	22		9	41	12
地方属机构按地区分组							
杭州市	539	335	204	11	97	296	135
宁波市	6	3	3		4	2	
嘉兴市	15	15			1	10	4
舟山市	56	37	19		9	35	12

2－94 转制机构R&D人员折合全时工作量情况

	R&D折合全时工作量（人年）		按活动类型分			按工作岗位性质分		
		科学家工程师	基础研究人员	应用研究人员	试验发展人员	研究人员	技术人员	其他辅助人员
总　计	**768**	**634**	**1**	**76**	**691**	**315**	**362**	**91**
按隶属关系分组								
地方部门属	486	395		26	460	196	228	62
省级部门属	419	348		9	410	172	196	51
计划单列市部门属	5	3			5	2	2	1
地市级部门属	62	44		17	45	22	30	10
中央部门属	282	239	1	50	231	119	134	29
按机构所属学科领域分组								
自然科学领域	16	15		16		8	7	1
农业科学领域	102	92		16	86	50	42	10
医学科学领域	23	20			23	6	15	2
工程科学与技术领域	627	507	1	44	582	251	298	78
按国民经济经济行业分组								
农、林、牧、渔业	102	92		16	86	50	42	10
农业	54	51		7	47	17	33	4
渔业	48	41		9	39	33	9	6
采矿业	13	13			13	3	9	1
煤炭开采和洗选业	13	13			13	3	9	1
制造业	350	274			350	131	163	56
纺织业	15	14			15	11	3	1
造纸及纸制品业	14	11			14	8	5	1
化学原料及化学制品制造业	135	102			135	36	75	24
医药制造业	23	20			23	6	15	2
有色金属冶炼及压延加工业	34	30			34	16	9	9
专用设备制造业	43	24			43	21	11	11
通信设备、计算机及其他电子设备制造业	76	69			76	30	40	6

	R&D折合全时工作量（人年）	科学家工程师	按活动类型分：基础研究人员	应用研究人员	试验发展人员	按工作岗位性质分：研究人员	技术人员	其他辅助人员
仪器仪表及文化、办公用机械制造业	10	4			10	3	5	2
电力、燃气及水的生产和供应业	100	79	1	27	72	59	24	17
电力、热力的生产和供应业	58	47			58	33	18	7
水的生产和供应业	42	32	1	27	14	26	6	10
交通运输、仓储和邮政业	3	3			3	2	1	
城市公共交通业	3	3			3	2	1	
信息传输、计算机服务和软件业	71	58			71	30	39	2
电信和其他信息传输服务业	24	17			24	20	4	
软件业	47	41			47	10	35	2
科学研究、技术服务和地质勘查业	129	115		33	96	40	84	5
专业技术服务业	82	75		16	66	21	58	3
科技交流和推广服务业	47	40		17	30	19	26	2
按院所改革模式分组								
2007年底前进入企业或工商管理局登记为企业法人	701	575	1	51	649	272	345	84
进入企业或企业集团	261	214	1	27	233	117	110	34
转为中央或省直属大型科技企业	13	13			13	3	9	1
转为科技型企业	380	307		24	356	142	191	47
转为企业型科技咨询、科技中介、技术推广等单位	47	41			47	10	35	2
2007年底前转制到位的事业单位	67	59		25	42	43	17	7
转为事业型科技咨询、科技中介、技术推广等单位	16	15		16		8	7	1
并入高校	51	44		9	42	35	10	6
地方属机构按地区分组								
杭州市	418	347		17	401	158	213	47
宁波市	5	3			5	2	2	1
嘉兴市	15	4			15	3	4	8
舟山市	48	41		9	39	33	9	6

2－95　转制机构 R&D 经费支出情况

单位：千元

	R&D经费内部支出	按活动类型分			按来源分			R&D经费外部支出
		基础研究	应用研究	试验发展	政府资金	企业资金	国外资金	
总　计	**157111**	**177**	**21931**	**135003**	**63551**	**92825**	**735**	**879**
按隶属关系分组								
地方部门属	88244		5117	83127	31338	56906		137
省级部门属	79547		2998	76549	28527	51020		137
计划单列市部门属	820			820	250	570		
地市级部门属	7877		2119	5758	2561	5316		
中央部门属	68867	177	16814	51876	32213	35919	735	742
按机构所属学科领域分组								
自然科学领域	3566		3566		3566			742
农业科学领域	25414		5530	19884	25414			
医学科学领域	4865			4865	2799	2066		
工程科学与技术领域	123266	177	12835	110254	31772	90759	735	137
按院所改革模式分组								
2007年底前进入企业或工商管理局登记为企业法人	145805	177	15367	130261	52245	92825	735	137
进入企业或企业集团	57579	177	10716	46686	13938	42906	735	
转为中央或省直属大型科技企业	8164			8164	851	7313		
转为科技型企业	70239		4651	65588	36785	33454		137
转为企业型科技咨询、科技中介、技术推广等单位	9823			9823	671	9152		
2007年底前转制到位的事业单位	11306		6564	4742	11306			742
转为事业型科技咨询、科技中介、技术推广等单位	3566		3566		3566			742
并入高校	7740		2998	4742	7740			
地方属机构按地区分组								
杭州市	78347		2119	76228	23961	54386		137
宁波市	820			820	250	570		
嘉兴市	1950			1950		1950		
舟山市	7127		2998	4129	7127			

2－96 转制机构 R&D 经费内部支出情况

单位：千元

	R&D经费内部支出	经常费支出	劳务费	设备购置费	其他日常支出	基本建设费	仪器设备费	土建费
总 计	**157111**	**155507**	**66448**	**16505**	**72554**	**1604**	**224**	**1380**
按隶属关系分组								
地方部门属	88244	88244	41804	7768	38672			
省级部门属	79547	79547	37106	7246	35195			
计划单列市部门属	820	820	600	20	200			
地市级部门属	7877	7877	4098	502	3277			
中央部门属	68867	67263	24644	8737	33882	1604	224	1380
按机构所属学科领域分组								
自然科学领域	3566	3566	1646	262	1658			
农业科学领域	25414	25414	7589	1715	16110			
医学科学领域	4865	4865	1748	31	3086			
工程科学与技术领域	123266	121662	55465	14497	51700	1604	224	1380
按国民经济行业分组								
农、林、牧、渔业	25414	25414	7589	1715	16110			
农业	18287	18287	3513	680	14094			
渔业	7127	7127	4076	1035	2016			
采矿业	8164	8164	5220	644	2300			
煤炭开采和洗选业	8164	8164	5220	644	2300			
制造业	67218	67218	31992	7545	27681			
纺织业	1797	1797	1000	300	497			
造纸及纸制品业	2500	2500	800	500	1200			
化学原料及化学制品制造业	23765	23765	8776	1585	13404			
医药制造业	4865	4865	1748	31	3086			
有色金属冶炼及压延加工业	13561	13561	10974	2530	57			
专用设备制造业	5510	5510	2930	230	2350			

	R&D经费内部支出	经常费支出	劳务费	设备购置费	其他日常支出	基本建设费	仪器设备费	土建费
通信设备、计算机及其他电子设备制造业	12683	12683	5160	1102	6421			
仪器仪表及文化、办公用机械制造业	2537	2537	604	1267	666			
电力、燃气及水的生产和供应业	27341	25737	5766	5674	14297	1604	224	1380
电力、热力的生产和供应业	12082	10478	2648	1398	6432	1604	224	1380
水的生产和供应业	15259	15259	3118	4276	7865			
交通运输、仓储和邮政业	613	613	266	68	279			
城市公共交通业	613	613	266	68	279			
信息传输、计算机服务和软件业	12636	12636	4306	95	8235			
电信和其他信息传输服务业	2813	2813	1758	95	960			
软件业	9823	9823	2548		7275			
科学研究、技术服务和地质勘查业	15725	15725	11309	764	3652			
专业技术服务业	9798	9798	7561	262	1975			
科技交流和推广服务业	5927	5927	3748	502	1677			
按院所改革模式分组								
2007年底前进入企业或工商管理局登记为企业法人	145805	144201	60460	15140	68601	1604	224	1380
进入企业或企业集团	57579	55975	27177	9712	19086	1604	224	1380
转为中央或省直属大型科技企业	8164	8164	5220	644	2300			
转为科技型企业	70239	70239	25515	4784	39940			
转为企业型科技咨询、科技中介、技术推广等单位	9823	9823	2548		7275			
2007年底前转制到位的事业单位	11306	11306	5988	1365	3953			
转为事业型科技咨询、科技中介、技术推广等单位	3566	3566	1646	262	1658			
并入高校	7740	7740	4342	1103	2295			
地方属机构按地区分组								
杭州市	78347	78347	36778	6713	34856			
宁波市	820	820	600	20	200			
嘉兴市	1950	1950	350		1600			
舟山市	7127	7127	4076	1035	2016			

2-97 转制机构R&D经常费支出情况

单位:千元

	R&D经常费支出	按活动类型分			按来源分		
		基础研究	应用研究	试验发展	政府资金	企业资金	国外资金
总　计	**155507**	**177**	**21931**	**133399**	**63551**	**91221**	**735**
按隶属关系分组							
地方部门属	88244		5117	83127	31338	56906	
省级部门属	79547		2998	76549	28527	51020	
计划单列市部门属	820			820	250	570	
地市级部门属	7877		2119	5758	2561	5316	
中央部门属	67263	177	16814	50272	32213	34315	735
按机构所属学科领域分组							
自然科学领域	3566		3566		3566		
农业科学领域	25414		5530	19884	25414		
医学科学领域	4865			4865	2799	2066	
工程科学与技术领域	121662	177	12835	108650	31772	89155	735
按院所改革模式分组							
2007年底前进入企业或工商管理局登记为企业法人	144201	177	15367	128657	52245	91221	735
进入企业或企业集团	55975	177	10716	45082	13938	41302	735
转为中央或省直属大型科技企业	8164			8164	851	7313	
转为科技型企业	70239		4651	65588	36785	33454	
转为企业型科技咨询、科技中介、技术推广等单位	9823			9823	671	9152	
2007年底前转制到位的事业单位	11306		6564	4742	11306		
转为事业型科技咨询、科技中介、技术推广等单位	3566		3566		3566		
并入高校	7740		2998	4742	7740		
地方属机构按地区分组							
杭州市	78347		2119	76228	23961	54386	
宁波市	820			820	250	570	
嘉兴市	1950			1950		1950	
舟山市	7127		2998	4129	7127		

2－98 转制机构对外科技服务活动情况

单位：人年

	合计	科技成果的示范性推广工作	为用户提供可行性报告、技术方案、建议及进行技术论证等技术咨询工作	地形、地质和水文考察、天文、气象和地震的日常观察	为社会和公众提供的测试、标准化、计量、计算、质量控制和专利服务	科技信息文献服务	其他科技服务活动	科技培训工作
总　计	**615**	**54**	**223**	**123**	**19**	**168**	**28**	
按隶属关系分组								
地方部门属	508	20	213	98	6	157	14	
省级部门属	351	17	126	80	4	112	12	
计划单列市部门属	77		54	8		15		
地市级部门属	80	3	33	10	2	30	2	
中央部门属	107	34	10	25	13	11	14	
按院所改革模式分组								
2007年底前进入企业或工商管理局登记为企业法人	562	45	198	115	18	161	25	
进入企业或企业集团	174	31	70	49	3	10	11	
转为中央或省直属大型科技企业	8	2	4	1		1		
转为科技型企业	287	7	88	54	15	115	8	
转为企业型科技咨询、科技中介、技术推广等单位	93	5	36	11		35	6	
2007年底前转制到位的事业单位	53	9	25	8	1	7	3	
并入高校	53	9	25	8	1	7	3	
地方属机构按地区分组								
杭州市	338	14	115	78	6	112	13	
宁波市	77		54	8		15		
温州市	5			3		2		
湖州市	10		8			2		
绍兴市	44		21			23		
金华市	3			2			1	
舟山市	31	6	15	7		3		

2－99 转制机构合建研究机构情况

	合建机构数（个）	科技活动人员（人）	科技经费内部支出（千元）
总　计	**16**	**390**	**47658**
按隶属关系分组			
地方部门属	15	355	37538
省级部门属	12	332	35604
地市级部门属	3	23	1934
中央部门属	1	35	10120
按合建机构的组织类型分组			
国家工程技术(研究)中心	2	130	12000
部门、地方(重点)实验室	5	118	17765
部门、地方工程技术(研究)中心	2	40	3276
与境外机构合办	3	23	1934
与国内高校合办	2	50	5108
自建	2	29	7575
按院所改革模式分组			
2007年底前进入企业或工商管理局登记为企业法人	13	348	37438
进入企业或企业集团	3	55	4504
转为科技型企业	10	293	32934
2007年底前转制到位的事业单位	3	42	10220
并入高校	3	42	10220
地方属机构按地区分组			
杭州市	12	313	27318
舟山市	3	42	10220

2－100 转制机构人员流动情况

单位：人

	新增人员	应届高校毕业生	招聘的其他人员	其他	减少人员	离退休	离开本单位的人员	其他	不在岗人员
总计	**601**	**222**	**367**	**12**	**513**	**110**	**385**	**18**	**87**
按隶属关系分组									
地方部门属	532	184	338	10	362	74	270	18	19
省级部门属	390	106	278	6	278	58	202	18	19
计划单列市部门属	23	10	13		19	16	3		
地市级部门属	119	68	47	4	65		65		
中央部门属	69	38	29	2	151	36	115		68
按院所改革模式分组									
2007年底前进入企业或工商管理局登记为企业法人	592	218	363	11	503	103	382	18	82
进入企业或企业集团	130	69	56	5	186	42	131	13	71
转为中央或省直属大型科技企业	19	15	4		3	1	2		10
转为科技型企业	384	114	264	6	268	53	210	5	
转为企业型科技咨询、科技中介、技术推广等单位	59	20	39		46	7	39		1
2007年底前转制到位的事业单位	9	4	4	1	10	7	3		5
转为事业型科技咨询、科技中介、技术推广等单位	3		3		1		1		
并入高校	6	4	1	1	9	7	2		5
地方属机构按地区分组									
杭州市	459	133	317	9	310	54	241	15	5
宁波市	23	10	13		19	16	3		
温州市	4	1	3		5	1	1	3	9
嘉兴市	29	27	2		20		20		
湖州市	1		1		1		1		
金华市	11	9	2		3		3		
舟山市	5	4		1	4	3	1		5

2－101　转制机构招聘人员情况

单位：人

	应届高校毕业生	招聘的其他人员	学历			来源					年龄			
			博士研究生	硕士研究生	大学本科毕业	来自研究院所	来自企业	外资或合资企业	来自高等院校	来自政府部门	<30岁	30～39岁	40～49岁	50～59岁
总　计	**222**	**367**	**2**	**27**	**116**	**11**	**220**	**3**	**11**	**1**	**238**	**109**	**15**	**5**
按隶属关系分组														
地方部门属	184	338	1	25	96	11	201	3	7	1	219	103	12	4
省级部门属	106	278	1	22	63	1	159	2			178	87	10	3
计划单列市部门属	10	13		2	10	10	3				9	4		
地市级部门属	68	47		1	23		39	1	7	1	32	12	2	1
中央部门属	38	29	1	2	20		19		4		19	6	3	1
按院所改革模式分组														
2007年底前进入企业或工商管理局登记为企业法人	218	363	2	27	116	11	219	3	8	1	236	107	15	5
进入企业或企业集团	69	56	1	4	31	1	31		1		34	13	7	2
转为中央或省直属大型科技企业	15	4			3		4				3	1		
转为科技型企业	114	264	1	22	70	10	154	2			178	81	5	
转为企业型科技咨询、科技中介、技术推广等单位	20	39		1	12		30	1	7	1	21	12	3	3
2007年底前转制到位的事业单位	4	4					1		3		2	2		
转为事业型科技咨询、科技中介、技术推广等单位		3							3		2	1		
并入高校	4	1					1					1		
地方属机构按地区分组														
杭州市	133	317	1	23	81	1	190	3	7	1	204	98	12	3
宁波市	10	13		2	10	10	3				9	4		
温州市	1	3			2		3				1	1		1
嘉兴市	27	2					2				2			
湖州市		1			1		1				1			
金华市	9	2			2		2				2			
舟山市	4													

2－102 转制机构流出人员情况

单位:人

	流出人员	学历			流向					年龄			
		博士研究生	硕士研究生	大学本科毕业	流向政府部门	流向企业	外资或合资企业	出国	流向高等学校	<30岁	30~39岁	40~49岁	50~59岁
总　计	**385**	**3**	**27**	**151**	**2**	**317**	**3**	**18**	**8**	**188**	**98**	**95**	**3**
按隶属关系分组													
地方部门属	270		14	87	2	234	1	2	5	131	75	60	3
省级部门属	202		11	57	1	174		2	2	76	67	56	2
计划单列市部门属	3		1	2		1			2		3		
地市级部门属	65		2	28	1	59	1		1	55	5	4	1
中央部门属	115	3	13	64		83	2	16	3	57	23	35	
按院所改革模式分组													
2007年底前进入企业或工商管理局登记为企业法人	382	3	25	151	1	316	3	17	8	185	98	95	3
进入企业或企业集团	131	1	2	63		104	2		3	80	25	25	1
转为中央或省直属大型科技企业	2		1			2				2			
转为科技型企业	210	2	22	75		182		17	4	82	61	67	
转为企业型科技咨询、科技中介、技术推广等单位	39			13	1	28	1		1	21	12	3	2
2007年底前转制到位的事业单位	3		2		1	1		1		3			
转为事业型科技咨询、科技中介、技术推广等单位	1							1		1			
并入高校	2		2		1	1				2			
地方属机构按地区分组													
杭州市	241		12	82	2	210	1	2	3	109	71	58	2
宁波市	3		1	2		1			2		3		
温州市	1					1					1		
嘉兴市	20					20				17		2	1
湖州市	1					1				1			
金华市	3			3						3			
舟山市	1		1			1				1			

2－103 转制机构生产经营情况

单位：千元

	工业总产值	全年总收入	产品销售收入	利润总额	产品销售利润
总 计	**3604364**	**4340682**	**3718600**	**298678**	**547000**
按隶属关系分组					
地方部门属	2665439	3309213	2818721	222549	471639
省级部门属	2543415	3153811	2686294	200649	441863
计划单列市部门属	4758	4436	4436	1699	1487
地市级部门属	117266	150966	127991	20201	28289
中央部门属	938925	1031469	899879	76129	75361
按院所改革模式分组					
2007年底前进入企业或工商管理局登记为企业法人	3604364	4340682	3718600	298678	547000
进入企业或企业集团	1531144	1696555	1560191	127415	149659
转为中央或省直属大型科技企业	43205	50159	16555	4346	6746
转为科技型企业	1860226	2422278	2039934	159140	381122
转为企业型科技咨询、科技中介、技术推广等单位	169789	171690	101920	7777	9473
地方属机构按地区分组					
杭州市	2623948	3242533	2765566	215338	467834
宁波市	4758	4436	4436	1699	1487
温州市	10012	10012	7043	2238	169
嘉兴市	12890	34605	28159	1685	544
湖州市	1564	1564		128	
绍兴市	1267	2155	1267	4	105
金华市	11000	13908	12250	1457	1500

2－104　转制机构新产品开发和产出情况

单位:千元

	新产品开发的R&D经费内部支出	新产品开发的R&D经费外部支出	新产品工程准备和试生产费用	为生产新产品和应用新工艺发生的培训费	新产品试销费用	新产品产值	新产品销售收入	出口	新产品销售利润	出口
总　计	**100236**	**137**	**29299**	**3098**	**1399**	**477793**	**484854**	**102740**	**78654**	**20629**
按隶属关系分组										
地方部门属	70347	137	15494	436	1146	448241	465045	102740	75474	20629
省级部门属	65835	137	6492	126	115	426589	451200	102740	73804	20629
计划单列市部门属			200	50	20	300	300		30	
地市级部门属	4512		8802	260	1011	21352	13545		1640	
中央部门属	29889		13805	2662	253	29552	19809		3180	
按院所改革模式分组										
2007年底前进入企业或工商管理局登记为企业法人	100236	137	29299	3098	1399	477793	484854	102740	78654	20629
进入企业或企业集团	38084		14708	2730		187213	199375	23422	24037	3923
转为中央或省直属大型科技企业	8164		379		253	15337	5877		2395	
转为科技型企业	41603	137	6931	268	1026	210143	220515	79318	47419	16706
转为企业型科技咨询、科技中介、技术推广等单位	12385		7281	100	120	65100	59087		4803	
地方属机构按地区分组										
杭州市	68397	137	13473	126	115	426469	451100	102740	73804	20629
宁波市			200	50	20	300	300		30	
温州市						120	100			
嘉兴市	1950					12890	6065		150	
绍兴市			300	100	120	500	300		100	
金华市			1521	160	891	7962	7180		1390	

2－105 转制机构科技基础条件平台建设情况

千元

	有科技基础条件平台的机构数（个）	平台建设投入的工作量（人年）	平台建设国家投入的资金（千元）	平台建设地方与部门投入的资金（千元）
总　计	**3**	**276**	**11000**	**1586**
按隶属关系分组				
地方部门属	2	16		886
省级部门属	1	8		50
地市级部门属	1	8		836
中央部门属	1	260	11000	700
按国民经济行业分组				
农、林、牧、渔业	1	260	11000	700
农业	1	260	11000	700
制造业	1	8		50
化学原料及化学制品制造业	1	8		50
科学研究、技术服务和地质勘查业	1	8		836
科技交流和推广服务业	1	8		836
地方属机构按地区分组				
杭州市	1	8		836
温州市	1	8		50

2-106 转制机构科技基础条件平台当年运行服务情况

单位:次

	用户数(个)	平台资源对外服务的次数(次)	平台资源对各类科研项目(课题)服务的次数(次)	对企业等机构所提供服务的次数
总　计	**817**	**41984**	**2141**	**1171**
按隶属关系分组				
地方部门属	550	1984	1874	1068
省级部门属	50	684	774	468
地市级部门属	500	1300	1100	600
中央部门属	267	40000	267	103
按国民经济行业分组				
农、林、牧、渔业	267	40000	267	103
农业	267	40000	267	103
制造业	50	684	774	468
化学原料及化学制品制造业	50	684	774	468
科学研究、技术服务和地质勘查业	500	1300	1100	600
科技交流和推广服务业	500	1300	1100	600
地方属机构按地区分组				
杭州市	500	1300	1100	600
温州市	50	684	774	468

三、规模以上工业企业情况

3－1 历年规模以上工业企业科技活动情况

指　　标	单位	2000	2002	2003	2004	2005	2006	2007
企业数	个	**5531**	**5001**	**5916**	**8129**	**9690**	**11489**	**13039**
＃有科技活动企业数	个	4177	4218	4807	6419	7434	8961	10700
企业有科技机构	个	1389	1491	1686	2492	3171	4094	4881
从业人员年平均人数	万人	**197.59**	**183.23**	**238.15**	**293.66**	**370.05**	**412.7**	**457.95**
＃工程技术人员	万人	12.29	12.98	13.93	20.31	28.37	36.75	44.62
生产经营用机器设备原价	亿元	**2416.63**	**2069.98**	**2684.1**	**3560.93**	**4444.08**	**5437.93**	**6048.14**
＃微电子控制	亿元	297.41	297.15	317.27	463.02	954.81	1021.41	1052.6
科技活动人员	万人	**8.74**	**10.79**	**12.8**	**14.26**	**19.15**	**23.53**	**26.75**
＃高中级职称人员	万人	2.87	3.56	3.91	3.74	5.33	6.08	6.78
无高中级职称的大本以上人员	万人	2.07	2.91	3.63	3.92	5.94	7.09	8.62
科技活动经费筹集额	亿元	**78.36**	**116.27**	**151.7**	**202.29**	**296.96**	**376.59**	**471.69**
＃来自政府部门的资金	亿元	2.94	2.88	3.98	6.5	8.02	10.76	11.52
企业资金	亿元	61	93.9	126.13	171.38	256.66	329.26	413.88
金融机构贷款	亿元	12.67	16.39	17.56	21.05	28.85	31.13	39.82
科技活动经费内部支出	亿元	**59.78**	**87.46**	**116.22**	**166.5**	**240.41**	**308.48**	**396.95**
＃劳务费	亿元	11.72	24.54	30.48	44.03	61.68	81.65	103.12
原材料费	亿元	19.43	26.88	37.59	55.77	87.72	106.27	136.24
＃新产品开发经费支出	亿元	37.38	55.7	75.9	104.04	208.12	266.97	353
用于科研的基建经费支出	亿元	**8.3**	**9.57**	**10.25**	**15.58**	**18.46**	**19.59**	**22.86**
委托外单位开发经费支出	亿元	**7.95**	**11.36**	**13.83**	**12.81**	**24.58**	**20.31**	**27.51**
研究与试验发展人员	万人	**2.58**	**4.54**	**5.48**	**5.84**	**7.68**	**10.5**	**13.29**
研究与试验发展经费支出	亿元	**23.89**	**39.87**	**55.49**	**87.25**	**127.34**	**180.08**	**231.19**
新产品产值	亿元	**891.19**	**1108.64**	**1365.95**	**2125.21**	**3057.73**	**4016.1**	**5406.18**
新产品销售收入	亿元	**860.38**	**1002.01**	**1299.49**	**2052.61**	**2871.83**	**3783.92**	**5147**
＃出口	亿元	192.92	233.51	295.72	596.14	782.32	1120.91	1548.6
专利申请数	件	**2997**	**4389**	**5639**	**8275**	**10528**	**17285**	**24148**
＃发明专利	件	751	984	1239	2115	2548	3436	4413
拥有发明专利数	件	**1233**	**1557**	**1925**	**4032**	**4405**	**5876**	**7456**
技术改造经费支出	亿元	**254.15**	**194.88**	**260.03**	**281.87**	**304.41**	**302.44**	**344.36**
技术引进经费支出	亿元	**31.54**	**40.52**	**49.63**	**20.54**	**21.11**	**22.72**	**20.28**
＃引进设计、图纸、工艺配方、专利的支出	亿元	2.38	2.89	3.23	3.61	5.6	6.66	9.37
消化吸收经费支出	亿元	**1.33**	**3.07**	**2.51**	**4.56**	**6.13**	**10.67**	**12.43**
购买国内技术经费支出	亿元	**2.75**	**2.86**	**4.44**	**6.07**	**12.01**	**11.68**	**12.22**

注:本表统计范围为全部大中型工业企业及有科技活动的规模以上小型工业企业。

3－2 规模以上工业企业基本情况

指标名称	单位数（个）	有科技活动单位数	从业人员年平均人数（人）	工程技术人员	主营业务收入（亿元）	生产经营用机器设备原价（亿元）	微电子控制设备原价
总　　计	**13039**	**10700**	**4579516**	**446171**	**24448.97**	**6048.14**	**1052.60**
按工业企业规模分组							
大型企业	194	163	776331	72410	6232.58	1347.17	281.79
中型企业	4101	2305	2701910	243883	13553.13	3529.57	635.81
小型企业	8744	8232	1101275	129878	4663.26	1171.40	135.00
按登记注册类型分组							
内资企业	10089	8643	3134612	331978	17540.69	4508.72	745.74
国有(单位)	115	59	104306	19225	1789.79	1148.01	179.72
集体(单位)	91	77	31599	2820	129.73	19.74	1.52
股份合作	328	303	48267	6800	252.65	74.91	4.87
国有联营	3	3	1370	744	43.79	178.64	0.04
集体联营	5	4	762	109	3.71	1.86	0.19
国有与集体联营	4	3	2088	432	14.41	5.78	0.17
其他联营	11	10	1843	180	5.53	0.99	0.46
国有独资公司	28	17	45446	6553	292.61	82.22	6.27
其他有限责任公司	2245	1846	878798	99808	5074.61	1233.49	197.03
股份有限公司	259	225	285064	36369	2881.46	494.09	148.60
私营独资	603	565	73421	6518	243.47	37.49	6.31
私营合伙	238	214	29715	2572	75.13	11.81	1.72
私营有限责任公司	6069	5237	1592253	145018	6543.70	1182.95	193.39
私营股份有限公司	89	79	39662	4826	190.05	36.73	5.45
其他内资	1	1	18	4	0.05	0.01	
港澳台商投资	1401	971	651629	51377	2953.86	706.85	166.83
与港澳台商合资经营	891	651	401134	28847	1907.41	444.92	119.43
与港澳台合作经营	37	30	12659	1209	50.49	28.47	5.81
港、澳、台商独资经营	462	282	231476	20621	954.89	220.39	34.09
港、澳、台商投资股份有限公司	11	8	6360	700	41.08	13.07	7.50
外商投资	1549	1086	793275	62816	3954.41	832.57	140.03
中外合资经营	1022	764	462779	37088	2335.84	421.23	84.17
中外合作经营	40	29	17625	1113	62.13	18.16	0.73

3－2 续表1

指标名称	单位数（个）	有科技活动单位数	从业人员年平均人数（人）	工程技术人员	主营业务收入（亿元）	生产经营用机器设备原价（亿元）	微电子控制设备原价
外资企业	471	278	301042	23632	1501.12	362.49	40.15
外商投资股份有限公司	16	15	11829	983	55.32	30.68	14.98
按国民经济行业大类分组							
煤炭开采和洗选业	1		5048	322	8.75	10.28	
黑色金属矿采选业	1		1285	184	13.24	1.37	0.02
有色金属矿采选业	6	2	5814	502	15.22	2.17	0.01
非金属矿采选业	13	9	3170	379	4.82	2.21	0.02
农副食品加工业	268	235	48312	4521	308.32	35.92	4.37
食品制造业	125	97	38588	3570	150.39	40.09	2.48
饮料制造业	102	83	44713	4060	351.24	131.90	56.41
烟草制品业	3	2	3130	324	200.90	39.97	21.29
纺织业	1592	1176	623580	48244	2476.66	671.52	101.67
纺织服装、鞋、帽制造业	624	419	378950	14560	805.29	110.85	20.02
皮革、毛皮、羽毛(绒)及其制品业	688	564	308412	15378	754.15	75.87	16.18
木材加工及木、竹、藤、棕、草制品业	132	113	37366	3044	196.43	20.69	2.16
家具制造业	147	96	96372	5404	242.98	40.50	2.41
造纸及纸制品业	189	131	63843	6058	376.07	178.89	94.10
印刷业和记录媒介的复制	103	74	26322	3578	106.05	36.21	9.60
文教体育用品制造业	208	170	73773	5017	199.80	31.03	5.35
石油加工、炼焦及核燃料加工业	10	6	10088	2570	845.53	139.43	60.06
化学原料及化学制品制造业	647	582	154130	21948	1676.71	382.08	32.07
医药制造业	289	274	91129	16083	451.58	113.27	25.15
化学纤维制造业	127	101	79059	9827	1284.35	352.46	62.33
橡胶制品业	105	86	50309	3819	254.91	54.11	1.94
塑料制品业	573	473	152027	11650	740.53	138.51	29.08
非金属矿物制品业	328	248	99888	10555	585.31	277.35	33.78
黑色金属冶炼及压延加工业	111	84	51466	5754	733.92	198.08	31.15
有色金属冶炼及压延加工业	166	137	45663	5498	897.42	63.87	6.05
金属制品业	532	438	189414	16414	751.48	92.82	15.13
通用设备制造业	1561	1379	401718	52121	1654.77	297.63	59.06
专用设备制造业	709	652	144038	23753	615.18	111.70	26.98
交通运输设备制造业	895	768	291828	30375	1604.64	222.72	43.26

指标名称	单位数（个）	有科技活动单位数	从业人员年平均人数（人）	工程技术人员	主营业务收入（亿元）	生产经营用机器设备原价（亿元）	微电子控制设备原价
电气机械及器材制造业	1357	1157	474128	48565	2186.59	292.87	54.25
通信设备、计算机及其他电子设备制造业	644	525	273125	32894	1616.00	247.16	53.63
仪器仪表及文化、办公用机械制造业	392	353	109421	13638	373.51	55.23	8.53
工艺品及其他制造业	249	192	122744	5659	313.05	40.89	5.99
废弃资源和废旧材料回收加工业	19	13	4189	166	42.86	0.86	0.16
电力、燃气及水的生产和供应业	96	50	65474	17934	1536.37	1440.45	166.96
燃气生产和供应业	4	1	1944	248	41.53	16.70	0.15
水的生产和供应业	23	10	9056	1555	32.42	80.49	0.80
按隶属关系分组							
中央	43	29	41963	11379	698.76	866.85	135.41
省	56	34	73270	10381	910.39	616.78	64.15
市	142	100	121620	15281	1008.99	289.92	25.84
县(市、区)	216	164	111174	14810	835.61	217.12	62.95
街道	223	190	70213	7596	355.82	49.75	9.80
镇	287	252	107977	10178	652.05	110.96	10.64
乡	27	23	4917	627	23.52	4.18	1.35
居委会	1		451	57	1.78	0.58	0.01
村委会	37	37	6045	656	29.03	8.39	0.95
其他	12007	9871	4041886	375206	19933.03	3883.60	741.51
按地区分组							
杭州市	1877	1379	737531	86587	5713.88	1322.57	212.28
宁波市	2343	1744	917512	82578	5437.51	1328.54	337.38
温州市	1221	879	530829	51090	1950.34	331.91	36.38
嘉兴市	2248	2109	645069	46795	2371.46	951.48	194.64
湖州市	541	421	165010	16521	1107.39	229.61	23.35
绍兴市	1069	810	536822	62075	3734.55	928.30	113.40
金华市	680	513	321471	29078	1324.43	369.81	36.64
衢州市	195	170	65053	8491	372.38	157.73	22.55
舟山市	153	92	48804	4911	285.37	65.54	5.04
台州市	2551	2456	549028	50252	1862.90	319.49	68.70
丽水市	161	127	62387	7793	288.74	43.16	2.24

3－3　规模以上工业企业科技活动人员情况

单位：人

指标名称	科技活动人员合计	#全时人员	#女性	#参加科技项目人员	科技管理和服务人员	#1.高中级技术职称人员	2.无高中级职称的大本及以上人员	#研究与试验发展人员
总　　计	**267457**	**123088**	**57025**	**236553**	**26067**	**67819**	**86225**	**132898**
按工业企业规模分组								
大型企业	43160	26687	11682	37050	4601	11515	15937	25382
中型企业	111588	52884	24260	98706	10935	28550	36444	56260
小型企业	112709	43517	21083	100797	10531	27754	33844	51256
按登记注册类型分组								
内资企业	206520	90726	42844	183198	19838	54744	63691	101447
国有(单位)	3685	1745	791	3096	494	1919	826	1374
集体(单位)	1435	506	288	1258	170	309	423	857
股份合作	3687	941	533	3397	278	1018	1013	1926
国有联营	224	92	51	201	12	77	91	
集体联营	39	26	4	37	2	7	8	10
国有与集体联营	200	61	114	172	28	49	79	196
其他联营	176	51	16	141	15	67	36	104
国有独资公司	3872	2179	1057	3302	570	1527	1160	2182
其他有限责任公司	60047	26187	11520	52512	6443	15738	19022	29617
股份有限公司	26587	14832	7214	23146	2668	8061	8274	14896
私营独资	5384	1676	940	4972	394	1173	1589	2331
私营合伙	2136	458	289	2000	123	396	439	925
私营有限责任公司	96063	40305	19442	86380	8300	23635	29543	45570
私营股份有限公司	2977	1664	583	2578	339	766	1183	1459
其他内资	8	3	2	6	2	2	5	
港澳台商投资	27441	14344	6237	24221	2698	6162	10839	15255
与港澳台商合资经营	15152	6875	3452	13532	1447	3746	5042	7838
与港澳台合作经营	1187	240	101	1120	64	228	297	852
港、澳、台商独资经营	10467	6843	2385	9034	1114	1866	5339	6061
港、澳、台商投资股份有限公司	635	386	299	535	73	322	161	504
外商投资	33496	18018	7944	29134	3531	6913	11695	16196
中外合资经营	20992	10494	4822	18438	2225	4615	6618	9558

指标名称	科技活动人员合计	#全时人员	#女性	#参加科技项目人员	科技管理和服务人员	#1.高中级技术职称人员	2.无高中级职称的大本及以上人员	#研究与试验发展人员
中外合作经营	911	346	109	733	65	199	403	300
外资企业	10427	6799	2653	8977	1064	1803	4271	5692
外商投资股份有限公司	1166	379	360	986	177	296	403	646
按国民经济行业大类分组								
有色金属矿采选业	99	55	4	87	12	57	3	
非金属矿采选业	119	37	13	88	26	28	37	19
农副食品加工业	3454	1233	663	3088	291	1049	992	1371
食品制造业	1985	831	449	1723	255	564	735	596
饮料制造业	2506	960	509	2210	271	740	546	1062
烟草制品业	50	21	7	41	9	22	16	10
纺织业	21804	7969	7046	20088	1531	4426	6068	8434
纺织服装、鞋、帽制造业	6792	3929	3717	6430	313	624	1656	2191
皮革、毛皮、羽毛(绒)及其制品业	7825	3403	2452	7231	351	1039	1565	1445
木材加工及木、竹、藤、棕、草制品业	2033	951	440	1858	171	409	581	1038
家具制造业	2746	1036	424	2521	158	668	933	650
造纸及纸制品业	2635	988	528	2397	213	767	621	1356
印刷业和记录媒介的复制	1611	506	270	1436	149	307	369	856
文教体育用品制造业	3648	2136	735	3214	320	871	1040	2030
石油加工、炼焦及核燃料加工业	311	202	32	239	40	241	33	138
化学原料及化学制品制造业	15776	7751	3428	13650	1832	5358	4844	8812
医药制造业	13415	7327	3782	10943	1813	3720	4734	7980
化学纤维制造业	5715	2747	1213	5213	465	1470	1856	3539
橡胶制品业	2190	1091	544	1976	202	610	645	1010
塑料制品业	7478	2497	1125	6777	648	1634	2290	2957
非金属矿物制品业	5390	2436	989	4708	586	1434	1527	2522
黑色金属冶炼及压延加工业	2761	1159	316	2189	445	944	532	1164
有色金属冶炼及压延加工业	3407	1448	502	3025	356	897	929	1884
金属制品业	9284	3956	1382	8422	816	2188	3006	4381
通用设备制造业	32582	12778	4761	29301	2897	8543	9161	17427
专用设备制造业	16493	7267	2296	13817	1871	4562	5704	9141
交通运输设备制造业	20847	9862	4266	18798	1764	5368	7314	9954

单位:人

指标名称	科技活动人员合计	＃全时人员	＃女性	＃参加科技项目人员	科技管理和服务人员	＃1．高中级技术职称人员	2．无高中级职称的大本及以上人员	＃研究与试验发展人员
电气机械及器材制造业	32807	15879	6613	28773	3678	8638	10642	16047
通信设备、计算机及其他电子设备制造业	23661	14650	5368	20218	2897	5695	11513	15447
仪器仪表及文化、办公用机械制造业	10351	5102	1508	9018	1189	2919	3996	6073
工艺品及其他制造业	4387	1387	1284	4011	359	599	1286	1688
废弃资源和废旧材料回收加工业	162	45	24	154	8	40	36	82
电力、燃气及水的生产和供应业	2991	1419	311	2785	127	1313	976	1538
燃气生产和供应业	15		4	15		8	2	
水的生产和供应业	127	30	20	109	4	67	37	56
按隶属关系分组								
中央	1678	858	284	1524	150	1061	351	684
省	3516	1463	701	2844	561	1697	581	1465
市	8616	4707	2058	7252	1253	3029	2537	4884
县(市、区)	8592	4756	2119	7520	989	2356	3264	4917
街道	5207	1945	898	4025	538	1109	1358	2387
镇	6773	2842	1353	6124	573	1497	2371	3779
乡	348	200	135	296	50	99	83	156
村委会	649	317	99	585	59	141	235	242
其他	232078	106000	49378	206383	21894	56830	75445	114384
按地区分组								
杭州市	52459	30572	12131	44772	7650	15225	21947	26985
宁波市	46294	25986	9226	40217	4660	11385	16842	24182
温州市	25763	11990	4790	22474	3288	6852	8385	11559
嘉兴市	31939	14590	9597	29580	1581	6551	7278	15380
湖州市	11612	4511	2302	9865	1504	2900	3498	5584
绍兴市	32064	15114	7674	28471	2638	9743	9755	15406
金华市	20382	9313	4123	17912	2202	5284	6037	10911
衢州市	5006	1768	976	4364	589	1652	1144	2122
舟山市	2546	1201	386	2310	176	617	594	1640
台州市	37256	7394	5396	34954	1521	6781	10070	18333
丽水市	2136	649	424	1634	258	829	675	796

3－4 规模以上工业企业科技活动经费筹集情况

单位：万元

	科技活动经费筹集总额	企业资金	金融机构贷款	政府资金	国外资金	其他资金
总计	**4716935**	**4138787**	**398183**	**115226**	**7711**	**57028**
按工业企业规模分组						
大型企业	1226164	1109463	85569	27573	396	3162
中型企业	1975031	1713062	180995	42571	5529	32874
小型企业	1515740	1316262	131618	45082	1786	20992
按登记注册类型分组						
内资企业	3557754	3062022	347458	98735	1282	48258
国有(单位)	100660	85773	1264	2889		10735
集体(单位)	29107	25310	2869	742		186
股份合作	53349	47809	4439	960		142
国有联营	1519	1519				
集体联营	342	227	100	15		
国有与集体联营	4127	3912	200	15		
其他联营	1791	1670	30	91		
国有独资公司	74466	67281	1360	4638	396	790
其他有限责任公司	1017278	890919	92313	26351	471	7225
股份有限公司	710996	597827	81662	25030	37	6441
私营独资	70711	63426	5016	1242	100	928
私营合伙	22655	21056	1062	252		285
私营有限责任公司	1421739	1212213	153583	34704	278	20962
私营股份有限公司	48977	43063	3551	1798		565
其他内资	38	18	10	10		
港澳台商投资	554853	515889	21902	7365	4983	4714
与港澳台商合资经营	298138	272591	13295	4573	4363	3316
与港澳台合作经营	8207	7505	527	70		106
港、澳、台商独资经营	229612	218099	8080	1521	620	1292
港、澳、台商投资股份有限公司	18896	17694		1202		
外商投资	604328	560876	28823	9127	1446	4057
中外合资经营	364767	334516	23141	5096	286	1728

	科技活动经费筹集总额	企业资金	金融机构贷款	政府资金	国外资金	其他资金
中外合作经营	12832	11263	1390	162		17
外资企业	210498	199945	4292	2939	1160	2162
外商投资股份有限公司	16231	15152		929		150
按国民经济行业大类分组						
有色金属矿采选业	950	950				
非金属矿采选业	2965	1883	733	187		163
农副食品加工业	55913	44711	5827	4652	10	715
食品制造业	31692	28906	1613	918		255
饮料制造业	71411	66612	2042	1954	80	724
烟草制品业	1462	1452		10		
纺织业	392562	330953	47860	4751	4425	4573
纺织服装、鞋、帽制造业	65290	61245	3540	335		171
皮革、毛皮、羽毛(绒)及其制品业	83892	78457	3553	302	644	936
木材加工及木、竹、藤、棕、草制品业	38237	25985	11178	449		626
家具制造业	28999	26366	2310	218		105
造纸及纸制品业	46372	35398	8452	1999		523
印刷业和记录媒介的复制	22510	19915	2356	223		18
文教体育用品制造业	40971	38464	1055	1177		276
石油加工、炼焦及核燃料加工业	6705	6545	100	30		30
化学原料及化学制品制造业	376480	331902	29246	11668	332	3332
医药制造业	203558	172798	21294	8776	110	579
化学纤维制造业	169359	159697	7310	2079		273
橡胶制品业	69348	63772	4171	741		663
塑料制品业	126003	112576	8530	2417		2480
非金属矿物制品业	87342	74878	4489	2775		5200
黑色金属冶炼及压延加工业	94933	86049	8230	587		67
有色金属冶炼及压延加工业	95005	78665	7459	3099		5782
金属制品业	147270	126674	11299	4335	26	4936
通用设备制造业	487006	440378	32703	12520	71	1335
专用设备制造业	247801	214884	20206	9102	661	2947
交通运输设备制造业	474692	403631	48286	14335	781	7658

单位:万元

	科技活动经费筹集总额	企业资金	金融机构贷款	政府资金	国外资金	其他资金
电气机械及器材制造业	554844	497530	46258	7323	178	3555
通信设备、计算机及其他电子设备制造业	435433	397098	24481	12058	282	1515
仪器仪表及文化、办公用机械制造业	150304	126747	15425	5778	112	2241
工艺品及其他制造业	66912	50483	15635	315		480
废弃资源和废旧材料回收加工业	2941	2673	100	55		113
电力、燃气及水的生产和供应业	36180	28918	2441	60		4760
燃气生产和供应业	26	26				
水的生产和供应业	1570	1567		3		
按隶属关系分组						
中央	27405	18496	522	2412		5974
省	54734	50792	716	3218		9
市	163451	141615	10522	5224	433	5657
县(市、区)	187958	168799	12396	5438		1325
街道	90285	79815	9065	1244		162
镇	123940	110903	8693	4246		98
乡	5361	4521	550	240		50
村委会	9164	8033	437	665		29
其他	4054638	3555813	355282	92541	7278	43725
按地区分组						
杭州市	1325840	1183767	94562	37308	975	9230
宁波市	736163	665367	38981	18092	1295	12427
温州市	377635	332792	31254	11516	167	1907
嘉兴市	461480	416010	26902	10000	332	8235
湖州市	221622	173871	41057	3510	52	3132
绍兴市	722070	590965	98137	14930	4140	13898
金华市	296900	255717	30076	6731	100	4276
衢州市	55270	45469	5978	3372		452
舟山市	44236	36021	4578	2263	396	978
台州市	445363	413741	22757	6639	148	2078
丽水市	30356	25068	3900	867	106	416

3-5 规模以上工业企业科技活动经费支出情况

单位:万元

	科技活动经费支出总额	内部支出合计	劳务费	原材料费	非基建项目购买和自制设备支出	其他
总计	**4244638**	**3969525**	**1031159**	**1362422**	**937340**	**638604**
按工业企业规模分组						
大型企业	1108079	998503	287668	324881	195260	190694
中型企业	1767030	1669656	414083	578246	415355	261973
小型企业	1369530	1301366	329409	459295	326725	185937
按登记注册类型分组						
内资企业	3179147	2945149	733931	1057749	722415	431055
国有(单位)	102205	88105	17091	38879	18522	13612
集体(单位)	18607	17556	4096	5367	3709	4383
股份合作	39149	36869	8860	13311	9573	5126
国有联营	1519	1519	604	338	283	295
集体联营	328	322	82	139	86	15
国有与集体联营	4032	4002	334	1649	697	1323
其他联营	2049	2001	457	1096	174	274
国有独资公司	73042	66857	15827	27424	10202	13404
其他有限责任公司	912127	849787	210184	320879	212874	105849
股份有限公司	615179	531501	133708	172326	132044	93424
私营独资	67414	63389	16346	23581	15362	8100
私营合伙	21150	18850	5252	8081	3161	2357
私营有限责任公司	1278145	1221417	307253	432575	305048	176541
私营股份有限公司	44163	42941	13824	12097	10673	6347
其他内资	38	35	13	9	8	5
港澳台商投资	505428	483387	138074	148493	98610	98211
与港澳台商合资经营	255795	246521	56430	92022	58946	39123
与港澳台合作经营	8121	7752	2028	3399	1604	721
港、澳、台商独资经营	225296	214989	75996	48749	32373	57872
港、澳、台商投资股份有限公司	16216	14125	3620	4322	5688	495
外商投资	560063	540989	159155	156180	116315	109338
中外合资经营	330263	313471	75514	104147	78618	55192

	科技活动经费支出总额	内部支出合计	劳务费	原材料费	非基建项目购买和自制设备支出	其他
中外合作经营	12806	12758	2802	4600	2279	3077
外资企业	201250	199159	77995	40392	32242	48531
外商投资股份有限公司	15744	15601	2844	7042	3176	2539
按国民经济行业大类分组						
有色金属矿采选业	1018	873	314	294	251	15
非金属矿采选业	1500	1404	220	477	464	242
农副食品加工业	52029	48860	9786	17837	11976	9261
食品制造业	30781	29521	6053	10225	8719	4524
饮料制造业	68119	66303	11498	35445	11019	8341
烟草制品业	1213	1021	558	309	35	119
纺织业	333667	321606	83102	119159	79595	39749
纺织服装、鞋、帽制造业	61631	60024	21188	22937	9027	6872
皮革、毛皮、羽毛(绒)及其制品业	77801	74974	21918	35977	9643	7436
木材加工及木、竹、藤、棕、草制品业	27346	26766	5931	9662	6704	4469
家具制造业	26850	26194	7855	8494	7228	2618
造纸及纸制品业	40391	39649	8275	13758	11876	5740
印刷业和记录媒介的复制	21555	21187	4907	8678	5717	1885
文教体育用品制造业	37199	36072	9626	9682	9140	7623
石油加工、炼焦及核燃料加工业	6684	3405	516	435	977	1477
化学原料及化学制品制造业	331709	315374	67612	117805	71774	58184
医药制造业	190009	147083	38032	51337	36580	21134
化学纤维制造业	145603	141828	26008	54033	44067	17720
橡胶制品业	66373	64266	11977	24039	15584	12666
塑料制品业	108072	104560	25305	38679	26963	13613
非金属矿物制品业	76667	71090	16558	27600	19375	7558
黑色金属冶炼及压延加工业	92864	90001	15026	48836	13812	12327
有色金属冶炼及压延加工业	81174	78473	11942	31356	23070	12105
金属制品业	134533	126588	33489	43685	31548	17866
通用设备制造业	459114	433400	115947	155154	95473	66827
专用设备制造业	223475	210113	51270	74496	55199	29149
交通运输设备制造业	389371	334486	81449	93465	94425	65148

	科技活动经费支出总额	内部支出合计	劳务费	原材料费	非基建项目购买和自制设备支出	其他
电气机械及器材制造业	513698	487344	116480	166764	129560	74541
通信设备、计算机及其他电子设备制造业	412668	395542	163480	75156	61099	95808
仪器仪表及文化、办公用机械制造业	134343	127162	41219	40864	24057	21023
工艺品及其他制造业	56392	54804	15217	19844	12971	6773
废弃资源和废旧材料回收加工业	2801	2688	670	785	914	319
电力、燃气及水的生产和供应业	36395	25272	7396	4938	7873	5064
燃气生产和供应业	26	26	21			6
水的生产和供应业	1567	1567	318	218	628	403
按隶属关系分组						
中央	26581	22277	6590	3002	6531	6155
省	54788	50820	11159	24751	6184	8727
市	162660	147922	37089	62473	31646	16714
县(市、区)	183529	166954	39505	62640	28293	36517
街道	71676	65805	13751	21574	17925	12554
镇	112786	108049	21413	44923	28884	12829
乡	4457	4205	963	1663	496	1083
村委会	7423	7300	1926	2374	1835	1165
其他	3620738	3396193	898764	1139022	815548	542860
按地区分组						
杭州市	1186930	1090133	324448	361200	212321	192164
宁波市	726840	696843	156925	225656	157852	156411
温州市	335424	315968	82756	113833	84843	34536
嘉兴市	429397	414169	96633	155430	103436	58671
湖州市	183229	173027	37503	57798	51799	25927
绍兴市	602841	562439	153416	199023	132620	77380
金华市	266224	249252	62668	83967	72345	30272
衢州市	49718	45064	12246	14846	10726	7246
舟山市	43801	41958	9945	11419	14573	6022
台州市	394471	356193	89616	131662	90538	44377
丽水市	25764	24479	5004	7588	6287	5599

指标名称	内部支出中R&D经费支出	内部支出中新产品开发经费支出	外部支出	对研究所及高等院校的支出	对其他企业支出	用于科研的基建经费支出	土建工程
总　计	**2311940**	**3530049**	**275113**	**128349**	**128683**	**228602**	**123276**
按工业企业规模分组							
大型企业	697353	927106	109576	39427	66712	28978	17098
中型企业	920216	1463829	97373	50641	40143	104521	53443
小型企业	694371	1139113	68164	38281	21828	95103	52735
按登记注册类型分组							
内资企业	1651942	2616740	233998	112946	108692	173407	94534
国有(单位)	44458	79232	14100	4280	9051	2711	1108
集体(单位)	10497	14066	1052	895	157	1696	1238
股份合作	23275	31777	2281	1549	716	2210	1095
国有联营		1519					
集体联营	61	165	6		6	13	10
国有与集体联营	3866	3713	30	30			
其他联营	1210	1659	48	40		7	
国有独资公司	43007	58633	6185	1737	4448	1103	929
其他有限责任公司	480547	751060	62340	35488	22732	55022	26892
股份有限公司	328962	487808	83678	33628	48231	23433	11551
私营独资	31509	55723	4025	2354	477	4633	3752
私营合伙	8754	16272	2300	1454	836	753	320
私营有限责任公司	647210	1077275	56728	30761	21546	79558	45973
私营股份有限公司	28585	37805	1222	729	493	2250	1657
其他内资		35	3	3		19	10
港澳台商投资	331568	440766	22040	9347	11919	33102	15694
与港澳台商合资经营	138541	214962	9274	5288	3711	17172	10224
与港澳台合作经营	5016	6575	369	259	62	965	780
港、澳、台商独资经营	174802	205955	10307	2240	7633	14326	4192
港、澳、台商投资股份有限公司	13208	13274	2091	1561	514	640	498
外商投资	328431	472543	19075	6056	8071	22093	13048
中外合资经营	168457	257747	16792	4978	7406	14447	8428
中外合作经营	6404	11667	48	45	3	221	63

指标名称	内部支出中R&D经费支出	内部支出中新产品开发经费支出	外部支出	对研究所及高等院校的支出	对其他企业支出	用于科研的基建经费支出	土建工程
外资企业	145467	188989	2091	1023	629	4406	2914
外商投资股份有限公司	8103	14139	144	10	34	3019	1643
按国民经济行业大类分组							
有色金属矿采选业		120	145	145		20	15
非金属矿采选业	177	730	97	47	50	393	360
农副食品加工业	21718	40322	3169	2281	729	5441	2772
食品制造业	5034	25166	1261	1000	168	3469	1726
饮料制造业	36310	57978	1817	1686	11	2032	1519
烟草制品业	104	850	192	115	77		
纺织业	135535	277137	12061	7723	2188	27613	11600
纺织服装、鞋、帽制造业	23037	48235	1607	840	333	2760	1733
皮革、毛皮、羽毛(绒)及其制品业	21808	65961	2827	658	2099	4468	2655
木材加工及木、竹、藤、棕、草制品业	15014	21524	580	394	130	3074	1434
家具制造业	10488	24522	656	352	303	435	220
造纸及纸制品业	21743	25769	742	244	318	1665	956
印刷业和记录媒介的复制	12889	18105	367	234	89	1196	842
文教体育用品制造业	23599	33494	1127	936	99	2190	1647
石油加工、炼焦及核燃料加工业	2476	777	3279	321	2959	30	
化学原料及化学制品制造业	186793	245929	16335	10009	3133	14930	8317
医药制造业	106342	130386	42926	25785	14893	15033	7356
化学纤维制造业	91394	134549	3775	2221	1458	7075	2782
橡胶制品业	35343	63440	2107	1860	209	416	229
塑料制品业	44744	90796	3512	1929	1129	9819	3278
非金属矿物制品业	44910	53668	5577	3409	1927	3687	2643
黑色金属冶炼及压延加工业	46671	79749	2862	2103	692	3231	1339
有色金属冶炼及压延加工业	53607	70604	2701	1616	711	2508	1479
金属制品业	63270	112833	7945	4710	2896	5296	2373
通用设备制造业	251977	400401	25715	11484	13317	20318	11369
专用设备制造业	137674	195447	13362	8451	3896	12358	6318
交通运输设备制造业	217652	308503	54885	11997	40984	20276	11034

指标名称	内部支出中R&D经费支出	内部支出中新产品开发经费支出	外部支出	对研究所及高等院校的支出	对其他企业支出	用于科研的基建经费支出	土建工程
电气机械及器材制造业	254976	439740	26354	13947	10167	32263	19171
通信设备、计算机及其他电子设备制造业	328441	382990	17126	4715	11803	15877	10606
仪器仪表及文化、办公用机械制造业	79791	120658	7181	4174	2859	4605	2573
工艺品及其他制造业	20725	43500	1588	670	864	3413	2579
废弃资源和废旧材料回收加工业	1931	2205	113	108	5	75	30
电力、燃气及水的生产和供应业	14695	13539	11124	2187	8187	2638	2323
水的生产和供应业	1075	423					
按隶属关系分组							
中央	13353	16074	4304	1058	2496	3330	1496
省	24530	39571	3968	1799	2164	1194	304
市	89175	132986	14738	5956	8427	5178	2257
县(市、区)	117000	151344	16575	6308	10128	4356	2951
街道	38749	58137	5872	3841	1921	3471	2418
镇	68959	98121	4737	3224	1489	8944	6109
乡	1570	4103	251	234	18	954	19
村委会	4094	6542	123	113	10	327	20
其他	1954513	3023172	224544	105817	102030	200850	107704
按地区分组							
杭州市	703903	1005204	96798	26046	63879	48173	28617
宁波市	402271	619762	29996	13463	15648	25727	16457
温州市	160660	288753	19456	12229	5066	19846	9255
嘉兴市	242085	349055	15227	4575	9602	26031	11608
湖州市	102107	140641	10202	8396	1336	13821	8090
绍兴市	297635	509182	40403	28349	7751	41751	19549
金华市	147008	217836	16972	12714	2216	25731	15853
衢州市	20005	31542	4654	2264	2267	2302	972
舟山市	29365	41081	1843	1595	158	4340	2470
台州市	198587	308967	38279	17758	20521	19362	9572
丽水市	8314	18028	1285	959	240	1519	834

3-6 规模以上工业企业科技成果情况

指标名称	新产品产值（亿元）	新产品销售收入（亿元）	出口	专利申请数（件）	发明专利	拥有发明专利数（件）
总计	**5406.18**	**5147.00**	**1548.60**	**24148**	**4413**	**7456**
按工业企业规模分组						
大型企业	1444.00	1371.98	466.60	4224	951	785
中型企业	2746.21	2644.60	798.62	9445	1203	2876
小型企业	1215.97	1130.42	283.38	10479	2259	3795
按登记注册类型分组						
内资企业	4036.21	3839.80	1013.38	18317	3031	5795
国有(单位)	105.60	103.41	18.64	98	27	41
集体(单位)	20.30	15.51	6.76	89	34	74
股份合作	72.57	72.89	9.64	144	26	117
国有联营	0.64	0.76		2		
集体联营	0.21	0.20		1	1	3
国有与集体联营	4.06	3.84		5	2	1
其他联营	1.66	1.48	0.01	1		14
国有独资公司	116.29	106.56	36.37	74	14	59
其他有限责任公司	1262.38	1218.88	265.29	3343	737	1291
股份有限公司	806.36	746.07	210.35	1207	365	621
私营独资	61.11	57.47	11.38	1150	91	177
私营合伙	12.88	14.39	5.78	114	20	72
私营有限责任公司	1490.19	1419.47	422.84	11793	1633	3254
私营股份有限公司	81.96	78.86	26.31	296	81	71
港澳台商投资	638.93	587.22	223.53	3433	932	584
与港澳台商合资经营	448.41	401.66	149.46	1608	289	388
与港澳台合作经营	10.64	10.38	1.68	49	3	
港、澳、台商独资经营	156.23	151.57	54.71	1762	636	185
港、澳、台商投资股份有限公司	23.65	23.61	17.68	14	4	11
外商投资	731.04	719.98	311.69	2398	450	1077
中外合资经营	457.31	446.07	159.37	1583	265	756

指标名称	新产品产值（亿元）	新产品销售收入（亿元）		专利申请数（件）		拥有发明专利数（件）
			出口		发明专利	
中外合作经营	20.37	19.45	5.96	82	33	34
外资企业	242.20	237.65	144.08	671	143	264
外商投资股份有限公司	11.16	16.82	2.27	62	9	23
按国民经济行业大类分组						
非金属矿采选业	0.42	0.29	0.08			
农副食品加工业	39.12	37.46	5.77	236	112	166
食品制造业	26.37	25.60	5.48	148	55	37
饮料制造业	81.28	75.54	2.22	95	31	107
烟草制品业	20.91	21.09		8	1	1
纺织业	490.08	454.03	143.48	4164	227	340
纺织服装、鞋、帽制造业	104.49	106.69	49.74	245	8	138
皮革、毛皮、羽毛（绒）及其制品业	156.95	151.67	88.49	166	19	86
木材加工及木、竹、藤、棕、草制品业	44.36	43.14	14.64	144	66	149
家具制造业	45.32	44.17	29.98	723	70	135
造纸及纸制品业	74.34	72.98	3.91	119	25	34
印刷业和记录媒介的复制	27.34	24.57	3.72	300	14	65
文教体育用品制造业	31.91	33.81	25.46	708	100	307
石油加工、炼焦及核燃料加工业	4.53	2.94		1	1	6
化学原料及化学制品制造业	423.86	376.55	89.29	478	256	453
医药制造业	157.31	145.71	69.87	474	275	304
化学纤维制造业	326.72	308.84	37.51	141	29	24
橡胶制品业	105.66	106.34	40.94	72	17	29
塑料制品业	139.49	132.20	29.34	938	140	268
非金属矿物制品业	90.05	88.01	17.48	531	87	107
黑色金属冶炼及压延加工业	191.62	187.86	19.78	101	33	23
有色金属冶炼及压延加工业	176.58	172.68	22.94	176	64	103
金属制品业	164.32	151.83	49.42	1155	181	355
通用设备制造业	461.09	446.59	140.13	2453	465	938
专用设备制造业	236.23	221.31	56.91	1190	225	536

指标名称	新产品产值(亿元)	新产品销售收入(亿元)	出口	专利申请数(件)	发明专利	拥有发明专利数(件)
交通运输设备制造业	516.03	496.62	172.52	1582	163	411
电气机械及器材制造业	701.40	669.45	207.11	3995	553	1235
通信设备、计算机及其他电子设备制造业	346.23	338.48	153.63	2049	884	599
仪器仪表及文化、办公用机械制造业	128.59	120.08	31.38	1132	252	393
工艺品及其他制造业	85.97	82.90	36.38	597	52	98
废弃资源和废旧材料回收加工业	1.76	1.74	0.12	6	4	3
电力、燃气及水的生产和供应业	5.82	5.82	0.90	21	4	6
水的生产和供应业	0.02	0.02				
按隶属关系分组						
中央	26.91	26.78	0.91	70	21	36
省	49.78	50.28	5.25	97	34	90
市	218.44	207.64	56.00	176	50	71
县(市、区)	238.11	233.16	40.24	563	99	276
街道	96.66	89.35	38.55	290	68	159
镇	159.80	155.99	54.83	370	108	227
乡	3.40	3.40	0.47	14	3	
村委会	11.63	5.30	0.42	89	24	12
其他	4601.45	4375.09	1351.93	22479	4006	6585
按地区分组						
杭州市	1169.00	1116.30	201.05	3953	1424	1803
宁波市	994.82	978.33	353.98	5088	872	1467
温州市	386.00	363.87	74.62	1623	327	620
嘉兴市	675.75	670.14	295.82	2158	380	816
湖州市	288.34	281.64	74.57	1058	216	393
绍兴市	1020.30	921.08	223.91	5668	554	961
金华市	251.06	241.56	91.81	2422	259	589
衢州市	55.50	50.44	9.44	230	92	109
舟山市	51.39	46.52	36.17	50	14	49
台州市	488.34	452.21	185.35	1711	240	536
丽水市	25.67	24.91	1.88	187	35	113

3－7　规模以上工业企业科技项目情况

指标名称	科技项目数（项）	新产品开发项目数	R&D项目数	科技项目参加人员合计（人）	高中级技术职称人员	无高中级职称的大本及以上学历人员	参加项目人员实际工作时间（人年）	科技项目经费内部支出合计（万元）	R&D项目支出
总　计	**25093**	**20605**	**12436**	**233435**	**61316**	**76175**	**158973**	**3910322**	**2289323**
按工业企业规模分组									
大型企业	1880	1540	1107	36575	10351	14416	27603	992626	695548
中型企业	7767	6358	4286	97317	25286	31540	66825	1642779	908898
小型企业	15446	12707	7043	99543	25679	30219	64546	1274917	684878
按登记注册类型分组									
内资企业	20149	16536	9843	180709	49572	56425	120777	2897831	1633694
国有（单位）	388	202	161	3065	1694	673	1916	87621	44431
集体（单位）	133	102	76	1237	256	254	717	16892	10120
股份合作	596	491	286	3362	923	862	1985	36153	22830
国有联营	19	6		195	57	81	106	1510	
集体联营	6	5	1	37	7	5	30	298	37
国有与集体联营	13	11	12	172	22	51	68	3992	3856
其他联营	40	31	20	119	52	22	68	1913	1126
国有独资公司	396	311	219	3225	1438	1021	2158	66229	42859
其他有限责任公司	5314	4486	2918	51721	14081	16766	34456	836665	475888
股份有限公司	1622	1372	912	22717	7259	7402	16669	523119	324982
私营独资	860	687	331	4898	1114	1446	2934	62244	31169
私营合伙	371	319	147	1986	386	421	1102	18482	8684
私营有限责任公司	10170	8328	4615	85445	21565	26319	56656	1200459	639783
私营股份有限公司	220	184	145	2524	716	1102	1909	42218	27929
其他内资	1	1		6	2		3	35	
港澳台商投资	2174	1824	1195	23935	5604	9343	17074	477947	329326
与港澳台商合资经营	1429	1179	759	13348	3314	4608	9010	243081	137299
与港澳台合作经营	58	47	29	1117	222	296	717	7735	5003
港、澳、台商独资经营	661	577	387	8935	1770	4293	6940	213204	174012
港、澳、台商投资股份有限公司	26	21	20	535	298	146	407	13927	13012
外商投资	2770	2245	1398	28791	6140	10407	21122	534545	326304
中外合资经营	2000	1573	977	18208	4121	5932	12972	308950	166916

3-7 续表1

指标名称	科技项目数（项）	新产品开发项目数	R&D项目数	科技项目参加人员合计（人）	高中级技术职称人员	无高中级职称的大本及以上学历人员	参加项目人员实际工作时间（人年）	科技项目经费内部支出合计（万元）	R&D项目支出
中外合作经营	59	53	26	733	185	323	480	12749	6404
外资企业	660	576	359	8898	1637	3839	7254	197450	144994
外商投资股份有限公司	51	43	36	952	197	313	417	15395	7991
按国民经济行业大类分组									
有色金属矿采选业	9	2		87	57	3	58	873	
非金属矿采选业	9	3	3	81	25	37	70	1174	138
农副食品加工业	472	376	195	3069	969	879	1887	48007	21516
食品制造业	190	145	75	1700	543	624	1127	28746	4941
饮料制造业	263	221	125	2204	704	499	1196	66036	36291
烟草制品业	13	6	5	41	17	15	26	1021	104
纺织业	1749	1252	559	19872	4089	5427	12606	317765	134663
纺织服装、鞋、帽制造业	502	320	136	6342	509	1538	4905	59226	22969
皮革、毛皮、羽毛(绒)及其制品业	1085	904	98	7165	940	1480	4653	74509	21679
木材加工及木、竹、藤、棕、草制品业	185	133	66	1828	364	555	1235	26349	14892
家具制造业	218	188	56	2512	615	833	1526	25989	10394
造纸及纸制品业	191	117	81	2351	719	577	1606	39124	21647
印刷业和记录媒介的复制	109	80	48	1398	251	329	1055	21099	12805
文教体育用品制造业	343	298	175	3168	786	1003	2317	35370	23379
石油加工、炼焦及核燃料加工业	60	16	15	224	177	33	170	3354	2436
化学原料及化学制品制造业	1558	1157	934	13509	4875	4317	9495	309991	184654
医药制造业	1088	916	746	10820	3196	4120	7695	141230	103907
化学纤维制造业	278	236	160	5135	1383	1450	3649	141208	91184
橡胶制品业	162	151	63	1975	580	624	1296	63961	35187
塑料制品业	900	723	348	6721	1556	2110	3968	102284	43704
非金属矿物制品业	428	324	213	4629	1326	1378	3091	69473	44666
黑色金属冶炼及压延加工业	254	186	112	2133	750	466	1527	89139	46382
有色金属冶炼及压延加工业	306	233	185	2923	795	693	2077	77607	53436
金属制品业	1077	900	450	8329	2032	2828	5592	123904	62850
通用设备制造业	3783	3371	2195	28874	7721	8226	19159	427748	249908
专用设备制造业	1693	1434	1005	13653	4149	5037	9314	206284	136099
交通运输设备制造业	1945	1628	1005	18558	5020	6544	12639	330724	216021

指标名称	科技项目数（项）	新产品开发项目数	R&D项目数	科技项目参加人员合计（人）	高中级技术职称人员	无高中级职称的大本及以上学历人员	参加项目人员实际工作时间（人年）	科技项目经费内部支出合计（万元）	R&D项目支出
电气机械及器材制造业	2995	2579	1526	28359	7620	9482	19460	481143	252213
通信设备、计算机及其他电子设备制造业	1353	1234	875	19935	5055	9651	15307	389087	324684
仪器仪表及文化、办公用机械制造业	1237	1123	788	8847	2618	3250	6228	124702	78578
工艺品及其他制造业	346	267	98	3970	547	1144	2067	54092	20376
废弃资源和废旧材料回收加工业	17	12	8	153	40	34	87	2661	1931
电力、燃气及水的生产和供应业	252	68	81	2747	1223	954	1807	24881	14617
燃气生产和供应业	4			15	8	2	4	26	
水的生产和供应业	19	2	7	108	57	33	74	1537	1075
按隶属关系分组									
中央	154	68	44	1501	1000	274	998	21895	13246
省	332	198	160	2810	1420	477	1527	49728	24018
市	671	514	410	7067	2775	2176	5384	145021	87951
县(市、区)	731	613	432	7412	2155	2950	5236	165288	116219
街道	496	416	259	3944	978	1178	2474	64378	37893
镇	522	439	288	5999	1361	1883	3796	106653	68724
乡	35	28	19	291	76	78	214	4114	1501
村委会	59	44	27	544	135	220	398	7030	3836
其他	22093	18285	10797	203867	51416	66939	138947	3346216	1935935
按项目来源分组									
国家科技项目	533	438	343	8377	2923	2682	5856	164815	111147
地方科技项目	2848	2379	1775	37179	11306	12174	25595	669186	424831
其他企业委托科技项目	609	517	334	5083	1531	1363	3027	69201	46834
本企业自选科技项目	20109	16571	9528	171027	42373	55236	115875	2805220	1600850
来自国外的科技项目	265	230	114	2339	598	885	1710	41802	26820
其他科技项目	729	470	342	9430	2585	3835	6912	160099	78840
按项目合作形式分组									
与境外机构合作	203	175	120	3348	907	1194	2473	73491	57807
与国内高校合作	1667	1329	1026	20328	6912	6616	13896	356772	228215
与国内独立研究院所合作	708	529	416	7761	2663	2446	5056	122076	78441

3－7 续表3

指标名称	科技项目数（项）	新产品开发项目数	R&D项目数	科技项目参加人员合计（人）	高中级技术职称人员	无高中级职称的大本及以上学历人员	参加项目人员实际工作时间（人年）	科技项目经费内部支出合计（万元）	R&D项目支出
与境内注册的外商独资企业合作	163	118	89	1458	496	429	917	41841	20295
与境内注册的其他企业合作	658	404	271	5344	1827	1707	3430	85172	42275
以本企业所办科技机构为主完成	9922	8688	5763	104464	27931	36187	74027	1929009	1220104
由本企业有关部门组成联合攻关小组协作	10712	8704	4334	81810	18839	25049	53081	1180729	584366
其他	1060	658	417	8922	1741	2547	6093	121233	57819
按项目活动类型分组									
应用研究	3		3	4		4	1	62	62
试验发展	12433	10765	12433	129409	35632	44360	90502	2289261	2289261
研究与试验发展成果应用	12603	9815		103583	25574	31648	68169	1617082	
按项目技术经济目标分组									
开发全新产品	13522	13522	7581	126372	33237	41265	87279	2113024	1366168
增加已有产品的功能	2321	2321	1102	23944	6073	8381	16761	442787	245404
提高产品性能	4762	4762	2082	43201	11010	14270	28432	733918	396009
提高劳动生产率	1668		514	13821	3693	4143	9161	188436	81516
减少能源消耗	713		349	6973	2141	2143	4676	116540	63392
节约原材料	437		163	4192	980	1415	2963	70014	32990
减少环境污染	514		255	5076	1739	1755	3345	102286	51974
其他	1156		390	9856	2443	2803	6356	143317	51872
按地区分组									
杭州市	4145	3444	2129	44038	13855	18888	33312	1075652	697929
宁波市	4541	3776	2468	39624	10331	14729	29401	688812	398373
温州市	1849	1583	955	22276	6132	7510	15010	313445	159609
嘉兴市	3251	2358	1336	29137	5815	6350	20139	407754	239999
湖州市	822	646	457	9586	2271	2770	6574	166783	100264
绍兴市	1497	1147	724	28125	8750	8818	18848	556370	295705
金华市	1229	1031	680	17691	4818	5373	11902	240785	144808
衢州市	424	297	190	4343	1559	1064	2513	45025	20005
舟山市	184	173	95	2233	543	570	1564	41559	29246
台州市	6940	5996	3350	34812	6498	9501	18836	350408	195321
丽水市	211	154	52	1570	744	602	875	23730	8066

3-8 规模以上工业企业技术改造、技术获取及减免税情况

单位:万元

指标名称	技术改造经费支出	技术引进经费支出	引进设计、图纸、工艺配方、专利的支出	消化吸收经费支出	购买国内技术经费支出	享受各级政府对技术开发减免税
总　　计	**3443608**	**202828**	**93680**	**124333**	**122172**	**88804**
按工业企业规模分组						
大型企业	1503440	58830	33311	33036	46994	10347
中型企业	1457137	98798	41967	64080	49136	63918
小型企业	483032	45200	18402	27218	26043	14539
按登记注册类型分组						
内资企业	2801721	137127	53399	101909	105586	75099
国有(单位)	164658	433	95	448	21748	638
集体(单位)	8782	665	564	331	138	998
股份合作	7677	791	127	763	1840	77
国有与集体联营	123			300		
其他联营	193			15	58	
国有独资公司	33982	3572	3517	2541	527	1164
其他有限责任公司	888734	40795	17270	22416	28753	31506
股份有限公司	890255	37151	10234	41415	13405	21519
私营独资	28212	2496	700	1106	1757	351
私营合伙	3838	410	207	471	369	107
私营有限责任公司	738109	49623	19740	29859	34767	18518
私营股份有限公司	37159	1190	946	2245	2224	221
港澳台商投资	247444	15887	6425	7078	6615	3515
与港澳台商合资经营	206268	10112	4124	4609	3859	475
与港澳台合作经营	1760	78	78	317	158	10
港、澳、台商独资经营	27840	4700	1766	1945	2182	2923
港、澳、台商投资股份有限公司	11576	997	457	208	415	107
外商投资	394442	49815	33856	15347	9972	10190
中外合资经营	289821	21322	11767	11121	8702	2427
中外合作经营	5731	47	47	70	88	

指标名称	技术改造经费支出	技术引进经费支出	引进设计、图纸、工艺配方、专利的支出	消化吸收经费支出	购买国内技术经费支出	享受各级政府对技术开发减免税
外资企业	71948	28444	22040	4155	1142	7641
外商投资股份有限公司	26943	2	2	1	40	122
按国民经济行业大类分组						
有色金属矿采选业	1949					
非金属矿采选业	287	20	20			
农副食品加工业	20799	140	73	480	959	563
食品制造业	28057	242	208	848	973	255
饮料制造业	178794	29	29	588	1083	39
烟草制品业	7705	838				
纺织业	177066	18729	3485	10243	12182	9228
纺织服装、鞋、帽制造业	54243	1236	529	645	2363	142
皮革、毛皮、羽毛(绒)及其制品业	52569	3342	1070	1921	3222	22
木材加工及木、竹、藤、棕、草制品业	14955	1281	1027	996	530	656
家具制造业	12540	1965	222	898	500	2473
造纸及纸制品业	37785	215		1399	713	15195
印刷业和记录媒介的复制	13327	4691	270	1487	857	12
文教体育用品制造业	16262	503	362	152	44	808
石油加工、炼焦及核燃料加工业	362541				1728	2500
化学原料及化学制品制造业	252730	16650	10455	7694	7413	4270
医药制造业	129929	5959	1899	11336	12501	5947
化学纤维制造业	235218	8991	2096	11995	2401	3620
橡胶制品业	27799	4475	4454	1316	422	118
塑料制品业	45270	1625	753	2082	2338	1725
非金属矿物制品业	173362	4589	1164	2362	3472	2404
黑色金属冶炼及压延加工业	122583	2139	1513	2550	21435	626
有色金属冶炼及压延加工业	104905	7191	2080	1192	656	1203
金属制品业	43564	3662	965	1567	1140	988
通用设备制造业	330203	28798	9810	13835	11056	5992
专用设备制造业	120039	11011	6707	12653	3602	11026
交通运输设备制造业	366189	21975	13810	11659	9806	6720

指标名称	技术改造经费支出	技术引进经费支出	引进设计、图纸、工艺配方、专利的支出	消化吸收经费支出	购买国内技术经费支出	享受各级政府对技术开发减免税
电气机械及器材制造业	248077	30615	21986	14396	11251	5803
通信设备、计算机及其他电子设备制造业	104664	11426	5174	4967	2583	4742
仪器仪表及文化、办公用机械制造业	53180	6008	1518	1847	1916	1550
工艺品及其他制造业	14703	2726	1644	2712	3363	178
废弃资源和废旧材料回收加工业	1421	215			15	
电力、燃气及水的生产和供应业	90262	695	360	502	1628	
燃气生产和供应业	70				20	
水的生产和供应业	561	850		14		
按隶属关系分组						
中央	61064	2101	2080	11	1641	77
省	196611	1729	1009	803	20886	924
市	81472	3761	273	2556	485	3455
县(市、区)	238981	6404	3857	5007	10925	2983
街道	54013	3087	1150	2513	1530	2162
镇	82434	4064	1357	2930	3020	1792
乡	2249			3		5
村委会	925	780	280	305	136	173
其他	2725859	180902	83675	110206	83549	77235
按地区分组						
杭州市	789111	52520	29519	23274	31031	12298
宁波市	856618	33768	9874	12622	17109	13641
温州市	202145	9587	2767	10632	9862	12663
嘉兴市	316741	38218	17774	15632	14603	20193
湖州市	149527	5453	4750	4602	3009	8821
绍兴市	455033	28377	11371	34064	18047	6235
金华市	204215	13120	5392	11450	9758	6601
衢州市	110848	1726	533	1859	1553	2075
舟山市	27436	4945	4456	2111	1337	728
台州市	301043	15056	7187	7995	15683	5310
丽水市	30893	57	57	94	182	238

3－9　规模以上工业企业办科技机构情况

指标名称	机构数（个）	科技活动人员（人）	博士毕业	硕士毕业	科技经费内部支出（亿元）	年末固定资产原价（亿元）	仪器设备
总　计	**4881**	**139324**	**1986**	**6749**	**225.28**	**334.37**	**154.55**
按工业企业规模分组							
大型企业	210	23120	324	1609	56.90	86.23	46.30
中型企业	1651	65361	759	3039	107.05	154.23	69.91
小型企业	3020	50843	903	2101	61.33	93.92	38.34
按登记注册类型分组							
内资企业	3848	107588	1617	5101	171.39	266.14	119.14
国有(单位)	30	1624	18	180	5.20	5.93	3.21
集体(单位)	32	630	14	28	0.78	2.30	0.70
股份合作	79	1520	8	37	1.72	2.53	1.19
国有联营	3	198	1	16	0.15	0.59	0.21
集体联营	1	10			0.01	0.01	
国有与集体联营	3	200		10	0.40	0.37	0.11
其他联营	4	140	2	3	0.17	0.19	0.09
国有独资公司	21	2370	13	104	4.92	4.76	2.02
其他有限责任公司	1009	31997	479	1563	52.66	82.96	36.19
股份有限公司	244	15463	320	1235	35.68	61.83	32.52
私营独资	132	2110	37	54	3.11	4.58	1.50
私营合伙	44	720	2	13	0.81	0.98	0.41
私营有限责任公司	2201	48595	690	1673	62.93	94.64	39.17
私营股份有限公司	45	2011	33	185	2.87	4.48	1.81
港澳台商投资	478	12963	118	394	20.48	30.12	14.45
与港澳台商合资经营	323	7926	69	230	13.53	21.15	9.89
与港澳台合作经营	13	777	3	7	0.39	0.85	0.76
港、澳、台商独资经营	135	3733	29	121	5.27	7.04	3.15
港、澳、台商投资股份有限公司	7	527	17	36	1.30	1.07	0.65
外商投资	555	18773	251	1254	33.41	38.11	20.96
中外合资经营	379	10289	151	468	17.93	21.30	10.76

指标名称	机构数（个）	科技活动人员（人）	博士毕业	硕士毕业	科技经费内部支出（亿元）	年末固定资产原价（亿元）	仪器设备
中外合作经营	17	678	12	18	1.01	1.07	0.42
外资企业	146	6983	87	755	13.35	13.97	8.96
外商投资股份有限公司	13	823	1	13	1.11	1.77	0.83
按国民经济行业大类分组							
有色金属矿采选业	1	45		1	0.05	0.04	0.03
非金属矿采选业	5	61	1	1	0.09	0.18	0.10
农副食品加工业	120	1727	62	150	2.70	4.79	1.64
食品制造业	53	1107	23	31	1.48	1.89	0.89
饮料制造业	45	1238	17	78	4.69	3.64	1.88
烟草制品业	2	50	1	14	0.09	0.48	0.45
纺织业	390	11177	126	258	16.21	24.67	11.84
纺织服装、鞋、帽制造业	81	2767	11	40	3.26	4.78	2.36
皮革、毛皮、羽毛（绒）及其制品业	132	3354	21	48	4.35	7.71	3.76
木材加工及木、竹、藤、棕、草制品业	44	756	19	45	1.57	2.62	0.70
家具制造业	44	1603	4	43	1.60	3.87	0.79
造纸及纸制品业	50	1020	26	57	2.15	12.62	8.65
印刷业和记录媒介的复制	31	1034	3	14	1.13	1.97	1.32
文教体育用品制造业	76	1712	17	73	2.09	2.89	1.28
石油加工、炼焦及核燃料加工业	3	86	2	7	0.06	0.13	0.05
化学原料及化学制品制造业	365	9303	229	601	21.69	25.87	12.90
医药制造业	222	7569	229	630	11.73	21.34	10.37
化学纤维制造业	54	2434	38	104	6.51	17.78	6.14
橡胶制品业	40	1422	17	44	5.33	3.45	1.68
塑料制品业	176	3664	46	110	5.51	10.82	4.86
非金属矿物制品业	114	2605	50	88	4.24	9.62	3.09
黑色金属冶炼及压延加工业	39	1251	10	45	3.51	4.15	1.42
有色金属冶炼及压延加工业	61	1332	29	51	3.72	3.64	1.68
金属制品业	178	4655	47	199	6.53	8.49	3.30
通用设备制造业	640	17858	136	504	26.71	31.94	13.41
专用设备制造业	352	9120	167	325	12.53	16.72	8.71

3-9 续表2

指标名称	机构数（个）	科技活动人员（人）	博士毕业	硕士毕业	科技经费内部支出（亿元）	年末固定资产原价（亿元）	仪器设备
交通运输设备制造业	324	11187	101	369	17.36	27.90	13.62
电气机械及器材制造业	615	18029	229	769	28.72	35.61	16.00
通信设备、计算机及其他电子设备制造业	327	12151	185	1489	19.05	28.96	15.01
仪器仪表及文化、办公用机械制造业	207	6115	105	403	7.49	8.81	3.66
工艺品及其他制造业	68	2138	20	45	1.82	3.03	1.19
废弃资源和废旧材料回收加工业	2	38	1		0.01	0.08	0.02
电力、燃气及水的生产和供应业	16	662	13	105	1.20	3.84	1.70
水的生产和供应业	4	54	1	8	0.10	0.04	0.03
按隶属关系分组							
中央	19	777	5	136	0.93	4.23	2.27
省	27	1051	21	79	1.30	4.24	1.38
市	84	5111	40	217	11.17	8.38	5.06
县（市、区）	117	4876	133	334	12.11	18.45	7.61
街道	110	2617	28	99	4.73	6.08	2.74
镇	115	3623	70	191	5.67	10.63	3.86
乡	5	60		2	0.09	0.16	0.08
村委会	19	440	4	8	0.47	0.70	0.23
其他	4385	120769	1685	5683	188.82	281.50	131.33
按地区分组							
杭州市	868	28847	581	2420	57.31	66.62	32.04
宁波市	944	26308	217	1165	41.45	50.40	22.07
温州市	532	15056	169	578	21.50	23.26	13.06
嘉兴市	610	15116	141	444	21.31	39.22	21.57
湖州市	238	6192	160	250	10.36	14.39	5.25
绍兴市	504	17082	249	723	34.90	64.64	26.58
金华市	368	9781	213	492	12.37	25.75	11.51
衢州市	75	1740	23	65	2.02	3.33	1.72
舟山市	47	1650	10	53	2.80	3.29	2.16
台州市	666	17167	202	520	20.66	42.31	18.20
丽水市	29	385	21	39	0.60	1.17	0.40

四、大中型工业企业情况

4－1 历年大中型工业企业科技活动情况

指　　标	单位	2000	2002	2003	2004	2005	2006	2007
企业数	个	**1250**	**1067**	**1939**	**3043**	**3220**	**3851**	**4295**
＃有科技活动企业数	个	661	595	1192	1349	1734	2085	2468
企业有科技机构	个	**442**	**394**	**660**	**947**	**1261**	**1603**	**1861**
从业人员年平均人数	万人	**107.82**	**95.05**	**178.24**	**224.66**	**270.26**	**311.49**	**347.82**
＃工程技术人员	万人	7.39	7.07	9.87	14.36	20.35	26.07	31.63
生产经营用机器设备原价	亿元	**1922.9**	**1542.45**	**1999.44**	**3102.89**	**3545.14**	**4398.01**	**4876.74**
＃微电子控制	亿元	217.01	225.49	274.14	381.54	825.54	885.15	917.6
科技活动人员	万人	**3.57**	**4.5**	**7.82**	**7.95**	**11.35**	**13.96**	**15.47**
＃高中级职称人员	万人	1.31	1.53	2.32	2.13	3.22	3.68	4.01
无高中级职称的大本以上人员	万人	0.79	1.13	2.23	2.39	3.79	4.37	5.24
科技活动经费筹集额	亿元	**33.68**	**48.5**	**99.45**	**123.92**	**197.76**	**253.41**	**320.12**
＃来自政府部门的资金	亿元	1.34	0.81	1.92	3.84	4.79	7.16	7.01
企业资金	亿元	27.56	41.82	83.89	108.36	174.13	224.9	282.25
金融机构贷款	亿元	4.29	5.07	11.4	10.67	17.34	18.19	26.66
科技活动经费内部支出	亿元	**27.03**	**37.17**	**74.97**	**106.17**	**161.24**	**207.82**	**266.82**
＃劳务费	亿元	5.72	10.85	19.64	28.67	42.69	56.97	70.18
原材料费	亿元	8.21	11.36	23.57	35.64	58.97	71.22	90.31
＃新产品开发经费支出	亿元	16.8	24.19	48.79	65.2	140.9	180.59	239.09
用于科研的基建经费支出	亿元	**2.69**	**2.56**	**6.3**	**8.81**	**11.05**	**11.97**	**13.35**
委托外单位开发经费支出	亿元	**4.5**	**6.06**	**10.2**	**9.51**	**18.75**	**14.41**	**20.69**
研究与试验发展人员	万人	**1.19**	**1.9**	**3.45**	**3.66**	**4.88**	**6.63**	**8.16**
研究与试验发展经费支出	亿元	**13.36**	**18.34**	**36.93**	**61.72**	**91.74**	**125.85**	**161.76**
新产品产值	亿元	**532.9**	**591.37**	**1076.92**	**1580.12**	**2277.59**	**3122.75**	**4190.21**
新产品销售收入	亿元	**511.05**	**526.98**	**1014.6**	**1529.78**	**2149.78**	**2946.83**	**4016.58**
＃出口	亿元	96.63	110.09	232.12	456.12	598.19	904.12	1265.22
专利申请数	件	**698**	**807**	**3201**	**4078**	**5479**	**8752**	**13669**
＃发明专利	件	100	185	600	1049	1206	1761	2154
拥有发明专利数	件	**232**	**250**	**753**	**1953**	**1967**	**3032**	**3661**
技术改造经费支出	亿元	**93.57**	**134.8**	**221.45**	**232.82**	**245.47**	**253.53**	**296.06**
技术引进经费支出	亿元	**19.15**	**23.04**	**41**	**15.17**	**16**	**17.52**	**15.76**
＃引进设计、图纸、工艺配方、专利的支出	亿元	1.08	1.55	2.72	3.12	4.76	5.21	7.53
消化吸收经费支出	亿元	**0.68**	**2.38**	**1.97**	**3.51**	**4.6**	**7.65**	**9.71**
购买国内技术经费支出	亿元	**1.19**	**1.09**	**3.52**	**4.07**	**9.52**	**8.64**	**9.61**

4-2 大中型工业企业基本情况

指标名称	单位数（个）	有科技活动单位数	从业人员年平均人数（人）	工程技术人员	主营业务收入（亿元）	生产经营用机器设备原价（亿元）	微电子控制设备原价
总计	**4295**	**2468**	**3478241**	**316293**	**19785.71**	**4876.74**	**917.60**
按工业企业规模分组							
大型企业	194	163	776331	72410	6232.58	1347.17	281.79
中型企业	4101	2305	2701910	243883	13553.13	3529.57	635.81
按登记注册类型分组							
内资企业	2793	1728	2273863	227386	14092.21	3630.48	651.52
国有(单位)	84	40	96212	16494	1768.51	933.61	179.07
集体(单位)	22	13	24696	1961	105.80	13.38	0.82
股份合作	42	27	22623	2417	175.26	62.46	1.92
国有联营	1	1	1115	650	42.42	178.35	
集体联营	1		383	60	2.81	1.58	
国有与集体联营	3	2	2008	427	14.21	5.76	0.17
其他联营	3	3	1209	114	3.33	0.62	0.33
国有独资公司	27	17	45222	6553	291.72	81.85	6.27
其他有限责任公司	840	531	690139	72428	4025.39	961.84	176.69
股份有限公司	180	151	257854	32801	2738.87	468.45	141.07
私营独资	43	22	23141	2041	83.68	17.54	2.95
私营合伙	23	11	14076	969	34.72	5.98	0.44
私营有限责任公司	1491	882	1062531	86741	4657.60	871.62	137.79
私营股份有限公司	33	28	32654	3730	147.89	27.44	4.00
港澳台商投资	718	348	538122	39274	2283.44	560.54	145.72
与港澳台商合资经营	440	239	324219	20657	1433.45	359.36	108.06
与港澳台合作经营	10	6	8799	862	23.84	6.47	1.24
港、澳、台商独资经营	261	98	199145	17088	786.78	182.55	28.92
港、澳、台商投资股份有限公司	7	5	5959	667	39.36	12.16	7.50
外商投资	784	392	666256	49633	3410.06	685.71	120.36
中外合资经营	481	259	367014	27445	1937.66	325.60	68.16
中外合作经营	19	11	14404	763	45.75	10.76	0.50
外资企业	272	111	273456	20521	1371.99	318.87	36.77

指标名称	单位数（个）	有科技活动单位数	从业人员年平均人数（人）	工程技术人员	主营业务收入（亿元）	生产经营用机器设备原价（亿元）	微电子控制设备原价
外商投资股份有限公司	12	11	11382	904	54.65	30.48	14.93
按国民经济行业大类分组							
煤炭开采和洗选业	1		5048	322	8.75	10.28	
黑色金属矿采选业	1		1285	184	13.24	1.37	0.02
有色金属矿采选业	6	2	5814	502	15.22	2.17	0.01
非金属矿采选业	2	1	2262	273	1.08	0.33	
农副食品加工业	44	27	30163	2377	143.13	18.38	2.08
食品制造业	45	23	30995	2549	117.85	33.18	1.78
饮料制造业	35	19	39057	3482	327.21	126.19	56.01
烟草制品业	2	1	2966	282	199.73	39.58	21.24
纺织业	710	332	511904	40407	2065.41	576.68	85.57
纺织服装、鞋、帽制造业	315	126	305601	11485	719.13	101.18	18.83
皮革、毛皮、羽毛(绒)及其制品业	216	105	230836	10864	613.25	63.96	13.25
木材加工及木、竹、藤、棕、草制品业	36	22	25718	2073	113.63	10.94	1.71
家具制造业	94	46	88611	4990	221.20	37.98	2.12
造纸及纸制品业	87	35	52048	4867	316.72	165.98	91.59
印刷业和记录媒介的复制	32	17	17021	1425	74.33	19.71	4.80
文教体育用品制造业	68	33	56122	3626	154.89	24.20	4.45
石油加工、炼焦及核燃料加工业	2	1	9579	2527	769.08	136.22	60.05
化学原料及化学制品制造业	131	95	106302	13924	1225.00	287.90	25.31
医药制造业	67	62	64139	10637	338.55	84.38	21.12
化学纤维制造业	71	46	70507	8527	1182.96	320.88	56.07
橡胶制品业	38	19	40935	3035	226.41	48.63	1.46
塑料制品业	151	75	105046	7001	520.31	90.38	15.99
非金属矿物制品业	109	44	75383	7556	405.73	238.16	29.33
黑色金属冶炼及压延加工业	45	23	40220	3669	600.32	160.57	29.78
有色金属冶炼及压延加工业	54	34	33879	3833	701.96	49.28	4.73
金属制品业	186	111	144294	11945	594.08	70.83	10.70
通用设备制造业	392	264	267421	34084	1210.03	221.79	43.04
专用设备制造业	132	102	79826	12792	406.06	69.31	18.87
交通运输设备制造业	266	175	211067	21153	1335.46	177.10	35.23

指标名称	单位数（个）	有科技活动单位数	从业人员年平均人数（人）	工程技术人员	主营业务收入（亿元）	生产经营用机器设备原价（亿元）	微电子控制设备原价
电气机械及器材制造业	450	319	361103	33259	1700.87	214.32	43.96
通信设备、计算机及其他电子设备制造业	193	128	211201	23499	1410.88	210.25	43.11
仪器仪表及文化、办公用机械制造业	105	80	77055	7937	275.93	38.43	5.05
工艺品及其他制造业	116	66	102561	4381	270.17	34.44	4.32
废弃资源和废旧材料回收加工业	6	1	3197	39	30.82	0.30	0.04
电力、燃气及水的生产和供应业	71	31	59095	15102	1431.97	1112.47	165.13
燃气生产和供应业	3	1	1843	232	15.65	3.74	0.06
水的生产和供应业	13	2	8137	1453	28.68	75.25	0.79
按隶属关系分组							
中央	33	20	37673	8926	678.92	625.03	135.26
省	46	25	71591	9812	841.54	565.43	63.86
市	82	51	102012	12307	882.58	247.58	23.56
县(市、区)	104	61	95370	12176	758.04	198.77	60.01
街道	73	43	50000	4338	272.02	36.27	7.73
镇	95	69	85287	7331	489.86	94.40	8.04
乡	5	2	3100	289	13.86	3.19	1.28
居委会	1		451	57	1.78	0.58	0.01
村委会	5	5	2248	171	9.36	1.81	0.60
其他	3851	2192	3030509	260886	15837.75	3103.68	617.24
按地区分组							
杭州市	726	339	611424	63963	4946.11	1027.62	189.94
宁波市	966	514	703027	56289	4441.42	1093.63	304.81
温州市	563	291	432533	36297	1616.88	280.23	28.86
嘉兴市	462	351	408753	29533	1622.81	746.14	169.51
湖州市	152	71	124420	10105	759.00	155.62	19.26
绍兴市	556	320	474158	53699	3338.33	851.66	103.42
金华市	323	185	265976	22644	1097.17	314.86	27.13
衢州市	54	32	50880	6334	305.42	143.19	19.90
舟山市	35	19	37134	3513	188.22	54.18	4.09
台州市	393	310	320183	27538	1220.12	176.27	49.30
丽水市	65	36	49753	6378	250.25	33.33	1.39

4－3 大中型工业企业科技活动人员情况

单位：人

指标名称	科技活动人员合计	#全时人员	#女性	#参加科技项目人员	科技管理和服务人员	#1.高中级技术职称人员	2.无高中级职称的大本及以上人员	#研究与试验发展人员
总　　计	**154748**	**79571**	**35942**	**135756**	**15536**	**40065**	**52381**	**81642**
按工业企业规模分组								
大型企业	43160	26687	11682	37050	4601	11515	15937	25382
中型企业	111588	52884	24260	98706	10935	28550	36444	56260
按登记注册类型分组								
内资企业	115295	57375	26416	101443	11474	31976	36843	60289
国有(单位)	3166	1506	674	2637	434	1680	661	1071
集体(单位)	676	225	178	607	69	120	262	464
股份合作	960	188	114	879	81	313	312	648
国有联营	90	30		90		50	40	
国有与集体联营	185	53	110	157	28	46	74	185
其他联营	114	30	9	84	10	45	10	81
国有独资公司	3872	2179	1057	3302	570	1527	1160	2182
其他有限责任公司	37837	18511	7836	32876	4152	9971	12562	19114
股份有限公司	23662	13256	6437	20609	2285	7040	7086	13476
私营独资	656	295	132	611	42	172	263	376
私营合伙	356	114	95	313	43	62	91	166
私营有限责任公司	41634	19659	9351	37425	3537	10426	13434	21518
私营股份有限公司	2087	1329	423	1853	223	524	888	1008
港澳台商投资	17763	9798	4306	15587	1790	3871	7654	10551
与港澳台商合资经营	8627	3876	2101	7786	790	2168	2935	4616
与港澳台合作经营	809	153	60	779	30	142	164	703
港、澳、台商独资经营	7818	5476	1897	6598	912	1297	4434	4818
港、澳、台商投资股份有限公司	509	293	248	424	58	264	121	414
外商投资	21690	12398	5220	18726	2272	4218	7884	10802
中外合资经营	12327	6629	2792	10778	1339	2628	3965	5679
中外合作经营	601	177	62	462	33	110	312	114
外资企业	7663	5256	2018	6557	733	1198	3246	4405

指标名称	科技活动人员合计	#全时人员	#女性	#参加科技项目人员	科技管理和服务人员	#1.高中级技术职称人员	2.无高中级职称的大本及以上人员	#研究与试验发展人员
外商投资股份有限公司	1099	336	348	929	167	282	361	604
按国民经济行业大类分组								
有色金属矿采选业	99	55	4	87	12	57	3	
非金属矿采选业	13			7	6	8	1	
农副食品加工业	870	407	208	791	79	250	319	519
食品制造业	973	403	215	837	136	268	352	175
饮料制造业	1829	731	368	1632	189	506	361	834
烟草制品业	32	15	3	28	4	17	15	7
纺织业	13953	5141	4483	12933	956	3100	3786	6077
纺织服装、鞋、帽制造业	4181	2520	2291	3936	245	482	1308	1385
皮革、毛皮、羽毛(绒)及其制品业	3958	2451	1334	3494	232	612	920	1031
木材加工及木、竹、藤、棕、草制品业	986	663	162	906	80	116	312	674
家具制造业	2135	824	309	1935	133	570	611	467
造纸及纸制品业	1570	606	330	1434	135	518	407	1036
印刷业和记录媒介的复制	962	367	171	847	92	133	180	601
文教体育用品制造业	2274	1585	444	1990	186	608	660	1458
石油加工、炼焦及核燃料加工业	275	200	25	205	38	231	23	110
化学原料及化学制品制造业	8512	4476	2017	7330	957	2965	2414	4808
医药制造业	8846	5353	2602	7108	1160	2278	3196	5450
化学纤维制造业	4668	2369	974	4247	389	1213	1593	2873
橡胶制品业	1269	835	388	1151	111	376	401	774
塑料制品业	2859	973	448	2590	243	608	907	979
非金属矿物制品业	2292	1214	555	1969	321	664	579	1174
黑色金属冶炼及压延加工业	1695	651	189	1253	318	627	257	787
有色金属冶炼及压延加工业	1943	891	293	1716	215	553	571	1175
金属制品业	5225	2567	846	4678	510	1244	1737	2884
通用设备制造业	16757	7653	2703	14923	1636	4848	5131	8871
专用设备制造业	7393	3365	1154	5847	850	1839	2749	4164
交通运输设备制造业	13226	7313	3257	11843	1144	3463	5033	6951
电气机械及器材制造业	19784	10994	4546	17339	2350	5475	6729	9928

指标名称	科技活动人员合计	#全时人员	#女性	#参加科技项目人员	科技管理和服务人员	#1.高中级技术职称人员	2.无高中级职称的大本及以上人员	#研究与试验发展人员
通信设备、计算机及其他电子设备制造业	14990	10087	3563	12643	1898	3408	7813	10473
仪器仪表及文化、办公用机械制造业	5367	2598	765	4710	551	1461	2186	3224
工艺品及其他制造业	3104	941	1003	2834	256	358	902	1356
废弃资源和废旧材料回收加工业	20		7	20		11	9	
电力、燃气及水的生产和供应业	2622	1302	271	2439	104	1153	900	1387
燃气生产和供应业	15		4	15		8	2	
水的生产和供应业	51	21	10	39		37	14	10
按隶属关系分组								
中央	1453	754	237	1329	120	937	286	608
省	3243	1322	619	2608	524	1564	480	1274
市	6719	3794	1520	5638	1006	2270	1818	4098
县(市、区)	6568	3805	1777	5805	689	1789	2596	3929
街道	2875	1229	523	1995	264	499	733	1343
镇	4250	1881	901	3855	360	965	1542	2450
乡	73	51	12	63	10	19	8	60
村委会	145	73	18	136	9	54	67	114
其他	129422	66662	30335	114327	12554	31968	44851	67766
按地区分组								
杭州市	32611	20616	7995	27713	4898	9308	14256	17256
宁波市	25343	15086	5336	21990	2374	6114	9213	14090
温州市	16261	8151	3511	14353	1907	3878	5404	6677
嘉兴市	15924	7826	4910	14350	1029	3760	3982	9296
湖州市	5469	2322	1173	4877	550	1352	1466	2868
绍兴市	24654	11990	6230	21885	1936	7378	7472	12106
金华市	13625	6319	2939	11975	1426	3363	4086	7874
衢州市	2616	998	544	2264	349	965	492	1222
舟山市	1585	775	262	1481	94	323	338	1224
台州市	15518	5119	2806	14030	840	3187	5283	8492
丽水市	1142	369	236	838	133	437	389	537

4－4　大中型工业企业科技活动经费筹集情况

单位:万元

	科技活动经费筹集总额	企业资金	金融机构贷款	政府资金	国外资金	其他资金
总　　计	**3201195**	**2822525**	**266564**	**70144**	**5925**	**36036**
按工业企业规模分组						
大型企业	1226164	1109463	85569	27573	396	3162
中型企业	1975031	1713062	180995	42571	5529	32874
按登记注册类型分组						
内资企业	2360504	2029597	239022	60706	534	30646
国有(单位)	96820	82551	1234	2579		10456
集体(单位)	17412	15643	1597	12		161
股份合作	23981	22555	1265	162		
国有联营	354	354				
国有与集体联营	3327	3327				
其他联营	858	805		53		
国有独资公司	74466	67281	1360	4638	396	790
其他有限责任公司	711524	627605	64270	15742	80	3827
股份有限公司	653874	546839	78382	22253		6401
私营独资	15051	14474	180	190		208
私营合伙	6080	6075		5		
私营有限责任公司	725446	612642	90337	13689	58	8721
私营股份有限公司	31312	29447	398	1384		83
港澳台商投资	397301	375029	10111	4654	4730	2776
与港澳台商合资经营	184712	167700	7911	2805	4130	2166
与港澳台合作经营	4193	4181		7		5
港、澳、台商独资经营	191564	186909	2200	1250	600	605
港、澳、台商投资股份有限公司	16831	16239		592		
外商投资	443390	417899	17431	4784	661	2615
中外合资经营	247696	231543	13066	2198		889
中外合作经营	8230	6920	1200	110		

4-4 续表1

单位:万元

	科技活动经费筹集总额	企业资金	金融机构贷款	政府资金	国外资金	其他资金
外资企业	171619	164659	3165	1558	661	1576
外商投资股份有限公司	15846	14777		919		150
按国民经济行业大类分组						
有色金属矿采选业	950	950				
非金属矿采选业	185	50		135		
农副食品加工业	16391	12418	1600	2373		
食品制造业	21933	20582	600	511		240
饮料制造业	62322	59887	903	1296	80	156
烟草制品业	1300	1300				
纺织业	288786	240099	38506	2879	4130	3171
纺织服装、鞋、帽制造业	49942	46625	3050	201		66
皮革、毛皮、羽毛(绒)及其制品业	53706	51412	743	229	600	722
木材加工及木、竹、藤、棕、草制品业	20590	11503	8785	170		134
家具制造业	22209	20145	1897	68		100
造纸及纸制品业	31349	22181	7263	1477		427
印刷业和记录媒介的复制	14151	11861	2160	130		
文教体育用品制造业	22694	21579	200	915		
石油加工、炼焦及核燃料加工业	6000	6000				
化学原料及化学制品制造业	237013	214167	15878	6691		277
医药制造业	145030	123173	15461	6264		133
化学纤维制造业	139162	132542	4500	1900		220
橡胶制品业	58851	55692	2921	238		0
塑料制品业	60852	56339	2289	689		1534
非金属矿物制品业	43778	36164	1293	1627		4694
黑色金属冶炼及压延加工业	64884	62632	2000	216		37
有色金属冶炼及压延加工业	65015	54225	2716	2374		5700
金属制品业	93569	79670	7731	3194		2975
通用设备制造业	300198	273581	19085	6997		534
专用设备制造业	138144	119628	12033	5122	661	701
交通运输设备制造业	371124	310522	41908	11862	396	6435

	科技活动经费筹集总额	企业资金	金融机构贷款	政府资金	国外资金	其他资金
电气机械及器材制造业	389353	349853	33816	3464	46	2174
通信设备、计算机及其他电子设备制造业	309648	289605	13875	6001		167
仪器仪表及文化、办公用机械制造业	89477	77314	8601	2990	12	561
工艺品及其他制造业	54929	39947	14728	135		120
废弃资源和废旧材料回收加工业	193	193				
电力、燃气及水的生产和供应业	27362	20579	2022			4760
燃气生产和供应业	26	26				
水的生产和供应业	82	82				
按隶属关系分组						
中央	21569	12940	522	2412		5695
省	51869	48816	716	2329		9
市	139275	123047	6192	4075	396	5565
县(市、区)	160118	145554	9686	4528		350
街道	60411	52624	7154	563		70
镇	89548	80948	5290	3273		37
乡	1676	1196	300	150		30
村委会	1840	1828	12			
其他	2674890	2355574	236691	52815	5529	24280
按地区分组						
杭州市	989266	895661	66351	23304	600	3350
宁波市	462347	427024	16400	9641	707	8576
温州市	250483	226476	18029	5374	12	593
嘉兴市	262420	239148	11359	5954		5958
湖州市	133368	99333	30570	2027		1439
绍兴市	588131	477400	83582	11321	4130	11697
金华市	199317	168381	22657	5016		3263
衢州市	30375	26452	2002	1876		45
舟山市	22529	17054	2600	1688	396	790
台州市	249109	232692	12288	3858		270
丽水市	13851	12904	728	85	80	55

4－5 大中型工业企业科技活动经费支出情况

单位:万元

	科技活动经费支出总额	内部支出合计	劳务费	原材料费	非基建项目购买和自制设备支出	其他
总计	**2875108**	**2668159**	**701751**	**903127**	**610615**	**452666**
按工业企业规模分组						
大型企业	1108079	998503	287668	324881	195260	190694
中型企业	1767030	1669656	414083	578246	415355	261973
按登记注册类型分组						
内资企业	2092246	1914191	469272	693822	464328	286770
国有(单位)	97029	84899	15941	37909	18079	12970
集体(单位)	7753	7138	1491	1977	1432	2238
股份合作	12587	12253	2691	3738	3737	2088
国有联营	354	354	50	80	20	204
国有与集体联营	3327	3327	284	1499	362	1182
其他联营	1166	1123	348	491	66	218
国有独资公司	73042	66857	15827	27424	10202	13404
其他有限责任公司	636495	588269	141201	230328	147998	68743
股份有限公司	561764	480692	119122	156438	117660	87471
私营独资	14912	14609	3669	5368	4695	877
私营合伙	5980	4686	1188	2325	518	655
私营有限责任公司	648132	621060	157055	218148	152613	93245
私营股份有限公司	29707	28925	10405	8097	6947	3476
港澳台商投资	368577	351935	109035	98807	65537	78556
与港澳台商合资经营	158472	152586	37724	55184	35605	24074
与港澳台合作经营	4440	4354	993	2464	760	137
港、澳、台商独资经营	191514	182886	67253	37620	24107	53906
港、澳、台商投资股份有限公司	14151	12109	3065	3538	5065	440
外商投资	414285	402034	123444	110499	80751	87340
中外合资经营	222546	211555	51545	69850	52117	38043
中外合作经营	8090	8090	1261	3510	962	2357
外资企业	168285	167165	67942	30224	24518	44481

	科技活动经费支出总额	内部支出合计	劳务费	原材料费	非基建项目购买和自制设备支出	其他
外商投资股份有限公司	15365	15223	2697	6915	3153	2458
按国民经济行业大类分组						
有色金属矿采选业	1018	873	314	294	251	15
非金属矿采选业	185	185	26	55	75	29
农副食品加工业	15700	15143	2857	5831	3222	3232
食品制造业	21195	20526	3760	7635	5926	3206
饮料制造业	60120	58858	10032	33142	9048	6637
烟草制品业	1051	869	486	296		87
纺织业	238010	228500	60122	82768	58088	27522
纺织服装、鞋、帽制造业	46965	45542	15223	16887	7614	5818
皮革、毛皮、羽毛(绒)及其制品业	49077	48026	13475	22159	6735	5658
木材加工及木、竹、藤、棕、草制品业	11022	10846	3071	4306	1659	1810
家具制造业	21904	21367	6125	6919	6509	1814
造纸及纸制品业	27094	26614	5187	9201	7947	4279
印刷业和记录媒介的复制	13609	13412	3306	6072	3193	841
文教体育用品制造业	22427	21677	5828	5294	5288	5267
石油加工、炼焦及核燃料加工业	5990	2711	400	202	812	1297
化学原料及化学制品制造业	209023	199877	41648	72952	43454	41824
医药制造业	136955	102116	26198	37637	25062	13219
化学纤维制造业	118645	115227	22347	45669	33694	13517
橡胶制品业	56909	55333	9848	21255	13062	11169
塑料制品业	49325	48405	12025	18986	12516	4879
非金属矿物制品业	37222	33107	6473	14367	9027	3240
黑色金属冶炼及压延加工业	64411	62231	9601	37149	6312	9168
有色金属冶炼及压延加工业	57318	55115	6167	23401	16494	9053
金属制品业	86014	80408	22553	26394	19833	11629
通用设备制造业	284076	266973	72106	94507	56979	43381
专用设备制造业	123634	114389	25350	41740	31633	15666
交通运输设备制造业	300225	251380	60593	65049	72912	52826
电气机械及器材制造业	353860	333283	79729	111132	91125	51297

	科技活动经费支出总额	内部支出合计	劳务费	原材料费	非基建项目购买和自制设备支出	其他
通信设备、计算机及其他电子设备制造业	306028	292799	132562	44362	34179	81696
仪器仪表及文化、办公用机械制造业	81214	77856	25788	26572	12210	13286
工艺品及其他制造业	46402	45089	12422	16762	10268	5638
废弃资源和废旧材料回收加工业	193	103	90	1	8	4
电力、燃气及水的生产和供应业	28181	19213	6000	4111	5448	3654
燃气生产和供应业	26	26	21			6
水的生产和供应业	82	82	22	18	35	7
按隶属关系分组						
中央	21121	18723	5872	2814	5102	4936
省	51245	47502	9638	23993	5921	7950
市	138411	124023	28498	55834	25898	13793
县(市、区)	157267	142108	32649	53574	22697	33188
街道	46737	41652	8226	13396	12376	7653
镇	80052	77076	14141	33552	21000	8383
乡	816	616	230	246	10	130
村委会	1409	1409	365	253	545	246
其他	2378052	2215051	602132	719466	517067	376387
按地区分组						
杭州市	887264	807281	248903	263027	144316	151035
宁波市	455884	435432	93612	141769	95645	104407
温州市	222230	208060	57071	76208	53405	21376
嘉兴市	252596	241247	56652	83881	61705	39009
湖州市	102014	94993	19367	34650	27759	13217
绍兴市	495491	463599	125363	163436	108320	66481
金华市	178019	165816	43654	56524	46593	19045
衢州市	27285	24415	5896	7717	6568	4235
舟山市	22746	21962	6008	5820	7325	2808
台州市	218431	192750	42909	66319	56058	27464
丽水市	13150	12605	2318	3776	2920	3591

4－6 大中型工业企业科技成果情况

指标名称	新产品产值(亿元)	新产品销售收入(亿元)		专利申请数(件)		拥有发明专利数(件)
			出口		发明专利	
总计	**4190.21**	**4016.58**	**1265.22**	**13669**	**2154**	**3661**
按工业企业规模分组						
大型企业	1444.00	1371.98	466.60	4224	951	785
中型企业	2746.21	2644.60	798.62	9445	1203	2876
按登记注册类型分组						
内资企业	3121.67	2982.44	829.99	9715	1211	2618
国有(单位)	104.40	102.33	18.49	83	24	32
集体(单位)	14.88	10.21	6.63	32	20	47
股份合作	52.32	54.15	6.99	43	3	20
国有与集体联营	4.06	3.84		5	2	1
其他联营	0.96	0.87	0.01	1		10
国有独资公司	116.29	106.56	36.37	74	14	59
其他有限责任公司	1010.03	980.71	224.67	2130	403	602
股份有限公司	749.67	689.63	200.39	996	315	498
私营独资	25.35	23.53	3.97	624	8	12
私营合伙	5.34	7.11	4.96	51	3	45
私营有限责任公司	971.90	939.69	303.40	5480	365	1254
私营股份有限公司	66.48	63.80	24.12	196	54	38
港澳台商投资	466.71	436.89	173.94	2346	685	262
与港澳台商合资经营	315.34	288.63	110.51	879	145	177
与港澳台合作经营	6.23	6.00	0.93	39	2	
港、澳、台商独资经营	121.93	119.10	44.96	1425	537	80
港、澳、台商投资股份有限公司	23.20	23.16	17.54	3	1	5
外商投资	601.84	597.25	261.29	1608	258	781
中外合资经营	359.66	353.33	122.38	1057	125	523
中外合作经营	17.69	16.95	5.34	62	32	32

指标名称	新产品产值（亿元）	新产品销售收入（亿元）	出口	专利申请数（件）	发明专利	拥有发明专利数（件）
外资企业	213.51	210.30	131.39	433	95	204
外商投资股份有限公司	10.98	16.67	2.18	56	6	22
按国民经济行业大类分组						
农副食品加工业	13.07	12.00	2.68	51	11	14
食品制造业	22.37	21.63	4.29	91	46	25
饮料制造业	78.00	72.67	1.49	41	9	75
烟草制品业	20.75	20.93		8	1	
纺织业	387.71	365.79	111.92	3084	120	163
纺织服装、鞋、帽制造业	86.27	88.26	39.95	185	6	125
皮革、毛皮、羽毛(绒)及其制品业	123.57	120.52	69.13	84	6	82
木材加工及木、竹、藤、棕、草制品业	18.07	16.73	8.74	37	9	120
家具制造业	37.70	35.85	23.71	538	12	69
造纸及纸制品业	59.73	60.06	3.52	28	17	19
印刷业和记录媒介的复制	21.34	18.59	2.53	76	14	59
文教体育用品制造业	19.98	22.91	18.42	360	31	147
石油加工、炼焦及核燃料加工业	0.02	0.02		1	1	6
化学原料及化学制品制造业	284.59	257.95	56.52	219	120	296
医药制造业	117.45	109.50	60.13	227	155	126
化学纤维制造业	298.81	282.58	35.17	123	19	15
橡胶制品业	95.89	95.67	39.31	48	3	6
塑料制品业	84.68	82.18	17.88	307	25	50
非金属矿物制品业	62.97	60.55	14.61	200	20	39
黑色金属冶炼及压延加工业	137.07	136.69	16.81	38	19	11
有色金属冶炼及压延加工业	143.70	143.64	19.99	107	36	42
金属制品业	124.24	114.76	40.57	745	91	180
通用设备制造业	341.29	332.99	114.50	1061	199	427
专用设备制造业	159.23	147.48	44.69	334	41	178

指标名称	新产品产值（亿元）	新产品销售收入（亿元）		专利申请数（件）		拥有发明专利数（件）
			出口		发明专利	
交通运输设备制造业	456.98	441.14	155.77	1103	80	207
电气机械及器材制造业	542.34	518.51	171.00	2322	286	678
通信设备、计算机及其他电子设备制造业	276.73	271.65	137.61	1191	670	287
仪器仪表及文化、办公用机械制造业	96.32	88.17	24.71	581	69	154
工艺品及其他制造业	74.18	71.95	28.67	459	34	56
电力、燃气及水的生产和供应业	5.16	5.16	0.90	20	4	5
按隶属关系分组						
中央	26.16	26.08	0.91	69	21	35
省	48.68	49.26	5.25	93	33	86
市	170.22	160.10	49.59	123	36	39
县（市、区）	214.98	210.68	38.55	413	58	184
街道	77.00	69.78	34.06	128	32	68
镇	130.31	125.12	47.33	208	48	75
乡	0.78	0.77	0.27	1	1	
村委会	1.47	1.45	0.24	67	21	5
其他	3520.61	3373.34	1089.02	12567	1904	3169
按地区分组						
杭州市	946.43	905.15	155.48	2364	889	881
宁波市	729.68	721.12	288.82	2513	338	678
温州市	290.45	273.15	58.64	843	120	208
嘉兴市	500.01	501.51	247.10	657	103	289
湖州市	212.64	203.68	54.50	402	62	280
绍兴市	875.27	811.90	203.20	4088	348	649
金华市	197.44	190.19	76.35	1407	120	361
衢州市	35.64	31.47	7.50	119	30	41
舟山市	38.44	34.40	27.31	15	4	17
台州市	346.42	326.82	145.45	1202	135	192
丽水市	17.80	17.19	0.88	59	5	65

4－7 大中型工业企业科技项目情况

指标名称	科技项目数(项)	新产品开发项目数	R&D项目数	科技项目参加人员合计(人)	高中级技术职称人员	无高中级职称的大本及以上学历人员	参加项目人员实际工作时间(人年)	科技项目经费内部支出合计(万元)	R&D项目支出
总计	**9647**	**7898**	**5393**	**133892**	**35637**	**45956**	**94427**	**2635405**	**1604446**
按工业企业规模分组									
大型企业	1880	1540	1107	36575	10351	14416	27603	992626	695548
中型企业	7767	6358	4286	97317	25286	31540	66825	1642779	908898
按登记注册类型分组									
内资企业	7293	5923	4032	99993	28411	32396	69347	1888674	1097217
国有(单位)	310	154	108	2609	1468	572	1638	84452	42432
集体(单位)	22	9	12	605	81	120	316	6845	2987
股份合作	84	61	62	871	260	207	520	12103	8693
国有联营	16	4		90	50	40	47	354	
国有与集体联营	9	9	9	157	19	46	57	3317	3317
其他联营	16	16	12	62	35	10	28	1036	857
国有独资公司	396	311	219	3225	1438	1021	2158	66229	42859
其他有限责任公司	2365	1973	1417	32313	8907	11090	22555	580462	336047
股份有限公司	1386	1173	785	20236	6314	6380	14861	474196	295112
私营独资	52	45	26	611	161	254	424	14316	7756
私营合伙	35	30	17	312	61	90	187	4458	3088
私营有限责任公司	2475	2028	1277	37095	9106	11722	25125	612503	335621
私营股份有限公司	127	110	88	1807	511	844	1432	28404	18447
港澳台商投资	1014	866	636	15379	3470	6429	11214	348620	258732
与港澳台商合资经营	658	552	391	7660	1862	2728	5130	150586	88266
与港澳台合作经营	10	10	6	779	142	163	501	4354	3536
港、澳、台商独资经营	326	289	221	6516	1226	3428	5262	181770	155848
港、澳、台商投资股份有限公司	20	15	18	424	240	110	321	11911	11082
外商投资	1340	1109	725	18520	3756	7131	13866	398111	248498
中外合资经营	914	732	474	10639	2372	3659	7754	209049	111556
中外合作经营	24	21	5	462	98	235	272	8081	2847
外资企业	356	316	214	6524	1103	2966	5466	165956	126284

指标名称	科技项目数(项)	新产品开发项目数	R&D项目数	科技项目参加人员合计(人)	高中级技术职称人员	无高中级职称的大本及以上学历人员	参加项目人员实际工作时间(人年)	科技项目经费内部支出合计(万元)	R&D项目支出
外商投资股份有限公司	46	40	32	895	183	271	374	15025	7811
按国民经济行业大类分组									
有色金属矿采选业	9	2		87	57	3	58	873	
非金属矿采选业	1			6	5	1	4	185	
农副食品加工业	94	70	60	787	239	299	563	14879	9585
食品制造业	72	50	20	821	260	301	570	19991	1097
饮料制造业	186	161	97	1631	474	351	876	58664	32967
烟草制品业	9	4	4	28	12	15	14	869	77
纺织业	669	544	280	12788	2833	3362	8064	226376	104379
纺织服装、鞋、帽制造业	164	111	54	3900	387	1260	3008	44949	18520
皮革、毛皮、羽毛(绒)及其制品业	174	130	32	3468	537	864	2721	47670	17392
木材加工及木、竹、藤、棕、草制品业	42	32	27	893	110	295	696	10555	7598
家具制造业	127	117	27	1935	517	525	1178	21192	8880
造纸及纸制品业	69	37	45	1396	476	368	1013	26230	15934
印刷业和记录媒介的复制	36	26	21	837	130	168	738	13412	10259
文教体育用品制造业	143	133	93	1954	535	645	1519	21446	16924
石油加工、炼焦及核燃料加工业	52	8	9	190	167	23	143	2660	1759
化学原料及化学制品制造业	598	423	373	7269	2720	2166	5209	197020	116733
医药制造业	514	437	398	7014	1920	2789	5196	97969	76505
化学纤维制造业	204	184	112	4175	1129	1210	3027	114715	71557
橡胶制品业	48	45	35	1151	375	390	836	55168	32382
塑料制品业	216	149	94	2560	552	838	1478	47398	15400
非金属矿物制品业	139	94	83	1955	610	527	1323	32633	22400
黑色金属冶炼及压延加工业	158	107	69	1235	454	223	878	61563	32701
有色金属冶炼及压延加工业	116	91	84	1630	495	378	1184	54525	39715
金属制品业	416	374	178	4645	1138	1656	3230	78608	43657
通用设备制造业	1398	1249	857	14678	4315	4513	10125	264039	151464
专用设备制造业	601	484	405	5781	1642	2402	4120	112821	78297
交通运输设备制造业	802	701	507	11665	3239	4445	8382	249285	175755
电气机械及器材制造业	1212	1019	622	17056	4678	6056	12190	330064	169304

指标名称	科技项目数(项)	新产品开发项目数	R&D项目数	科技项目参加人员合计(人)	高中级技术职称人员	无高中级职称的大本及以上学历人员	参加项目人员实际工作时间(人年)	科技项目经费内部支出合计(万元)	R&D项目支出
通信设备、计算机及其他电子设备制造业	467	433	328	12456	2936	6429	9936	289446	257011
仪器仪表及文化、办公用机械制造业	522	488	353	4621	1278	1757	3167	76560	48306
工艺品及其他制造业	168	129	56	2802	308	798	1326	44581	17524
废弃资源和废旧材料回收加工业	1			20	11	9	10	103	
电力、燃气及水的生产和供应业	206	65	69	2404	1063	878	1614	18848	10360
燃气生产和供应业	4			15	8	2	4	26	
水的生产和供应业	10	1	1	39	27	10	31	82	5
按隶属关系分组									
中央	120	53	34	1306	886	235	870	18350	10711
省	296	174	130	2574	1293	402	1382	46555	21896
市	513	376	315	5491	2098	1578	4335	121492	78784
县(市、区)	514	444	332	5715	1621	2355	4069	141035	101260
街道	186	164	114	1956	417	638	1345	41030	23263
镇	210	176	127	3760	868	1130	2319	76155	50010
乡	4	3	3	58	19	8	51	596	576
村委会	10	2	7	136	54	67	105	1319	764
其他	7794	6506	4331	112896	28381	39543	79951	2188875	1317182
按项目来源分组									
国家科技项目	254	200	177	5347	1711	1684	3691	115664	83701
地方科技项目	1324	1124	868	24134	6824	7902	16641	461986	304375
其他企业委托科技项目	225	184	150	2920	881	807	1702	49347	35674
本企业自选科技项目	7519	6130	4018	94169	24131	32359	66626	1863272	1103561
来自国外的科技项目	110	101	62	1389	336	531	1082	28808	20075
其他科技项目	215	159	118	5933	1754	2673	4685	116328	57059
按项目合作形式分组									
与境外机构合作	120	104	85	2748	726	984	2061	60209	47757
与国内高校合作	663	531	445	11746	3658	3777	7985	233093	155411
与国内独立研究院所合作	354	242	221	4623	1539	1409	3053	76578	52646

指标名称	科技项目数(项)	新产品开发项目数	R&D项目数	科技项目参加人员合计(人)	高中级技术职称人员	无高中级职称的大本及以上学历人员	参加项目人员实际工作时间(人年)	科技项目经费内部支出合计(万元)	R&D项目支出
与境内注册的外商独资企业合作	69	55	37	797	260	225	480	35000	17168
与境内注册的其他企业合作	336	175	138	3439	1212	1068	2248	59974	30691
以本企业所办科技机构为主完成	5027	4369	3004	69728	18268	25003	50370	1444393	932874
由本企业有关部门组成联合攻关小组协作	2863	2288	1382	37048	9228	12376	25398	661080	336033
其他	215	134	81	3763	746	1114	2833	65078	31866
按项目活动类型分组									
应用研究	3		3	4		4	1	62	62
试验发展	5390	4650	5390	79289	21441	28467	56877	1604384	1604384
研究与试验发展成果应用	4254	3248		54599	14196	17485	37549	1030959	
按项目技术经济目标分组									
开发全新产品	5222	5222	3282	71962	19217	24687	51816	1419995	955037
增加已有产品的功能	950	950	473	14052	3349	4995	10053	304558	174742
提高产品性能	1726	1726	895	25868	6555	9002	17583	507948	289961
提高劳动生产率	603		210	7087	2173	2416	4815	113931	53614
减少能源消耗	302		160	3934	1224	1259	2737	75944	41653
节约原材料	168		87	2440	614	931	1798	47053	20594
减少环境污染	214		107	2919	969	1039	1856	68826	35546
其他	462		179	5630	1536	1627	3769	97150	33300
按地区分组									
杭州市	1931	1566	1001	27225	8508	12355	21547	801205	528809
宁波市	1876	1503	1086	21701	5376	7946	16248	431649	260193
温州市	855	733	404	14231	3466	4888	9822	206751	94727
嘉兴市	954	728	540	14162	3184	3274	9951	237056	164213
湖州市	237	197	142	4754	951	1075	3211	91916	56687
绍兴市	817	658	455	21609	6588	6766	14737	459592	251249
金华市	644	542	382	11802	3002	3569	7887	159805	100176
衢州市	194	118	100	2255	885	466	1231	24401	11760
舟山市	59	54	39	1405	299	334	947	21750	18835
台州市	1994	1742	1223	13927	2992	4929	8387	189133	113723
丽水市	86	57	21	821	386	354	459	12149	4073

4-8 大中型工业企业技术改造、技术获取及减免税情况

单位:万元

指标名称	技术改造经费支出	技术引进经费支出	引进设计、图纸、工艺配方、专利的支出	消化吸收经费支出	购买国内技术经费支出	享受各级政府对技术开发减免税
总　计	**2960576**	**157628**	**75278**	**97116**	**96130**	**74265**
按工业企业规模分组						
大型企业	1503440	58830	33311	33036	46994	10347
中型企业	1457137	98798	41967	64080	49136	63918
按登记注册类型分组						
内资企业	2412060	106343	41605	79575	84236	62620
国有(单位)	162602	433	95	398	21748	638
集体(单位)	5526	335	254	199	107	825
股份合作	3938	709	59	558	711	66
国有与集体联营	73					
其他联营	193			15	58	
国有独资公司	33982	3572	3517	2541	527	1164
其他有限责任公司	793688	31851	13003	16983	23220	27568
股份有限公司	863282	32547	9787	38544	12088	20424
私营独资	15792	2198	462	443	887	306
私营合伙	1007	33		55		107
私营有限责任公司	502609	33940	13713	17972	23051	11301
私营股份有限公司	29369	726	716	1868	1840	221
港澳台商投资	208768	9620	3453	5813	5083	3354
与港澳台商合资经营	171634	4617	1569	3695	2530	368
与港澳台合作经营	1263			230	130	10
港、澳、台商独资经营	24295	4006	1428	1681	2007	2869
港、澳、台商投资股份有限公司	11576	997	457	208	415	107
外商投资	339748	41665	30220	11728	6811	8291
中外合资经营	242212	15789	8891	7831	5883	784
中外合作经营	3381	41	41	20	54	

指标名称	技术改造经费支出	技术引进经费支出	引进设计、图纸、工艺配方、专利的支出	消化吸收经费支出	购买国内技术经费支出	享受各级政府对技术开发减免税
外资企业	67213	25835	21288	3877	834	7398
外商投资股份有限公司	26943				40	109
按国民经济行业大类分组						
有色金属矿采选业	1949					
农副食品加工业	16162	53			814	13
食品制造业	23070			692	574	
饮料制造业	174463	9	9	202	369	
烟草制品业	7705					
纺织业	147073	12838	2500	9157	10858	8567
纺织服装、鞋、帽制造业	47607	1223	516	493	1849	135
皮革、毛皮、羽毛(绒)及其制品业	49070	3296	1070	1717	2768	2
木材加工及木、竹、藤、棕、草制品业	4982	354	220	507	220	554
家具制造业	10353	1965	222	658	80	2473
造纸及纸制品业	35940	100		1210	325	15036
印刷业和记录媒介的复制	13099	3817	250	1000	561	
文教体育用品制造业	11227	452	318	147	1	741
石油加工、炼焦及核燃料加工业	362427				1728	2500
化学原料及化学制品制造业	201844	10695	7047	5509	5288	3373
医药制造业	108060	5045	1218	10054	10867	3760
化学纤维制造业	223887	7474	1469	11097	1902	3205
橡胶制品业	20589	4317	4317	978	383	35
塑料制品业	28037	707	322	1480	1136	1485
非金属矿物制品业	157845	4000	728	2076	2369	2123
黑色金属冶炼及压延加工业	114418	1493	1493	515	20400	626
有色金属冶炼及压延加工业	95014	6921	1850	340	560	498
金属制品业	31738	1983	888	1384	381	847
通用设备制造业	244072	24005	6968	10091	7971	4409
专用设备制造业	91656	7049	4470	10371	1724	9042
交通运输设备制造业	334030	17546	11721	8724	6779	6182

4-8 续表2

单位:万元

指标名称	技术改造经费支出	技术引进经费支出	引进设计、图纸、工艺配方、专利的支出	消化吸收经费支出	购买国内技术经费支出	享受各级政府对技术开发减免税
电气机械及器材制造业	186710	25853	20443	10864	8779	4466
通信设备、计算机及其他电子设备制造业	83648	8459	4454	4369	1871	3115
仪器仪表及文化、办公用机械制造业	34169	4972	833	487	982	900
工艺品及其他制造业	10959	2308	1591	2494	3219	178
废弃资源和废旧材料回收加工业	1290					
电力、燃气及水的生产和供应业	87415	695	360	502	1353	
燃气生产和供应业	70				20	
按隶属关系分组						
中央	60180	2101	2080	11	1641	
省	196046	1729	1009	803	20886	860
市	77223	1644	273	2251	395	2816
县(市、区)	228978	6130	3650	4188	10556	2825
街道	46501	2911	1107	2420	1026	2060
镇	70121	3904	1218	2323	2230	1658
乡	2083					
村委会				30	100	
其他	2279445	139210	65943	85090	59296	64046
按地区分组						
杭州市	706893	43658	27258	18342	26321	8204
宁波市	724979	23494	5360	8659	12901	10531
温州市	177990	5781	1786	9316	7833	11927
嘉兴市	296678	29673	16407	13953	12612	18719
湖州市	103955	1346	962	1993	1350	8268
绍兴市	424465	24556	9070	29579	16533	4807
金华市	140227	10942	4604	6635	5880	5056
衢州市	102220	943	60	530	381	1766
舟山市	23852	4925	4445	1794	1325	448
台州市	230236	12309	5326	6317	10972	4310
丽水市	29082				22	228

4-9 大中型工业企业办科技机构情况

指标名称	机构数（个）	科技活动人员（人）	博士毕业	硕士毕业	科技经费内部支出（亿元）	年末固定资产原价（亿元）	仪器设备
总　计	**1861**	**88481**	**1083**	**4648**	**163.96**	**240.46**	**116.21**
按工业企业规模分组							
大型企业	210	23120	324	1609	56.90	86.23	46.30
中型企业	1651	65361	759	3039	107.05	154.23	69.91
按登记注册类型分组							
内资企业	1401	67099	863	3398	123.32	192.37	89.52
国有(单位)	23	1419	16	169	5.06	5.77	3.14
集体(单位)	12	300	12	12	0.46	1.11	0.56
股份合作	17	431		13	0.66	0.54	0.26
国有联营	1	90		10	0.04	0.45	0.08
国有与集体联营	2	185		8	0.33	0.35	0.11
其他联营	3	114	2	2	0.11	0.11	0.08
国有独资公司	21	2370	13	104	4.92	4.76	2.02
其他有限责任公司	435	21524	287	1067	39.64	58.77	28.20
股份有限公司	194	13444	262	1083	32.16	58.57	30.37
私营独资	18	483	7	11	1.32	1.89	0.50
私营合伙	9	230	1	5	0.37	0.22	0.11
私营有限责任公司	645	24962	243	758	36.19	57.66	23.21
私营股份有限公司	21	1547	20	156	2.04	2.17	0.88
港澳台商投资	203	8187	49	209	13.78	20.62	10.27
与港澳台商合资经营	137	4688	20	121	8.82	13.91	6.85
与港澳台合作经营	4	576			0.26	0.68	0.66
港、澳、台商独资经营	57	2414	12	60	3.60	4.97	2.13
港、澳、台商投资股份有限公司	5	509	17	28	1.10	1.06	0.64
外商投资	257	13195	171	1041	26.87	27.47	16.42
中外合资经营	169	6384	113	328	13.01	13.40	7.35
中外合作经营	7	505	10	15	0.75	0.62	0.17
外资企业	70	5538	47	685	12.02	11.70	8.08

指标名称	机构数（个）	科技活动人员（人）	博士毕业	硕士毕业	科技经费内部支出（亿元）	年末固定资产原价（亿元）	仪器设备
外商投资股份有限公司	11	768	1	13	1.08	1.75	0.82
按国民经济行业大类分组							
有色金属矿采选业	1	45		1	0.05	0.04	0.03
非金属矿采选业	1	6			0.01	0.06	0.03
农副食品加工业	23	512	17	57	0.98	1.34	0.61
食品制造业	18	621	10	16	1.04	1.23	0.49
饮料制造业	14	905	10	65	4.38	3.01	1.57
烟草制品业	1	32	1	14	0.07	0.45	0.44
纺织业	208	8626	79	181	13.23	20.24	9.81
纺织服装、鞋、帽制造业	44	2271	7	24	3.00	3.95	2.06
皮革、毛皮、羽毛(绒)及其制品业	66	2459	11	28	3.64	6.79	3.47
木材加工及木、竹、藤、棕、草制品业	12	322	4	13	0.77	0.98	0.16
家具制造业	31	1351	3	40	1.49	3.56	0.70
造纸及纸制品业	20	611	11	34	1.49	11.91	8.31
印刷业和记录媒介的复制	12	817	2	12	0.88	1.24	1.02
文教体育用品制造业	26	1065	12	47	1.50	2.09	0.90
石油加工、炼焦及核燃料加工业	1	65		4	0.03	0.12	0.05
化学原料及化学制品制造业	113	5414	108	341	15.76	18.02	9.39
医药制造业	84	4900	128	382	8.97	13.97	7.56
化学纤维制造业	34	2037	34	97	5.24	15.60	5.34
橡胶制品业	13	1013	10	32	4.83	2.66	1.39
塑料制品业	51	1714	25	60	3.35	6.37	3.17
非金属矿物制品业	37	1321	23	43	2.56	3.75	2.09
黑色金属冶炼及压延加工业	15	709	6	30	1.77	3.01	0.84
有色金属冶炼及压延加工业	24	763	18	37	2.87	2.51	1.20
金属制品业	75	3180	20	135	4.73	5.75	2.12
通用设备制造业	220	10335	72	334	18.32	20.45	8.99
专用设备制造业	94	4460	89	152	7.55	10.04	5.55
交通运输设备制造业	136	8016	62	276	13.73	22.84	11.08
电气机械及器材制造业	258	11925	150	532	21.42	25.41	12.23

指标名称	机构数（个）	科技活动人员（人）	博士毕业	硕士毕业	科技经费内部支出（亿元）	年末固定资产原价（亿元）	仪器设备
通信设备、计算机及其他电子设备制造业	110	7401	92	1253	13.39	22.25	11.20
仪器仪表及文化、办公用机械制造业	72	3342	56	256	4.40	4.86	1.89
工艺品及其他制造业	35	1627	15	41	1.44	2.13	0.90
废弃资源和废旧材料回收加工业	1	20			0.01	0.07	0.01
电力、燃气及水的生产和供应业	10	581	7	103	1.07	3.73	1.62
水的生产和供应业	1	15	1	8		0.02	0.01
按隶属关系分组							
中央	16	722	5	132	0.89	4.18	2.26
省	24	974	12	62	1.22	4.16	1.38
市	62	4130	32	175	9.71	5.72	4.06
县(市、区)	64	3865	97	290	10.57	13.49	6.30
街道	45	1351	21	52	3.42	3.57	1.96
镇	48	2626	55	137	4.43	7.84	2.96
乡	1	25		1	0.06	0.13	0.05
村委会	5	143	1	5	0.14	0.22	0.09
其他	1596	74645	860	3794	133.51	201.16	97.15
按地区分组							
杭州市	311	17714	280	1657	42.23	44.83	23.38
宁波市	363	15109	105	838	27.64	30.21	13.25
温州市	213	9712	91	376	14.39	16.23	9.22
嘉兴市	197	9845	74	329	15.31	30.20	17.96
湖州市	61	3184	71	137	6.40	7.91	3.05
绍兴市	256	13467	165	527	30.28	56.00	23.73
金华市	174	6895	141	336	9.36	17.84	8.48
衢州市	37	1178	11	37	1.36	2.34	1.28
舟山市	15	1179	3	25	1.76	2.40	1.60
台州市	225	10051	132	370	14.98	31.59	14.00
丽水市	9	147	10	16	0.26	0.91	0.28

五、高等院校

5－1　高等院校基本情况(1978—2007)

年份	学校数(所)	招生数(人)		在校学生数(人)		毕业生数(人)		教职员工数(人)	
		本专科	研究生	本专科	研究生	本专科	研究生		#专任教师
1978	20	14241		24223		3743		11961	5389
1979	20	9498		32227		1013		13889	6275
1980	22	9387		37815		3710		15619	6886
1981	22	9208		41020		5852		16365	6933
1982	22	10162		36088		14968		18181	7701
1983	24	12750		39008		10411		19274	8219
1984	27	15030		44883		9002		20431	8690
1985	35	19026		52688		11044		22497	9908
1986	37	17877		57352		13027		24723	10804
1987	37	18190		60072		15017		25620	11223
1988	37	19364		60419		18712		26472	11578
1989	37	18270		61045		17323		26772	11574
1990	37	18264		60327		18417		26787	11578
1991	36	18651		59822		18175		27004	11208
1992	35	21217		62226		18267		27821	11105
1993	36	27716		73586		15971		27898	11148
1994	37	30482		87428		17895		28212	11345
1995	37	28094		92857		22443		28194	11491
1996	36	30541		96480		27133		28107	11530
1997	35	33145		102302		26386		28123	11595
1998	32	36668	2155	113543	5991	24296		28327	11816
1999	36	59300	3216	151318	7460	30561	1578	30532	13140
2000	35	93516	4130	212375	9895	32477	1600	40037	18981
2001	38	120195	5577	293078	13237	37230	1882	44347	22168
2002	60	152470	6111	393145	16297	48431	2645	48481	25993
2003	64	173519	6863	484639	19269	78685	3514	48691	29945
2004	68	195617	8029	572759	22062	103123	4858	60833	35766
2005	67	215362	9577	651307	25637	133051	5558	58924	38402
2006	68	237157	10996	719869	27125	162531	8731	69730	42143
2007	77	249749	12326	777982	31409	183863	7387	73704	45622

5－2 高等院校分类情况(2007 年)

分类	学校数(所)	本、专科学生(人)			教职员工数(人)	#专任教师
		毕业生数	招生数	在校学生数		
总计	**77**	**183863**	**249749**	**777982**	**73704**	**45622**
普通本科	28	78487	120120	431096	50358	30375
#民办本科	2	29919	50563	184570	11835	8981
#独立学院	20	25014	42003	154480	9649	7402
普通专科学校	4	21151	15350	53498	1815	1127
#民办		4631	2354	13205		
高等职业学院	45	79614	114279	288193	21531	14120
#民办	11	12686	22853	56932	4265	3071
广播电大举办普专班		4611		5195		

5－3 高等院校自然科学领域科技人力资源情况(一)

单位:人

	合计	其中:女性	教师					
			小计	教授	副教授	讲师	助教	其他
合计	**31817**	**16203**	**13488**	**2397**	**3907**	**4924**	**1685**	**575**
按学科分								
自然科学	4488	1494	3332	749	1093	1043	274	173
工程与技术	8931	2938	5903	897	1676	2406	691	233
医药科学	15124	10125	3199	574	865	1163	516	81
农业科学	962	336	593	160	190	153	51	39
其他	2312	1310	461	17	83	159	153	49
按学历分								
博士研究生	4926	1176	3677	1193	1347	924	35	178
硕士研究生	7316	3161	4477	509	989	1941	707	331
大学本科	11476	5862	4574	631	1478	1627	772	66
大学专科	4926	3645	550	58	80	278	134	
中专	2174	1779	193	6	12	140	35	
高中及以下	999	580	17		1	14	2	
按年龄分								
30岁及以下	10760	6721	3480	23	85	1539	1371	462
31～35岁	6093	3014	2747	25	578	1826	239	79
36～40岁	4743	2415	2131	191	988	897	35	20
41～45岁	4999	1915	2798	967	1404	399	18	10
46～55岁	4248	1940	1856	870	737	225	20	4
56～60岁	713	164	277	140	98	37	2	-
61岁及以上	261	34	199	181	17	1		

5-4 高等院校自然科学领域科技人力资源情况(二)

单位:人

	其他技术职务系列人员					辅助人员
	小计	高级	中级	初级	其他	
合　计	**18329**	**3343**	**6237**	**6882**	**848**	**1019**
按学科分						
自然科学	1156	385	434	205	99	33
工程与技术	3028	693	1278	660	216	181
医药科学	11925	1896	3770	5506	370	383
农业科学	369	109	122	60	50	28
其　他	1851	260	633	451	113	394
按学历分						
博士研究生	1249	487	403	235	124	
硕士研究生	2839	595	1109	765	370	
大学本科	6902	1652	2587	2309	354	
大学专科	4376	478	1408	2181		309
中　专	1981	116	593	1123		149
高中及以下	982	15	137	269		561
按年龄分						
30 岁及以下	7280	309	1445	4562	695	269
31~35 岁	3346	322	1975	869	86	94
36~40 岁	2612	717	1143	617	22	113
41~45 岁	2201	1009	812	209	32	139
46~55 岁	2392	734	757	532	10	359
56~60 岁	436	193	103	93	2	45
61 岁及以上	62	59	2		1	

5－5 高等院校自然科学领域科技人力资源情况(三)

单位:人

	总　计	科学家和工程师				技术员	辅助人员
		小计	高级	中级	初级		
合　计	**31817**	**29950**	**9647**	**11161**	**9142**	**848**	**1019**
按学科分							
自然科学	4488	4356	2227	1477	652	99	33
工程与技术	8931	8534	3266	3684	1584	216	181
医药科学	15124	14371	3335	4933	6103	370	383
农业科学	962	884	459	275	150	50	28
其　他	2312	1805	360	792	653	113	394
按学历分							
博士研究生	4926	4802	3027	1327	448	124	
硕士研究生	7316	6946	2093	3050	1803	370	
大学本科	11476	11122	3761	4214	3147	354	
大学专科	4926	4617	616	1686	2315		309
中　专	2174	2025	134	733	1158		149
高中及以下	999	438	16	151	271		561
按年龄分							
30 岁及以下	10760	9796	417	2984	6395	695	269
31～35 岁	6093	5913	925	3801	1187	86	94
36～40 岁	4743	4608	1896	2040	672	22	113
41～45 岁	4999	4828	3380	1211	237	32	139
46～55 岁	4248	3879	2341	982	556	10	359
56～60 岁	713	666	431	140	95	2	45
61 岁及以上	261	260	257	3		1	

5-6 高等院校自然科学领域科技活动经费情况

单位：万元

经费名称	经费数	经费名称	经费数
一、上年结转经费	242114.2	三、当年经费支出合计	233339.1
二、当年拨入经费合计	314173.9	其中：R&D经费支出合计	153169.6
其中：R&D经费拨入合计	226425.9	转拨给外单位经费	5639.6
科研事业费	12781.7	内部支出经费合计	227699.5
其中：科研人员工资1	736.4	人员劳务费	37458.6
科研人员工资2	11955.5	业务费	114631
主管部门专项费	34739.2	固定资产购置费	52406.1
其中：平台建设经费	18131	其中：仪器设备费	37616.6
人才队伍建设经费	9408.5	上缴税金	3400.6
其他学科建设经费	6054.2	管理费	13269.5
国家发改委、科技部专项费	32205.7	其他	6533.7
国家自然科学基金项目费	17989.9	四、当年结余经费	322949
国务院其他部门专项费	17250.1	银行存款	293409.1
省、市、自治区专项费	45862.1	暂付款	29436.9
企事业单位委托经费	113336.7	其他	103
其中：进入学校财务	106025.2	附：当年科研基建投入	2259.9
当年学校科技活动经费	31480.3	当年科研基建支出	1852.3
其中：为国家科技计划项目配套	4235.3	在岗人员人均年工资	65.1
金融机构贷款			
国外资金	8424		
其他资金	104.2		

5－7　高等院校自然科学领域科技活动机构情况(一)

	机构数(个)	从业人员(人)	科技活动人员(人年)	其中:高级职称	其中:中级职称	研究生(人)
合　计	**133**	**4215**	**2554.8**	**1461.3**	**659.8**	**7813**
R&D机构	111	3593	2269.9	1346.9	557.9	7481
其他机构	22	622	284.9	114.4	101.9	332
国际级机构	22	839	595.4	407.5	97.6	2698
省部级机构	76	2511	1494.6	849.1	417.8	4816
其他主管部门机构	35	865	464.8	204.7	144.4	299
本校独办	111	3416	2123.3	1223.7	537.4	6959
校际联合	9	348	232.6	146.7	53.3	597
与国内企业合办	11	396	163.9	63.9	64.1	232
与国外企业合办	2	55	35	27	5	25

5－8　高等院校自然科学领域科技活动机构情况(二)

	内部支出(万元)	其中:R&D支出	承担课题数(项)	固定资产原值(万元)	其中:仪器设备(万元)
合　计	**63723.1**	**44953**	**512**	**174352.3**	**127464.6**
R&D机构	59208.7	41686.5	4714	157892	116774.5
其他机构	4514.4	3266.5	406	16460.3	10690.1
国际级机构	26043.7	18073.5	1306	35205.5	27401.1
省部级机构	30680.6	23213.9	3298	126338.2	90887.3
其他主管部门机构	6998.8	3665.6	516	12808.6	9176.2
本校独办	53688.5	37178.6	4351	145269.7	111011.7
校际联合	5524.7	4044.3	475	12752.7	9604.1
与国内企业合办	4399.9	3635.1	237	15889.9	6443.8
与国外企业合办	110	95	57	440	405

5-9 高等院校自然科学领域科技项目情况(一)

研究类别	课题数(项)	当年投入经费(万元)	当年支出经费(万元)	当年投入人员(人年)	其中:女	高级职务	中级职务	初级职务	其 他	参与项目的研究生人数(人)
合 计	**19945**	**222967.1**	**150156.7**	**8966.3**	**2093.1**	**4085**	**3145.5**	**1334.4**	**401.4**	**23168**
按研究类型分										
基础研究	5149	40154.1	25538.6	2233.9	542.1	1022.8	806.3	289.1	115.7	7250
应用研究	7632	88403	59852.4	4349.9	1099.9	1793.7	1593	751.5	211.7	6762
试验发展	2489	41254.7	25505.3	1067.1	216.5	578.3	327.3	131.5	30	3269
R&D成果应用	2297	26890.8	19994.6	679.7	131.6	370.1	210.6	77.3	21.7	3807
其他科技服务	2378	26264.5	19265.8	635.7	103	320.1	208.3	85	22.3	2080
按学科分										
自然科学	2862	25914.8	16614.6	1458.5	314.6	705.9	523	185.6	44	3347
工程与技术	10360	138712.9	92865.2	4644.9	981.2	2211.1	1655.3	592.7	185.8	13413
医药科学	4947	34932.3	27996.6	2151.6	676	809	733.7	462.2	146.7	3711
农业科学	1776	23407.1	12680.3	711.3	121.3	359	233.5	93.9	24.9	2697

5-10 高等院校自然科学领域科技项目情况(二)

研究类别	课题数(项)	当年投入经费(万元)	当年支出经费(万元)	当年投入人员(人年)	其中:女	高级职务	中级职务	初级职务	其 他	参与项目的研究生人数(人)
合 计	**19945**	**222967.1**	**150156.7**	**8966.3**	**2093.1**	**4085**	**3145.5**	**1334.4**	**401.4**	**23168**
“973”计划	183	8909.8	4411.3	167	34	92.3	51	20.7	3	1253
国家科技攻关计划	165	9572.3	7066.9	160.4	36.8	85.8	49.6	20.7	4.3	685
“863”计划	249	11379.8	6116.5	303.8	65.2	160.1	102.6	31.5	9.6	593
国家自然科学基金项目	1618	19697	11717.5	875	186.5	459.3	270.3	110.1	35.3	3272
主管部门科技项目	1101	985.1	1037.3	273.6	51.7	116.7	105	42.8	9.1	711
国家部委其他科技项目	557	15321.2	7058.7	379.2	79.9	200.1	117.3	45.1	16.7	970
省、市、自治区科技项目	5720	38117.7	24835.9	3045.2	767.9	1272.7	1124.1	455.6	192.8	4935
企事业单位委托科技项目	8040	107902.6	79303.9	2996.2	679.6	1456.3	959.7	481.5	98.7	9601
国际合作项目	217	8428.7	6911.6	134	26.1	74.4	35.3	16.2	8.1	858
自选项目	2070	2548.7	1617.2	624.2	163.2	163.9	327.3	109.3	23.7	251
其他课题	25	104.2	79.9	7.7	2.2	3.4	3.3	0.9	0.1	39

5－11 高等院校自然科学领域科技交流情况

形 式	合 计	国(境)内	国(境)外
合作研究 |派遣（人次）	1443	945	498
合作研究 |接受（人次）	1663	843	820
国际学术会议 |出席人员（人次）	3991	2445	1546
国际学术会议 |交流论文（篇）	2339	1288	1051
国际学术会议 |特邀报告（篇）	354	225	129
国际学术会议 |主办（次）	92	84	8

5－12 高等院校自然科学领域技术转让与知识产权情况(一)

受让方类型	合同数（项）	合同金额（万元）	当年实际收入（万元）
合 计	**350**	**9009.9**	**5832.3**
其中：专利出售	55	1700.1	611.5
其他知识产权出售	172	5608.4	4342.3
国有企业	72	3458.8	2633.1
外贸企业	10	223.4	131
民营企业	239	4884.3	2856.8
其他	29	443.4	211.4

5－13 高等院校自然科学领域技术转让与知识产权情况(二)

知识产权类别	申请数(项)	授权数(项)	专利拥有数(项)
合　计	**3178**	**1440**	**3789**
其中:国外	4	2	11
发明专利	2119	806	1810
实用新型	647	503	1070
外观设计	412	51	217
其他知识产权		80	692

5－14 高等院校自然科学领域科技成果情况

学科门类	发表学术论文(篇)		三大检索收录论文数		
	合计	国外学术刊物发表	SCIE 科学	EI 工程	ISTP 国际会议论文集
合　计	**30438**	**6739**	**5037**	**4062**	**2200**
自然科学	5846	1941	1708	613	195
工程与技术	13077	3157	1810	3146	1784
医药科学	8679	838	931	75	89
农业科学	2836	803	588	228	132

5－14 续表1

	科技专著				大专院校教科书		编著	
	部	千字	国(境)外出版		部	千字	部	千字
			部	千字				
合　计	**87**	**25208**	**2**	**170**	**266**	**49436**	**149**	**25829**
自然科学	14	4122			21	4674	14	976
工程与技术	32	9254			149	33590	63	16564
医药科学	28	8697			83	9642	56	6062
农业科学	13	3135	2	170	13	1530	16	2227

5－14　续表 2

国家级项目验收(项)						
合　计		项目来源				
	其中:与其他单位合作	“973”计划	国家科技攻关计划	“863”计划	国家自然科学基金重点项目	军工项目
98	**46**	**38**	**7**	**6**	**23**	**24**

5－14　续表 3

鉴定成果(项)					
合　计		鉴定结论			
	其中:与其他单位合作	国际水平	国内首创	国内先进	其　　他
164	**34**	**40**	**24**	**75**	**25**

六、高技术产业

6－1 高技术产业从业人员及工程技术人员情况

单位:人

指标名称	从业人员年平均人数	工程技术人员
总 计	**625070**	**64496**
按高技术行业分组		
核燃料加工		
信息化学品制造	7346	1741
医药制造业	106916	16081
#化学药品制造	72282	12065
中成药制造	9473	1828
生物、生化制品的制造	12886	1390
航空航天器制造	820	122
飞机制造及修理	185	57
其他飞行器制造	635	65
电子及通信设备制造业	308255	27359
通信设备制造	46715	7263
#通信传输设备制造	9953	2877
通信交换设备制造	3267	673
通信终端设备制造	6224	358
移动通信及终端设备制造	22655	3122
雷达及配套设备制造	150	
广播电视设备制造	15800	1280
电子器件制造	39771	4113
电子真空器件制造	1741	105
半导体分立器件制造	8767	733
集成电路制造	11770	1561
光电子器件及其他电子器件制造	17493	1714
电子元件制造	176147	11770
家用视听设备制造	19226	2065

单位:人

指标名称	从业人员年平均人数	工程技术人员
其他电子设备制造	10446	868
电子计算机及办公设备制造业	44746	5993
电子计算机整机制造	3182	749
计算机网络设备制造	8271	3618
电子计算机外部设备制造	29818	1171
办公设备制造	3475	455
医疗设备及仪器仪表制造业	121881	13200
医疗设备及器械制造	17590	1863
仪器仪表制造	104291	11337
公共软件服务	35106	
按企业登记注册类型分组		
国有	8041	1376
集体	10942	1293
股份	60165	8388
私营	173784	15410
三资	228852	22785
按地区分组		
杭州市	155844	21934
宁波市	143302	9241
温州市	66943	5492
嘉兴市	71064	6241
湖州市	18254	1426
绍兴市	37659	4944
金华市	57504	6313
衢州市	4921	770
舟山市	1379	25
台州市	64882	7793
丽水市	3318	317

6－2 高技术产业生产经营情况(一)

单位:万元

指标名称	企业数(个)	总产值(当年价格)	增加值
总　计	**3332**	**29107530**	**6141949**
按高技术行业分组			
核燃料加工			
信息化学品制造	41	629470	172822
医药制造业	456	5761288	1679723
＃化学药品制造	229	3995539	1091652
中成药制造	42	505398	203590
生物、生化制品的制造	61	863401	283723
航空航天器制造	8	19721	4529
飞机制造及修理	5	3641	726
其他飞行器制造	3	16080	3803
电子及通信设备制造业	1438	12691179	2212876
通信设备制造	173	5915525	613667
＃通信传输设备制造	49	837506	177070
通信交换设备制造	28	147439	24532
通信终端设备制造	22	164279	32104
移动通信及终端设备制造	34	4593136	334943
雷达及配套设备制造	1	2800	287
广播电视设备制造	88	477188	101575
电子器件制造	191	1288688	300824
电子真空器件制造	16	32556	9099
半导体分立器件制造	48	374119	83132
集成电路制造	41	382594	91675
光电子器件及其他电子器件制造	86	499419	116918
电子元件制造	818	4156358	1021620
家用视听设备制造	99	517935	107841

单位:万元

指标名称	企业数（个）	总产值（当年价格）	增加值
其他电子设备制造	68	332685	67062
电子计算机及办公设备制造业	125	5520819	906630
电子计算机整机制造	8	874707	46067
计算机网络设备制造	23	622651	251943
电子计算机外部设备制造	61	3957235	589018
办公设备制造	33	66227	19603
医疗设备及仪器仪表制造业	749	4485053	1165370
医疗设备及器械制造	98	490353	164428
仪器仪表制造	651	3994699	1000942
公共软件服务	515		
按企业登记注册类型分组			
国有	20	503110	171093
集体	30	382794	112626
股份	76	2997441	819967
私营	1718	4948325	1152372
三资	731	15255588	2620115
按地区分组			
杭州市	909	10938739	2073840
宁波市	839	7391427	1314872
温州市	439	1558360	442071
嘉兴市	273	1813177	484946
湖州市	101	1100495	278402
绍兴市	179	1615488	348942
金华市	196	1718280	457870
衢州市	43	208654	72123
舟山市	23	37476	9216
台州市	304	2611850	626443
丽水市	26	113584	33225

6-3 高技术产业生产经营情况(二)

单位:万元

指标名称	主营业务收　入	利润总额	利　税	出口交货值
总　计	**28399294**	**1721759**	**2463671**	**14315033**
按高技术行业分组				
核燃料加工				
信息化学品制造	650590	73785	96421	196601
医药制造业	5459968	518330	804721	1816542
＃化学药品制造	3772365	316350	509461	1300348
中成药制造	476156	73677	118367	59455
生物、生化制品的制造	845615	105443	139352	382681
航空航天器制造	18466	1238	2207	12156
飞机制造及修理	3584	193	352	66
其他飞行器制造	14883	1046	1855	12091
电子及通信设备制造业	12604595	411738	634072	6488695
通信设备制造	5970339	17135	65903	3885586
＃通信传输设备制造	930713	-38720	-30528	369280
通信交换设备制造	143731	5450	11618	1623
通信终端设备制造	170044	16421	23566	21263
移动通信及终端设备制造	4563352	21087	42919	3461049
雷达及配套设备制造	2800	38	40	2800
广播电视设备制造	465018	19044	29080	183348
电子器件制造	1230335	74431	102547	483623
电子真空器件制造	31357	1279	2667	6360
半导体分立器件制造	369743	33402	42417	110732
集成电路制造	353008	465	7503	145551
光电子器件及其他电子器件制造	476228	39285	49961	220981
电子元件制造	4078373	254816	366771	1509824
家用视听设备制造	535705	30414	44763	266588

单位：万元

指标名称	主营业务收入	利润总额	利税	出口交货值
其他电子设备制造	322024	15861	24967	156926
电子计算机及办公设备制造业	5376593	410638	478403	4491560
电子计算机整机制造	877382	20694	25469	808669
计算机网络设备制造	643372	122598	170090	116521
电子计算机外部设备制造	3793907	263461	275787	3550488
办公设备制造	61932	3885	7057	15882
医疗设备及仪器仪表制造业	4289083	306030	447848	1309479
医疗设备及器械制造	458750	50120	67887	177613
仪器仪表制造	3830333	255910	379960	1131866
公共软件服务				
按企业登记注册类型分组				
国有	476094	47772	77181	35487
集体	359650	34650	47112	81689
股份	2934995	165498	280222	1178108
私营	4741580	276366	443729	1393187
三资	15076795	849279	1069701	10381224
按地区分组				
杭州市	10870488	607280	875273	5442987
宁波市	7172607	389106	476209	4922625
温州市	1468845	93413	160919	313674
嘉兴市	1746296	119391	160770	943045
湖州市	1087012	71243	103574	298193
绍兴市	1594453	79245	138415	528461
金华市	1685176	145760	219662	518988
衢州市	215978	20543	31779	46113
舟山市	23671	－41	803	3315
台州市	2432657	189557	285962	1291243
丽水市	102112	6264	10304	6391

6-4 高技术产业技术装备及科技机构情况

单位:万元

指标名称	年末固定资产原价	微电子控制设备原价	科技机构数(个)	科技机构人员(人)	科技机构经费内部支出
总 计	**8664884**	**937220**	**786**	**26784**	**400808**
按高技术行业分组					
核燃料加工					
信息化学品制造	308691	50274	19	598	8296
医药制造业	2690593	251784	221	7557	117159
#化学药品制造	1970076	186636	133	5414	88704
中成药制造	247911	51657	31	888	12049
生物、生化制品的制造	302297	11333	31	872	12799
航空航天器制造	5583	721	2	66	2950
飞机制造及修理	1697	354	1	30	2500
其他飞行器制造	3886	367	1	36	450
电子及通信设备制造业	3587485	438616	302	11333	177461
通信设备制造	803447	88754	43	3232	94712
#通信传输设备制造	289358	9245	11	1336	59098
通信交换设备制造	25301	3534	7	244	3402
通信终端设备制造	90874	174	3	92	513
移动通信及终端设备制造	352486	75562	16	1422	30459
雷达及配套设备制造	481				
广播电视设备制造	112722	9131	22	803	6040
电子器件制造	789122	143054	58	1826	20946
电子真空器件制造	17223	2887	3	55	357
半导体分立器件制造	250856	7798	10	276	5928
集成电路制造	346763	118482	17	853	7679
光电子器件及其他电子器件制造	174281	13886	28	642	6982
电子元件制造	1529476	170262	139	4385	43761
家用视听设备制造	274112	19361	19	481	7372

单位:万元

指标名称	年末固定资产原价	微电子控制设备原价	科技机构数（个）	科技机构人员（人）	科技机构经费内部支出
其他电子设备制造	78126	8053	21	606	4630
电子计算机及办公设备制造业	845266	99293	39	1111	16169
电子计算机整机制造	55409	24216	6	194	473
计算机网络设备制造	90281	48085	5	92	1442
电子计算机外部设备制造	665058	25425	15	542	11179
办公设备制造	34516	1567	13	283	3074
医疗设备及仪器仪表制造业	1227267	96533	203	6119	78774
医疗设备及器械制造	232352	25681	29	686	10745
仪器仪表制造	994916	70852	174	5433	68029
公共软件服务					
按企业登记注册类型分组					
国有	179386	21632	12	812	8229
集体	124875	8650	8	154	2176
股份	1186286	162128	72	4868	94614
私营	1472976	118999	306	6910	72987
三资	3526002	295634	183	7593	140943
按地区分组					
杭州市	2295476	340517	207	8600	159326
宁波市	1992309	112167	127	4599	67906
温州市	444949	46206	86	2103	22133
嘉兴市	743368	37267	81	2621	25550
湖州市	388011	14094	32	601	7395
绍兴市	833227	121890	50	1783	34474
金华市	827337	70460	67	2256	30817
衢州市	74700	20458	9	356	4009
舟山市	8711	164	2	22	431
台州市	1000223	173539	122	3819	48596
丽水市	56575	457	3	24	170

6－5 高技术产业科技活动人员情况

单位：人

指标名称	科技活动人员	科学家和工程师	R&D活动人员折合全时当量(人年)	科学家和工程师
总　计	**58927**	**41928**	**29400**	**22543**
按高技术行业分组				
核燃料加工				
信息化学品制造	847	582	284	215
医药制造业	13423	8462	6559	4596
#化学药品制造	9457	5897	4905	3416
中成药制造	1814	1119	837	559
生物、生化制品的制造	1244	829	563	412
航空航天器制造	160	111	98	80
飞机制造及修理	79	45	44	31
其他飞行器制造	81	66	54	49
电子及通信设备制造业	19726	13736	10045	7481
通信设备制造	4342	3738	2738	2538
#通信传输设备制造	1525	1321	1149	1095
通信交换设备制造	296	159	139	59
通信终端设备制造	175	159	90	90
移动通信及终端设备制造	2181	1999	1339	1275
雷达及配套设备制造				
广播电视设备制造	1222	899	425	358
电子器件制造	3849	2743	2266	1640
电子真空器件制造	78	58	12	9
半导体分立器件制造	889	734	548	486
集成电路制造	1459	1081	937	729
光电子器件及其他电子器件制造	1423	870	769	416
电子元件制造	8652	5155	3759	2328
家用视听设备制造	871	586	420	313

单位:人

指标名称	科技活动人员	科学家和工程师	R&D活动人员折合全时当量(人年)	科学家和工程师
其他电子设备制造	790	615	437	304
电子计算机及办公设备制造业	4386	3696	3168	2886
电子计算机整机制造	258	211	70	50
计算机网络设备制造	2684	2604	2286	2259
电子计算机外部设备制造	1003	657	681	517
办公设备制造	441	224	131	60
医疗设备及仪器仪表制造业	10421	6966	5043	3541
医疗设备及器械制造	1164	677	564	380
仪器仪表制造	9257	6289	4479	3161
公共软件服务	9964	8375	4203	3744
按企业登记注册类型分组				
国有	964	732	398	326
集体	554	361	247	101
股份	10257	6704	6060	4390
私营	15349	10336	6286	4533
三资	17555	13693	10067	8431
按地区分组				
杭州市	24153	20466	13183	11924
宁波市	8195	5426	3565	2495
温州市	3753	2375	1732	1075
嘉兴市	4447	2752	2512	1635
湖州市	1216	749	402	266
绍兴市	5757	3288	2977	1928
金华市	4652	2773	1812	1143
衢州市	602	340	243	157
舟山市	30	24	10	10
台州市	5987	3632	2920	1866
丽水市	135	103	44	44

6－6　高技术产业科技活动经费筹集情况

单位:万元

指标名称	科技活动经费筹集总额	政府资金	企业资金	金融机构贷款
总　计	**940000**	**35962**	**826990**	**66293**
按高技术行业分组				
核燃料加工				
信息化学品制造	20101	988	14830	4223
医药制造业	203938	8776	173128	21344
#化学药品制造	156439	6071	131844	18040
中成药制造	21598	574	19067	1835
生物、生化制品的制造	17527	1711	14672	1081
航空航天器制造	6075	15	5130	5
飞机制造及修理	4095	15	3150	5
其他飞行器制造	1980		1980	
电子及通信设备制造业	305093	9865	269269	24237
通信设备制造	117350	1395	113072	2830
#通信传输设备制造	61571	199	59103	2230
通信交换设备制造	4597	65	4232	300
通信终端设备制造	3324	51	3073	200
移动通信及终端设备制造	46334	911	45323	100
广播电视设备制造	13472	445	12194	834
电子器件制造	52811	3137	45870	3204
电子真空器件制造	751	4	747	
半导体分立器件制造	10491	822	7322	2347
集成电路制造	13436	870	11755	600
光电子器件及其他电子器件制造	28134	1442	26046	257
电子元件制造	99739	4075	79285	15640
家用视听设备制造	12264	499	10924	654

指标名称	科技活动经费筹集总额	政府资金	企业资金	金融机构贷款
其他电子设备制造	9458	315	7925	1075
电子计算机及办公设备制造业	134214	2433	130689	965
电子计算机整机制造	4716	63	4648	5
计算机网络设备制造	108752	736	107802	214
电子计算机外部设备制造	16899	1394	15398	26
办公设备制造	3847	241	2842	721
医疗设备及仪器仪表制造业	162308	6263	140759	12820
医疗设备及器械制造	28350	978	26647	539
仪器仪表制造	133958	5285	114113	12280
公共软件服务	108272	7621	93185	2700
按企业登记注册类型分组				
国有	12071	948	10017	842
集体	12523	12	12203	300
股份	156854	6064	133869	16839
私营	188106	7430	154481	22808
三资	360316	8838	333763	15253
按地区分组				
杭州市	458049	17523	417381	16809
宁波市	113696	4284	98896	7909
温州市	43877	2242	34258	7032
嘉兴市	56831	1606	53453	1573
湖州市	17264	533	11052	5639
绍兴市	69496	2387	48952	17871
金华市	73143	3659	65208	4100
衢州市	7300	1058	5437	740
舟山市	833	4	586	100
台州市	98063	2605	90536	4365
丽水市	1449	61	1231	156

6－7 高技术产业科技活动经费支出情况

单位:万元

指标名称	科技活动经费内部支出	劳务费	仪器设备费	R&D经费内部支出
总　计	**836243**	**304669**	**162987**	**592201**
按高技术行业分组				
核燃料加工				
信息化学品制造	18160	4082	6683	7962
医药制造业	162486	38082	44459	107689
＃化学药品制造	121556	26651	35405	84997
中成药制造	16440	5163	2608	10055
生物、生化制品的制造	16635	4596	4798	10027
航空航天器制造	6133	918	1883	5303
飞机制造及修理	4682	238	1533	4082
其他飞行器制造	1451	680	350	1221
电子及通信设备制造业	289070	109666	59711	210576
通信设备制造	111460	59040	12022	99092
＃通信传输设备制造	61178	43022	2496	57768
通信交换设备制造	4029	998	431	3404
通信终端设备制造	2108	645	593	1117
移动通信及终端设备制造	42805	13983	8221	36424
广播电视设备制造	12354	7331	1179	6595
电子器件制造	48268	13104	14178	29456
电子真空器件制造	864	223	402	405
半导体分立器件制造	11894	2215	2943	7052
集成电路制造	13335	6734	2121	11214
光电子器件及其他电子器件制造	22175	3932	8712	10786
电子元件制造	94916	23464	28138	60204
家用视听设备制造	13380	4353	1841	8671

单位:万元

指标名称	科技活动经费内部支出	劳务费	仪器设备费	R&D经费内部支出
其他电子设备制造	8692	2374	2353	6557
电子计算机及办公设备制造业	126164	55046	7710	120796
电子计算机整机制造	2741	905	318	1271
计算机网络设备制造	102920	46472	3492	101800
电子计算机外部设备制造	16716	6450	2854	15620
办公设备制造	3788	1220	1045	2105
医疗设备及仪器仪表制造业	139820	42454	29830	85964
医疗设备及器械制造	19253	4200	6342	11748
仪器仪表制造	120567	38255	23488	74216
公共软件服务	94411	54421	12712	53912
按企业登记注册类型分组				
国有	9693	2393	1946	4613
集体	4870	1456	924	3227
股份	140970	43218	30756	105738
私营	169485	52061	40247	94788
三资	338565	151190	42366	277344
按地区分组				
杭州市	421892	203654	51080	330100
宁波市	109419	26713	20823	67544
温州市	37220	9852	13549	24340
嘉兴市	53030	14268	14918	37570
湖州市	13240	3011	4520	5272
绍兴市	59335	15285	13584	41890
金华市	61317	12589	20510	34173
衢州市	5660	1718	2196	2820
舟山市	889	149	277	303
台州市	73204	17000	21326	47727
丽水市	1039	429	204	464

6-8 高技术产业新产品及专利情况(一)

单位:万元

指标名称	科技项目数(项)	新产品开发项目数(项)	新产品开发经费支出	新产品产值
总　计	**3793**	**3373**	**661946**	**6723146**
按高技术行业分组				
核燃料加工				
信息化学品制造	70	53	13774	315046
医药制造业	1086	914	130286	1573607
#化学药品制造	744	611	96618	1221045
中成药制造	110	102	14530	126457
生物、生化制品的制造	140	126	14054	172162
航空航天器制造	10	9	5564	9569
飞机制造及修理	6	5	4113	148
其他飞行器制造	4	4	1451	9421
电子及通信设备制造业	1255	1144	263365	2751374
通信设备制造	184	180	108234	866250
#通信传输设备制造	59	58	60442	111192
通信交换设备制造	28	28	4000	15010
通信终端设备制造	16	16	2108	9918
移动通信及终端设备制造	65	63	40600	722021
广播电视设备制造	70	67	12004	112215
电子器件制造	266	238	42214	335772
电子真空器件制造	10	10	574	10697
半导体分立器件制造	61	51	8712	77311
集成电路制造	66	60	12823	76271
光电子器件及其他电子器件制造	129	117	20105	171492
电子元件制造	544	493	83281	1147034
家用视听设备制造	106	88	10439	191280

单位:万元

指标名称	科技项目数（项）	新产品开发项目数（项）	新产品开发经费支出	新产品产值
其他电子设备制造	85	78	7193	98825
电子计算机及办公设备制造业	147	130	122362	730718
电子计算机整机制造	17	15	1887	61019
计算机网络设备制造	37	34	101718	254723
电子计算机外部设备制造	45	41	16021	395222
办公设备制造	48	40	2736	19754
医疗设备及仪器仪表制造业	1225	1123	126596	1342832
医疗设备及器械制造	116	110	15116	154598
仪器仪表制造	1109	1013	111479	1188235
公共软件服务				
按企业登记注册类型分组				
国有				
集体	96	74	6167	164148
股份	16	12	3392	34442
私营	493	466	120846	1749328
三资	1390	1261	126912	1242734
按地区分组				
杭州市	1022	922	319759	1878779
宁波市	678	616	94445	1268480
温州市	302	269	30602	371625
嘉兴市	332	306	44252	991557
湖州市	81	71	10246	187769
绍兴市	190	174	51554	700833
金华市	232	196	48830	528677
衢州市	39	36	5594	45537
舟山市	8	8	743	642
台州市	891	758	55181	738249
丽水市	18	17	741	10999

6-9 高技术产业新产品及专利情况(二)

单位:万元

指标名称	新产品销售收入	出口	专利申请数(件)	拥有发明专利数(件)
总计	**6413190**	**2644225**	**3834**	**1461**
按高技术行业分组				
核燃料加工				
信息化学品制造	293809	110832	18	18
医药制造业	1457199	698690	474	304
#化学药品制造	1137121	569964	196	195
中成药制造	124326	24367	120	42
生物、生化制品的制造	151132	85241	84	42
航空航天器制造	9245	9013	28	4
飞机制造及修理	148	66		
其他飞行器制造	9098	8948	28	4
电子及通信设备制造业	2756923	1235683	1392	545
通信设备制造	846090	394798	297	184
#通信传输设备制造	117507	30560	114	121
通信交换设备制造	16507	191	22	8
通信终端设备制造	12815	1287	3	19
移动通信及终端设备制造	691087	362266	152	32
广播电视设备制造	106758	65544	141	47
电子器件制造	388170	103188	384	81
电子真空器件制造	10602	1783	11	3
半导体分立器件制造	144137	17199	58	15
集成电路制造	69201	19216	72	46
光电子器件及其他电子器件制造	164229	64991	243	17
电子元件制造	1132375	509170	394	131
家用视听设备制造	202680	112521	67	24
其他电子设备制造	80849	50462	109	78

单位：万元

指标名称	新产品销售收入	出口	专利申请数（件）	拥有发明专利数（件）
电子计算机及办公设备制造业	645490	307373	734	102
电子计算机整机制造	60936		38	1
计算机网络设备制造	253396	42651	566	30
电子计算机外部设备制造	313506	257996	53	23
办公设备制造	17653	6726	77	48
医疗设备及仪器仪表制造业	1250524	282634	1076	375
医疗设备及器械制造	142416	31998	146	38
仪器仪表制造	1108109	250636	930	337
公共软件服务			112	113
按企业登记注册类型分组				
国有			112	113
集体	149517	23712	33	12
股份	32544	10101	9	3
私营	1655514	839873	290	256
三资	1162193	480799	1353	409
按地区分组				
杭州市	1720737	425219	1499	704
宁波市	1329449	620362	904	188
温州市	342362	87183	271	105
嘉兴市	941374	520879	319	148
湖州市	185818	16448	37	12
绍兴市	664388	430659	160	113
金华市	505248	199644	194	76
衢州市	47869	14385	37	2
舟山市	451		6	5
台州市	664452	329366	403	103
丽水市	11042	80	4	5

6－10　高技术产业技术引进情况

单位:万元

指标名称	技术改造经费支出	技术引进经费支出	消化吸收经费支出	购买国内技术经费支出
总　计	**318194**	**27676**	**19336**	**17759**
按高技术行业分组				
核燃料加工				
信息化学品制造	14817	1587	56	710
医药制造业	129892	5959	11336	12501
#化学药品制造	106472	5511	10681	11273
中成药制造	13139	339	533	563
生物、生化制品的制造	7911	17	10	521
航空航天器制造	1539	2180	530	
飞机制造及修理	1450	1100	100	
其他飞行器制造	89	1080	430	
电子及通信设备制造业	102518	8819	3707	2406
通信设备制造	9921	2774	241	111
#通信传输设备制造	1880		111	15
通信交换设备制造	731			
移动通信及终端设备制造	5735	2754	125	96
广播电视设备制造	1742	153	13	50
电子器件制造	29538	2789	770	328
电子真空器件制造	1062	70	57	20
半导体分立器件制造	6042	452	100	30
集成电路制造	4180	159		188
光电子器件及其他电子器件制造	18255	2108	613	90
电子元件制造	56094	2743	2323	1654
家用视听设备制造	4128	281	360	201

单位:万元

指标名称	技术改造经费支出	技术引进经费支出	消化吸收经费支出	购买国内技术经费支出
其他电子设备制造	1095	80		62
电子计算机及办公设备制造业	2681	2607	1268	218
电子计算机整机制造	54			22
计算机网络设备制造	824	115	465	
电子计算机外部设备制造	1268	2492	795	156
办公设备制造	535		8	40
医疗设备及仪器仪表制造业	66747	6525	2439	1925
医疗设备及器械制造	17052	836	696	62
仪器仪表制造	49695	5689	1743	1863
公共软件服务				
按企业登记注册类型分组				
国有	3843	168	126	123
集体	4720	385	203	107
股份	85775	6173	8646	4503
私营	54760	2255	2450	3214
三资	46690	10518	2874	2086
按地区分组				
杭州市	45520	4263	3032	2567
宁波市	45272	6305	2273	1131
温州市	10154	758	159	744
嘉兴市	11067	5099	1603	1350
湖州市	14208	911	286	203
绍兴市	43457	1810	7274	3176
金华市	56225	3004	2291	1826
衢州市	9142			17
舟山市				
台州市	82925	5527	2418	6745
丽水市	226			

6－11　高技术产业大型企业从业人员及工程技术人员情况

单位：人

指标名称	从业人员年平均人数	工程技术人员
总　计	**114536**	**12548**
按高技术行业分组		
核燃料加工		
信息化学品制造	2254	380
医药制造业	28147	3748
＃化学药品制造	20166	3376
中成药制造	2494	372
生物、生化制品的制造	5487	
航空航天器制造		
电子及通信设备制造业	46825	4437
通信设备制造	15034	2285
＃通信传输设备制造	3121	1997
通信终端设备制造	3858	101
移动通信及终端设备制造	8055	187
电子元件制造	31791	2152
电子计算机及办公设备制造业	22039	2641
电子计算机整机制造	2198	62
计算机网络设备制造	4566	2333
电子计算机外部设备制造	15275	246
医疗设备及仪器仪表制造业	15271	1342
医疗设备及器械制造	2350	380
仪器仪表制造	12921	962
公共软件服务		
按企业登记注册类型分组		
国有	3086	427
集体	5600	701
股份	17490	2199
私营	8804	892
三资	44374	5724
按地区分组		
杭州市	33820	6685
宁波市	18268	232
温州市	2586	248
嘉兴市	13165	973
湖州市	5487	
绍兴市	9685	1670
金华市	23476	1512
台州市	8049	1228

6－12　高技术产业大型企业生产经营情况(一)

单位:万元

指标名称	企业数(个)	总产值(当年价格)	增加值
总　计	**29**	**9875017**	**1861545**
按高技术行业分组			
核燃料加工			
信息化学品制造	1	200492	62519
医药制造业	8	1826393	590682
#化学药品制造	6	1228952	383562
中成药制造	1	134071	78388
生物、生化制品的制造	1	463371	128732
航空航天器制造			
电子及通信设备制造业	10	2625157	345970
通信设备制造	4	1887842	154586
#通信传输设备制造	1	567423	100727
通信终端设备制造	1	70271	13134
移动通信及终端设备制造	2	1250148	40725
电子元件制造	6	737314	191384
电子计算机及办公设备制造业	5	4195060	557686
电子计算机整机制造	1	798477	13502
计算机网络设备制造	1	533683	212685
电子计算机外部设备制造	3	2862901	331499
医疗设备及仪器仪表制造业	5	1027916	304688
医疗设备及器械制造	1	127717	37425
仪器仪表制造	4	900199	267263
公共软件服务			
按企业登记注册类型分组			
国有	1	333018	138928
集体	1	251700	76782
股份	5	1159126	323739
私营	3	358818	63701
三资	12	6446916	880824
按地区分组			
杭州市	10	4459155	832760
宁波市	4	2807657	348997
温州市	1	40599	12806
嘉兴市	4	499052	143394
湖州市	1	463371	128732
绍兴市	3	563071	97450
金华市	3	649138	182418
台州市	3	392975	114987

6－13 高技术产业大型企业生产经营情况(二)

单位:万元

指标名称	主营业务收入	利润总额	利税	出口交货值
总计	**9785697**	**605594**	**807216**	**6344862**
按高技术行业分组				
核燃料加工				
信息化学品制造	200037	32323	39428	71305
医药制造业	1726593	168947	265837	569571
＃化学药品制造	1139582	115698	183383	373096
中成药制造	116163	29874	46507	396
生物、生化制品的制造	470848	23375	35946	196079
航空航天器制造				
电子及通信设备制造业	2732427	37812	64871	1797543
通信设备制造	2006423	－30924	－21977	1422678
＃通信传输设备制造	670123	－55770	－51657	291504
通信终端设备制造	75980	12589	17972	8510
移动通信及终端设备制造	1260320	12256	11708	1122665
电子元件制造	726005	68736	86848	374865
电子计算机及办公设备制造业	4136697	308322	352828	3675881
电子计算机整机制造	805673	2841	2841	804291
计算机网络设备制造	552973	117264	161543	96079
电子计算机外部设备制造	2778050	188216	188444	2775511
医疗设备及仪器仪表制造业	989944	58191	84253	230562
医疗设备及器械制造	111969	4103	8520	10158
仪器仪表制造	877975	54088	75733	220404
公共软件服务				
按企业登记注册类型分组				
国有	255244	34073	55906	3174
集体	238425	25277	32909	46879
股份	1155218	51769	91802	428443
私营	355628	18257	27319	202770
三资	6481557	342074	415685	5210027
按地区分组				
杭州市	4493133	191902	312308	2384907
宁波市	2731277	197754	199557	2673215
温州市	39416	2423	4117	7054
嘉兴市	486989	54488	65963	336316
湖州市	470848	23375	35946	196079
绍兴市	570860	21931	42885	330020
金华市	623520	67588	84461	210941
台州市	369654	46132	61979	206330

6－14 高技术产业大型企业技术装备及科技机构情况

单位：万元

指标名称	年末固定资产原价	微电子控制设备原价	科技机构数（个）	科技机构人员（人）	科技机构经费内部支出
总　计	**2582129**	**261952**	**38**	**3757**	**108417**
按高技术行业分组					
核燃料加工					
信息化学品制造	49174		1	23	527
医药制造业	949787	120921	15	1389	37136
＃化学药品制造	733356	118277	13	1313	32513
中成药制造	45289	2643	2	76	4623
生物、生化制品的制造	171143				
航空航天器制造					
电子及通信设备制造业	757978	31585	8	1619	62413
通信设备制造	387905	5239	1	945	52089
＃通信传输设备制造	230258	5239	1	945	52089
通信终端设备制造	69231				
移动通信及终端设备制造	88416				
电子元件制造	370073	26346	7	674	10324
电子计算机及办公设备制造业	588087	84378			
电子计算机整机制造	44837	22326			
计算机网络设备制造	55546	47040			
电子计算机外部设备制造	487705	15013			
医疗设备及仪器仪表制造业	237104	25069	14	726	8341
医疗设备及器械制造	37960	18307	1	25	2101
仪器仪表制造	199143	6762	13	701	6241
公共软件服务					
按企业登记注册类型分组					
国有	48365	80	2	350	2398
集体	93241	626	2	84	860
股份	526917	24717	18	1219	29380
私营	73830	24441	3	283	3108
三资	1043942	93036	5	1061	57839
按地区分组					
杭州市	734709	90738	17	1803	66062
宁波市	486888	15789	1	17	600
温州市	14100	8314			
嘉兴市	234294	1905	3	309	5093
湖州市	171143				
绍兴市	308136	29147	7	597	20751
金华市	297717	4432	5	214	5190
台州市	335142	111627	5	817	10723

6－15 高技术产业大型企业科技活动人员情况

单位：人

指标名称	科技活动人员	科学家和工程师	R&D活动人员折合全时当量（人年）	科学家和工程师
总　计	**9860**	**7362**	**7056**	**5957**
按高技术行业分组				
核燃料加工				
信息化学品制造	23	22	5	5
医药制造业	3599	2162	2168	1595
＃化学药品制造	3356	1991	2080	1547
中成药制造	243	171	88	48
航空航天器制造				
电子及通信设备制造业	2367	1820	1792	1508
通信设备制造	987	987	945	945
＃通信传输设备制造	945	945	905	905
通信终端设备制造	10	10	8	8
移动通信及终端设备制造	32	32	32	32
电子元件制造	1380	833	847	563
电子计算机及办公设备制造业	2578	2576	2278	2278
计算机网络设备制造	2500	2498	2200	2200
电子计算机外部设备制造	78	78	78	78
医疗设备及仪器仪表制造业	1293	782	813	571
医疗设备及器械制造	25	10	25	17
仪器仪表制造	1268	772	788	554
公共软件服务				
按企业登记注册类型分组				
国有	396	311	188	159
集体	90	71	52	18
股份	3691	1920	2160	1465
私营	644	401	518	326
三资	3918	3843	3401	3361
按地区分组				
杭州市	5036	4667	3953	3857
宁波市	97	97	93	93
嘉兴市	547	311	285	193
绍兴市	2801	1470	1837	1254
金华市	451	347	230	191
台州市	928	470	658	369

6－16　高技术产业大型企业科技活动经费筹集情况

单位:万元

指标名称	科技活动经费筹集总额	政府资金	企业资金	金融机构贷款
总　计	**296130**	**4972**	**274304**	**16849**
按高技术行业分组				
核燃料加工				
信息化学品制造	3825		3825	
医药制造业	64505	2009	52904	9593
#化学药品制造	59278	1971	47715	9593
中成药制造	5227	38	5189	
航空航天器制造				
电子及通信设备制造业	82066	1846	75215	5000
通信设备制造	53940		53940	
#通信传输设备制造	52089		52089	
通信终端设备制造	146		146	
移动通信及终端设备制造	1705		1705	
电子元件制造	28126	1846	21275	5000
电子计算机及办公设备制造业	109190	640	108550	
计算机网络设备制造	106667	640	106027	
电子计算机外部设备制造	2523		2523	
医疗设备及仪器仪表制造业	36544	478	33811	2256
医疗设备及器械制造	13107		13107	
仪器仪表制造	23438	478	20704	2256
公共软件服务				
按企业登记注册类型分组				
国有	5275	490	4785	
集体	8736	12	8724	
股份	56256	1674	42768	11809
私营	11480		6480	5000
三资	173535	678	172857	
按地区分组				
杭州市	192773	1838	188679	2256
宁波市	1500		1500	
嘉兴市	14992	346	14641	
绍兴市	36422	851	20979	14593
金华市	21122	1512	19610	
台州市	29320	426	28894	

6－17 高技术产业大型企业科技活动经费支出情况

单位：万元

	科技活动经费内部支出	劳务费	仪器设备费	R&D经费内部支出
总 计	**257331**	**112974**	**29125**	**235206**
按高技术行业分组				
核燃料加工				
信息化学品制造	3825	176	1498	870
医药制造业	42943	10411	10054	38166
＃化学药品制造	38296	9332	10004	33629
中成药制造	4647	1080	50	4537
航空航天器制造				
电子及通信设备制造业	82085	47086	10169	72738
通信设备制造	53940	40600	838	53940
＃通信传输设备制造	52089	40247		52089
通信终端设备制造	146	80	18	146
移动通信及终端设备制造	1705	272	820	1705
电子元件制造	28145	6487	9331	18798
电子计算机及办公设备制造业	103374	46420	3669	102748
计算机网络设备制造	100851	46064	3157	100225
电子计算机外部设备制造	2523	356	512	2523
医疗设备及仪器仪表制造业	25105	8881	3735	20684
医疗设备及器械制造	2101	115	867	2101
仪器仪表制造	23004	8766	2868	18583
公共软件服务				
按企业登记注册类型分组				
国有	2578	549	12	2032
集体	1097	270	339	609
股份	50010	15159	10044	42960
私营	11321	3564	2864	6711
三资	167136	88557	6512	163446
按地区分组				
杭州市	183128	96899	6834	177426
宁波市	1498	362	475	1498
嘉兴市	14329	2551	5510	10355
绍兴市	31175	8081	6682	26041
金华市	14236	2031	5358	8944
台州市	12965	3049	4266	10943

6-18 高技术产业大型企业新产品及专利情况(一)

单位:万元

指标名称	科技项目数(项)	新产品开发项目数(项)	新产品开发经费支出	新产品产值
总计	**315**	**286**	**244878**	**1957921**
按高技术行业分组				
核燃料加工				
信息化学品制造	3	2	2455	200492
医药制造业	145	125	37055	456775
#化学药品制造	128	112	32518	456624
中成药制造	17	13	4537	151
航空航天器制造				
电子及通信设备制造业	45	44	78383	546412
通信设备制造	12	11	52235	125526
#通信传输设备制造	10	10	52089	56742
通信终端设备制造	1	1	146	1164
移动通信及终端设备制造	1			67619
电子元件制造	33	33	26148	420887
电子计算机及办公设备制造业	10	10	102356	395088
计算机网络设备制造	9	9	99833	240157
电子计算机外部设备制造	1	1	2523	154931
医疗设备及仪器仪表制造业	112	105	24630	359154
医疗设备及器械制造	2	2	2101	54300
仪器仪表制造	110	103	22529	304854
公共软件服务				
按企业登记注册类型分组				
国有	19	16	1943	69024
集体	2	1	600	136
股份	145	140	48701	630124
私营	13	13	11321	196329
三资	50	44	162933	721595
按地区分组				
杭州市	141	127	180890	661726
宁波市	9	9	1498	1503
温州市				28932
嘉兴市	16	14	11087	499016
绍兴市	42	42	30289	401497
金华市	17	16	11910	193784
台州市	90	78	9205	171463

6－19　高技术产业大型企业新产品及专利情况(二)

单位:万元

指标名称	新产品销售收入	出　口	专利申请数(件)	拥有发明专利数(件)
总　计	**1893957**	**990242**	**806**	**296**
按高技术行业分组				
核燃料加工				
信息化学品制造	200037	71319	1	1
医药制造业	430428	297714	105	59
#化学药品制造	429730	297714	87	59
中成药制造	698		18	
航空航天器制造				
电子及通信设备制造业	569145	387401	101	140
通信设备制造	135178	94137	45	114
#通信传输设备制造	67012	29215	45	114
通信终端设备制造	1164			
移动通信及终端设备制造	67001	64922		
电子元件制造	433968	293264	56	26
电子计算机及办公设备制造业	384164	187327	558	28
计算机网络设备制造	239172	42336	558	28
电子计算机外部设备制造	144992	144992		
医疗设备及仪器仪表制造业	310183	46482	41	68
医疗设备及器械制造	53068	10158	7	6
仪器仪表制造	257115	36324	34	62
公共软件服务				
按企业登记注册类型分组				
国有	40999	295	4	1
集体	123	12	1	2
股份	582157	307426	99	104
私营	194766	150920	6	4
三资	737517	352782	624	144
按地区分组				
杭州市	604210	101444	656	206
宁波市	18605		2	1
温州市	29282	7054		
嘉兴市	485279	328257	8	16
绍兴市	400800	340397	66	31
金华市	193771	122875	44	10
台州市	162010	90214	30	32

6-20 高技术产业大型企业技术引进情况

单位:万元

	技术改造经费支出	技术引进经费支出	消化吸收经费支出	购买国内技术经费支出
总　计	**85605**	**6932**	**8914**	**7845**
按高技术行业分组				
核燃料加工				
信息化学品制造				
医药制造业	56482	2688	7536	7794
#化学药品制造	56482	2688	7536	7794
航空航天器制造				
电子及通信设备制造业	11315	451	5	
电子元件制造	11315	451	5	
电子计算机及办公设备制造业		2475	767	
电子计算机外部设备制造		2475	767	
医疗设备及仪器仪表制造业	17808	1318	606	52
医疗设备及器械制造	12307	836	551	
仪器仪表制造	5502	482	55	52
公共软件服务				
按企业登记注册类型分组				
国有	353			
集体	2795		85	
股份	38650	67	5945	2757
私营	2197			
三资	3191	2957	822	
按地区分组				
杭州市	7155	1200	1200	52
宁波市	3191	482	55	
温州市	83			
嘉兴市	2225	2542	772	
绍兴市	34953		5940	2705
金华市	8359	384	85	
台州市	29639	2324	862	5089

6－21 高技术产业中型企业从业人员及工程技术人员情况

单位：人

指标名称	从业人员年平均人数	工程技术人员
总　计	**231789**	**30252**
按高技术行业分组		
核燃料加工		
信息化学品制造	2501	792
医药制造业	39389	6769
＃化学药品制造	31570	5463
中成药制造	2968	665
生物、生化制品的制造	3136	454
航空航天器制造	478	35
其他飞行器制造	478	35
电子及通信设备制造业	129628	14185
通信设备制造	18571	3222
＃通信传输设备制造	3345	502
通信交换设备制造	1377	523
移动通信及终端设备制造	12249	2095
广播电视设备制造	7878	785
电子器件制造	21904	2061
电子真空器件制造	579	32
半导体分立器件制造	3943	170
集成电路制造	7718	960
光电子器件及其他电子器件制造	9664	899
电子元件制造	65690	6374
家用视听设备制造	11421	1440
其他电子设备制造	4164	303

指标名称	从业人员年平均人数	工程技术人员
电子计算机及办公设备制造业	13469	2354
电子计算机整机制造	738	609
计算机网络设备制造	1632	1132
电子计算机外部设备制造	10360	495
办公设备制造	739	118
医疗设备及仪器仪表制造业	46324	6117
医疗设备及器械制造	6689	796
仪器仪表制造	39635	5321
公共软件服务		
按企业登记注册类型分组		
国有	3704	755
集体	3452	476
股份	32430	4521
私营	41289	5077
三资	104925	12040
按地区分组		
杭州市	46287	9019
宁波市	56116	4635
温州市	22753	2541
嘉兴市	36032	3268
湖州市	5106	567
绍兴市	13861	2149
金华市	18506	3719
衢州市	2207	508
台州市	30241	3742
丽水市	680	104

6－22　高技术产业中型企业生产经营情况(一)

单位:万元

指标名称	企业数（个）	总产值（当年价格）	增加值
总　计	**320**	**11511301**	**2355925**
按高技术行业分组			
核燃料加工			
信息化学品制造	4	138045	36086
医药制造业	60	2210885	632713
＃化学药品制造	48	1710313	455809
中成药制造	5	213490	73442
生物、生化制品的制造	4	190495	85136
航空航天器制造	1	12528	3094
其他飞行器制造	1	12528	3094
电子及通信设备制造业	163	6503359	1024850
通信设备制造	19	3318915	298503
＃通信传输设备制造	5	112206	32514
通信交换设备制造	3	59035	6437
移动通信及终端设备制造	9	3107748	244330
广播电视设备制造	8	266386	57656
电子器件制造	26	702936	160517
电子真空器件制造	1	7897	2405
半导体分立器件制造	4	182752	36085
集成电路制造	9	250512	60248
光电子器件及其他电子器件制造	12	261776	61779
电子元件制造	90	1778698	424349
家用视听设备制造	14	277474	56904
其他电子设备制造	6	158950	26922

单位:万元

指标名称	企业数（个）	总产值（当年价格）	增加值
电子计算机及办公设备制造业	17	897678	202924
电子计算机整机制造	1	62385	28562
计算机网络设备制造	2	37949	24373
电子计算机外部设备制造	12	780278	144650
办公设备制造	2	17065	5339
医疗设备及仪器仪表制造业	75	1748807	456258
医疗设备及器械制造	8	162893	64398
仪器仪表制造	67	1585914	391861
公共软件服务			
按企业登记注册类型分组			
国有	3	132878	20664
集体	3	56661	13205
股份	32	1625597	433367
私营	72	1460512	349198
三资	134	6217521	1072246
按地区分组			
杭州市	60	4416760	738516
宁波市	76	2639788	484645
温州市	40	632471	172096
嘉兴市	38	821492	219227
湖州市	9	355035	70728
绍兴市	20	583446	142342
金华市	28	635896	174148
衢州市	4	84661	33026
台州市	43	1324126	314540
丽水市	2	17626	6657

6－23　高技术产业中型企业生产经营情况(二)

单位:万元

指标名称	主营业务收　入	利润总额	利　　税	出口交货值
总　计	**11198790**	**627747**	**903889**	**6010468**
按高技术行业分组				
核燃料加工				
信息化学品制造	171920	13417	18259	44605
医药制造业	2112436	212966	332486	850432
＃化学药品制造	1636275	135570	221555	650269
中成药制造	211771	25893	44662	52876
生物、生化制品的制造	171791	47471	58966	133365
航空航天器制造	11275	692	1248	12091
其他飞行器制造	11275	692	1248	12091
电子及通信设备制造业	6423983	187463	268386	3801465
通信设备制造	3268390	3666	23188	2398379
＃通信传输设备制造	106960	5595	6213	54755
通信交换设备制造	59598	1749	2872	41
移动通信及终端设备制造	3062303	－10248	6107	2317553
广播电视设备制造	259246	11615	16707	105848
电子器件制造	666631	35733	44210	342182
电子真空器件制造	7900	399	571	3661
半导体分立器件制造	182726	14148	16218	63837
集成电路制造	226580	－3930	－1043	116449
光电子器件及其他电子器件制造	249425	25116	28464	158235
电子元件制造	1766894	113265	148436	726596
家用视听设备制造	305978	16916	24914	129526
其他电子设备制造	156844	6270	10930	98933

指标名称	主营业务收　　入	利润总额	利　　税	出口交货值
电子计算机及办公设备制造业	830579	72704	86581	605092
电子计算机整机制造	57666	16580	20865	
计算机网络设备制造	40604	2611	4004	8872
电子计算机外部设备制造	717446	52657	60192	588827
办公设备制造	14863	855	1520	7393
医疗设备及仪器仪表制造业	1648597	140505	196930	696785
医疗设备及器械制造	153532	26939	32667	102729
仪器仪表制造	1495065	113566	164264	594056
公共软件服务				
按企业登记注册类型分组				
国有	186005	9480	14741	30663
集体	56191	5373	7389	33477
股份	1571653	85911	150194	740745
私营	1384868	95238	135933	563929
三资	6081690	325442	410986	4103798
按地区分组				
杭州市	4375809	264838	343257	2679125
宁波市	2562990	72713	103012	1471212
温州市	595317	41315	68114	180911
嘉兴市	779181	33650	48169	482546
湖州市	347146	18164	26211	42730
绍兴市	565478	30133	51624	103458
金华市	646526	56590	97346	215974
衢州市	95465	12906	18148	27985
台州市	1213150	96267	145659	800726
丽水市	17729	1172	2350	5801

6－24　高技术产业中型企业技术装备及科技机构情况

单位:万元

指标名称	年末固定资产原价	微电子控制设备原价	科技机构数（个）	科技机构人员（人）	科技机构经费内部支出
总　计	**3315293**	**474945**	**229**	**12312**	**167869**
按高技术行业分组					
核燃料加工					
信息化学品制造	95544	32762	6	404	6155
医药制造业	914318	90220	66	3460	51679
＃化学药品制造	720810	41445	53	2657	38821
中成药制造	100335	45416	7	426	4778
生物、生化制品的制造	54678	2995	4	320	6958
航空航天器制造	2904	240	1	36	450
其他飞行器制造	2904	240	1	36	450
电子及通信设备制造业	1719547	307928	95	5300	63553
通信设备制造	283719	56001	8	1044	21212
＃通信传输设备制造	26667	24	2	140	2771
通信交换设备制造	7725	2131	1	128	558
移动通信及终端设备制造	229761	53845	5	776	17883
广播电视设备制造	43601	6364	7	455	3028
电子器件制造	475674	119702	20	1039	11481
电子真空器件制造	7864	2845	1	30	169
半导体分立器件制造	104972	934	2	38	2070
集成电路制造	275292	112117	8	703	6187
光电子器件及其他电子器件制造	87547	3807	9	268	3054
电子元件制造	666376	109635	50	2315	23351
家用视听设备制造	213551	11611	5	168	2246
其他电子设备制造	36626	4615	5	279	2237

单位:万元

指标名称	年末固定资产原价	微电子控制设备原价	科技机构数(个)	科技机构人员(人)	科技机构经费内部支出
电子计算机及办公设备制造业	127056	7229	8	527	8381
电子计算机整机制造	7630	1740	3	135	232
计算机网络设备制造	14159	664	1	21	980
电子计算机外部设备制造	100499	4816	3	326	6725
办公设备制造	4769	9	1	45	444
医疗设备及仪器仪表制造业	455925	36566	53	2585	37651
医疗设备及器械制造	99255	3619	6	255	3339
仪器仪表制造	356670	32947	47	2330	34312
公共软件服务					
按企业登记注册类型分组					
国有	114547	20473	5	269	4091
集体	14841	2459	4	50	1209
股份	552474	89612	35	2608	44946
私营	413752	45233	53	2256	28402
三资	1447306	146709	61	3806	48834
按地区分组					
杭州市	831786	164026	48	3235	42963
宁波市	763228	63153	36	2435	41339
温州市	180519	23876	21	874	9404
嘉兴市	340730	21662	27	1412	14294
湖州市	99302	8935	5	168	2104
绍兴市	317202	83319	16	714	8817
金华市	331719	62174	31	1448	18717
衢州市	37876	19347	3	228	3106
台州市	391499	28454	42	1798	27126
丽水市	21433				

6-25 高技术产业中型企业科技活动人员情况

单位:人

指标名称	科技活动人员	科学家和工程师	R&D活动人员折合全时当量(人年)	科学家和工程师
总　计	**19817**	**13232**	**9274**	**6447**
按高技术行业分组				
核燃料加工				
信息化学品制造	493	315	129	102
医药制造业	5132	3278	2493	1675
#化学药品制造	3525	2247	1741	1123
中成药制造	890	550	545	395
生物、生化制品的制造	399	266	200	152
航空航天器制造	40	28	14	11
其他飞行器制造	40	28	14	11
电子及通信设备制造业	9303	6315	4520	3098
通信设备制造	1686	1423	873	756
#通信传输设备制造	172	90	60	40
通信交换设备制造	128	37	75	14
移动通信及终端设备制造	1386	1296	738	702
广播电视设备制造	577	422	73	60
电子器件制造	2084	1447	1447	1000
电子真空器件制造	30	30		
半导体分立器件制造	438	425	335	332
集成电路制造	900	653	624	461
光电子器件及其他电子器件制造	716	339	488	207
电子元件制造	4348	2551	1769	1006
家用视听设备制造	325	247	128	126
其他电子设备制造	283	225	230	150

单位:人

指标名称	科技活动人员	科学家和工程师	R&D活动人员折合全时当量(人年)	科学家和工程师
电子计算机及办公设备制造业	845	534	440	322
电子计算机整机制造	164	149	37	37
计算机网络设备制造	21	21	16	16
电子计算机外部设备制造	557	340	342	259
办公设备制造	103	24	45	10
医疗设备及仪器仪表制造业	4004	2762	1678	1239
医疗设备及器械制造	389	127	102	67
仪器仪表制造	3615	2635	1576	1172
公共软件服务				
按企业登记注册类型分组				
国有	333	238	79	77
集体	337	215	123	37
股份	3921	2609	2234	1476
私营	3496	2281	1381	942
三资	6667	4555	3195	2364
按地区分组				
杭州市	4996	4109	2489	2265
宁波市	3511	2324	1630	1115
温州市	1597	877	814	448
嘉兴市	1897	1197	1091	679
湖州市	334	182	150	68
绍兴市	1750	1028	687	350
金华市	2931	1722	1163	649
衢州市	296	159	106	77
台州市	2490	1623	1140	792
丽水市	15	11	4	4

6－26 高技术产业中型企业科技活动经费筹集情况

单位:万元

指标名称	科技活动经费筹集总额	政府资金	企业资金	金融机构贷款
总　计	**265655**	**10998**	**234796**	**19014**
按高技术行业分组				
核燃料加工				
信息化学品制造	7088	899	5489	700
医药制造业	78525	4163	69112	5118
＃化学药品制造	60440	3111	53379	3818
中成药制造	8229	13	7716	500
生物、生化制品的制造	8009	1039	6170	800
航空航天器制造	1500		1500	
其他飞行器制造	1500		1500	
电子及通信设备制造业	103919	2877	92126	8775
通信设备制造	31923	421	30522	980
＃通信传输设备制造	2289	50	1559	680
通信交换设备制造	613	13	300	300
移动通信及终端设备制造	29021	358	28663	
广播电视设备制造	7230	57	6673	500
电子器件制造	14583	834	12850	757
电子真空器件制造	209		209	
半导体分立器件制造	3529	285	3244	
集成电路制造	7061	65	6255	600
光电子器件及其他电子器件制造	3783	484	3142	157
电子元件制造	43140	1482	35750	5908
家用视听设备制造	2855	83	2642	130
其他电子设备制造	4189		3689	500

指标名称	科技活动人员	科学家和工程师	R&D活动人员折合全时当量(人年)	科学家和工程师
电子计算机及办公设备制造业	15002	638	13945	400
电子计算机整机制造	4280		4280	
计算机网络设备制造	1000		900	100
电子计算机外部设备制造	9192	638	8535	
办公设备制造	530		230	300
医疗设备及仪器仪表制造业	59621	2423	52624	4021
医疗设备及器械制造	3483	75	3408	
仪器仪表制造	56138	2347	49216	4021
公共软件服务				
按企业登记注册类型分组				
国有	4580	56	3713	812
集体	1880		1580	300
股份	60509	2534	56070	1906
私营	48617	1228	42245	5003
三资	86319	3943	74746	7098
按地区分组				
杭州市	66275	3313	57270	5467
宁波市	59084	1488	54728	2418
温州市	21214	965	15278	4921
嘉兴市	20426	574	19495	357
湖州市	2939	198	2541	200
绍兴市	15967	427	13992	1533
金华市	33341	1629	29612	2100
衢州市	4427	937	2790	700
台州市	41698	1468	38805	1318
丽水市	285		285	

6－27　高技术产业中型企业科技活动经费支出情况

单位:万元

	科技活动经费内部支出	劳　务　费	仪器设备费	R&D经费内部支出
总　计	**248241**	**73247**	**56533**	**157106**
按高技术行业分组				
核燃料加工				
信息化学品制造	6847	1349	2971	2038
医药制造业	68014	15353	20363	40742
＃化学药品制造	51972	10288	16873	32778
中成药制造	5825	2401	1171	3490
生物、生化制品的制造	7080	2292	1943	4442
航空航天器制造	1010	470	282	780
其他飞行器制造	1010	470	282	780
电子及通信设备制造业	104075	33411	21030	73004
通信设备制造	29585	9261	4471	24128
＃通信传输设备制造	2771	777	925	2336
通信交换设备制造	558	510	7	375
移动通信及终端设备制造	26256	7975	3539	21418
广播电视设备制造	6512	3824	540	2080
电子器件制造	16857	7032	2417	12853
电子真空器件制造	169	96		
半导体分立器件制造	5060	941	840	3306
集成电路制造	7011	4511	752	5837
光电子器件及其他电子器件制造	4616	1483	825	3710
电子元件制造	42016	10536	12030	28400
家用视听设备制造	5143	1847	382	1862
其他电子设备制造	3962	911	1191	3681

	科技活动经费内部支出	劳务费	仪器设备费	R&D经费内部支出
电子计算机及办公设备制造业	13084	5811	1477	11285
电子计算机整机制造	2398	734	277	1060
计算机网络设备制造	980	149	48	980
电子计算机外部设备制造	9192	4763	1098	8802
办公设备制造	513	166	54	444
医疗设备及仪器仪表制造业	55212	16853	10411	29257
医疗设备及器械制造	3371	1018	1037	1488
仪器仪表制造	51840	15835	9374	27770
公共软件服务				
按企业登记注册类型分组				
国有	4810	1199	1589	1502
集体	1599	517	425	1195
股份	51866	12909	11216	34501
私营	47717	14266	11124	24133
三资	83773	26366	17133	60906
按地区分组				
杭州市	66929	29477	11740	47594
宁波市	55518	11621	7348	35376
温州市	16957	4718	6050	11351
嘉兴市	20689	6714	5328	15943
湖州市	2864	1060	724	1429
绍兴市	15268	3545	3334	7079
金华市	30452	7191	10149	15283
衢州市	3410	910	1530	1080
台州市	35949	7901	10310	21811
丽水市	206	110	22	161

6-28　高技术产业中型企业新产品及专利情况(一)

单位:万元

指标名称	科技项目数(项)	新产品开发项目数(项)	新产品开发经费支出	新产品产值
总　计	**1205**	**1081**	**213040**	**3227652**
按高技术行业分组				
核燃料加工				
信息化学品制造	32	23	4254	55183
医药制造业	365	308	51785	696759
#化学药品制造	299	250	39034	513532
中成药制造	31	31	4960	69821
生物、生化制品的制造	28	22	6066	89051
航空航天器制造	3	3	1010	9271
其他飞行器制造	3	3	1010	9271
电子及通信设备制造业	379	351	93056	1551421
通信设备制造	50	50	29385	558553
#通信传输设备制造	10	10	2771	27655
通信交换设备制造	5	5	558	6966
移动通信及终端设备制造	35	35	26056	523932
广播电视设备制造	16	15	6512	84015
电子器件制造	71	66	14171	178819
电子真空器件制造	2	2	169	2879
半导体分立器件制造	9	6	2529	20807
集成电路制造	16	16	7011	48566
光电子器件及其他电子器件制造	44	42	4462	106567
电子元件制造	205	196	36544	564564
家用视听设备制造	24	12	2991	108525
其他电子设备制造	13	12	3452	56944

指标名称	科技项目数（项）	新产品开发项目数（项）	新产品开发经费支出	新产品产值
电子计算机及办公设备制造业	35	30	11847	280145
电子计算机整机制造	10	9	1577	56533
计算机网络设备制造	8	7	955	626
电子计算机外部设备制造	15	12	8802	217206
办公设备制造	2	2	513	5779
医疗设备及仪器仪表制造业	391	366	51089	634874
医疗设备及器械制造	24	21	2979	43924
仪器仪表制造	367	345	48110	590950
公共软件服务				
按企业登记注册类型分组				
国有	36	24	2400	83141
集体	4	3	1176	29416
股份	246	231	46262	928131
私营	244	221	40068	471943
三资	347	320	75147	1025494
按地区分组				
杭州市	246	217	60349	710641
宁波市	224	202	50562	991941
温州市	102	96	14593	198755
嘉兴市	112	106	17862	337722
湖州市	13	12	2501	133321
绍兴市	63	61	11928	192896
金华市	116	106	24153	216403
衢州市	16	15	3410	38506
台州市	311	265	27520	405838
丽水市	2	1	161	1630

6-29 高技术产业中型企业新产品及专利情况(二)

单位:万元

指标名称	新产品销售收入	出口	专利申请数(件)	拥有发明专利数(件)
总　计	**3066421**	**1310588**	**1202**	**293**
按高技术行业分组				
核燃料加工				
信息化学品制造	53130	26574	9	2
医药制造业	643613	303584	119	67
#化学药品制造	473560	203768	63	41
中成药制造	66213	22336	20	14
生物、生化制品的制造	83137	61953	33	11
航空航天器制造	8948	8948	26	2
其他飞行器制造	8948	8948	26	2
电子及通信设备制造业	1559652	700910	515	114
通信设备制造	526434	288160	42	8
#通信传输设备制造	26966	13	17	1
通信交换设备制造	7444	41		
移动通信及终端设备制造	492024	288106	25	7
广播电视设备制造	79691	46917	102	42
电子器件制造	240076	77202	116	18
电子真空器件制造	2879	1700	3	
半导体分立器件制造	89559	11742	18	7
集成电路制造	43285	12667	7	9
光电子器件及其他电子器件制造	104353	51093	88	2
电子元件制造	542292	177329	185	28
家用视听设备制造	116226	64257	27	3
其他电子设备制造	54934	47045	43	15

单位:万元

指标名称	新产品销售收入	出口	专利申请数（件）	拥有发明专利数（件）
电子计算机及办公设备制造业	207983	104121	19	5
电子计算机整机制造	56533		6	1
计算机网络设备制造	621	230	4	1
电子计算机外部设备制造	146396	100192	7	3
办公设备制造	4433	3700	2	
医疗设备及仪器仪表制造业	593096	166452	514	103
医疗设备及器械制造	32799	9680	25	12
仪器仪表制造	560297	156772	489	91
公共软件服务				
按企业登记注册类型分组				
国有	96277	22926	18	3
集体	25144	10088	8	
股份	879027	512233	108	59
私营	436643	200802	393	48
三资	992785	444356	429	60
按地区分组				
杭州市	619355	243558	280	146
宁波市	1026766	507950	276	36
温州市	179822	58430	99	20
嘉兴市	313271	168074	105	16
湖州市	132268	3828	12	5
绍兴市	181574	50029	32	20
金华市	202045	61136	84	27
衢州市	40967	13957	24	
台州市	368855	203626	290	23
丽水市	1500			

6-30　高技术产业中型企业技术引进情况

单位:万元

	技术改造经费支出	技术引进经费支出	消化吸收经费支出	购买国内技术经费支出
总　计	**162296**	**13391**	**7076**	**5646**
按高技术行业分组				
核燃料加工				
信息化学品制造	11523			218
医药制造业	51144	2357	2518	2639
#化学药品制造	31747	2357	2518	2307
中成药制造	11646			
生物、生化制品的制造	6716			269
航空航天器制造		1080	430	
其他飞行器制造		1080	430	
电子及通信设备制造业	71298	5414	3132	1849
通信设备制造	4436	1254	191	96
#通信传输设备制造	1558		66	
移动通信及终端设备制造	2879	1254	125	96
广播电视设备制造	1199			
电子器件制造	24346	1786	450	148
电子真空器件制造	861			
半导体分立器件制造	5743			
集成电路制造	3914			148
光电子器件及其他电子器件制造	13827	1786	450	
电子元件制造	38602	2074	2172	1459
家用视听设备制造	2684	221	319	146
其他电子设备制造	32	80		

 单位:万元

	技术改造经费支出	技术引进经费支出	消化吸收经费支出	购买国内技术经费支出
电子计算机及办公设备制造业	1062	118	465	22
电子计算机整机制造	54			22
计算机网络设备制造	94	115	465	
电子计算机外部设备制造	887	3		
办公设备制造	27			
医疗设备及仪器仪表制造业	27268	4422	532	918
医疗设备及器械制造	1552		145	
仪器仪表制造	25716	4422	387	918
公共软件服务				
按企业登记注册类型分组				
国有	3460	168	76	123
集体	1685	335	98	107
股份	31791	4514	1478	1193
私营	23343	1412	1838	1068
三资	34312	4350	936	1318
按地区分组				
杭州市	19390	1416	1345	856
宁波市	23269	4114	957	493
温州市	6878	80		613
嘉兴市	7400	1001	783	1117
湖州市	12655	370	110	
绍兴市	5474	1520	985	421
金华市	35085	2223	1800	1042
衢州市	9080			
台州市	43066	2667	1096	1103

6-31 高技术产业小型企业从业人员及工程技术人员情况

单位:人

指标名称	从业人员年平均人数	工程技术人员
总　计	**243639**	**21696**
按高技术行业分组		
核燃料加工		
信息化学品制造	2591	569
医药制造业	39380	5564
＃化学药品制造	20546	3226
中成药制造	4011	791
生物、生化制品的制造	4263	936
航空航天器制造	342	87
飞机制造及修理	185	57
其他飞行器制造	157	30
电子及通信设备制造业	131802	8737
通信设备制造	13110	1756
＃通信传输设备制造	3487	378
通信交换设备制造	1890	150
通信终端设备制造	2366	257
移动通信及终端设备制造	2351	840
雷达及配套设备制造	150	
广播电视设备制造	7922	495
电子器件制造	17867	2052
电子真空器件制造	1162	73
半导体分立器件制造	4824	563
集成电路制造	4052	601
光电子器件及其他电子器件制造	7829	815
电子元件制造	78666	3244
家用视听设备制造	7805	625

指标名称	从业人员年平均人数	工程技术人员
其他电子设备制造	6282	565
电子计算机及办公设备制造业	9238	998
电子计算机整机制造	246	78
计算机网络设备制造	2073	153
电子计算机外部设备制造	4183	430
办公设备制造	2736	337
医疗设备及仪器仪表制造业	60286	5741
医疗设备及器械制造	8551	687
仪器仪表制造	51735	5054
公共软件服务		
按企业登记注册类型分组		
国有	1188	194
集体	1806	116
股份	3507	1668
私营	117006	9441
三资	67695	5021
按地区分组		
杭州市	46411	6230
宁波市	64813	4374
温州市	41031	2703
嘉兴市	21528	2000
湖州市	7560	859
绍兴市	13764	1125
金华市	15471	1082
衢州市	2701	262
舟山市	1379	25
台州市	26393	2823
丽水市	2588	213

6-32 高技术产业小型企业生产经营情况(一)

单位:万元

指标名称	企业数（个）	总产值（当年价格）	增加值
总 计	**2468**	**7721212**	**1924479**
按高技术行业分组			
核燃料加工			
信息化学品制造	36	290934	74218
医药制造业	388	1724010	456327
#化学药品制造	175	1056274	252281
中成药制造	36	157837	51759
生物、生化制品的制造	56	209535	69856
航空航天器制造	7	7193	1434
飞机制造及修理	5	3641	726
其他飞行器制造	2	3552	708
电子及通信设备制造业	1265	3562664	842056
通信设备制造	150	708768	160578
#通信传输设备制造	43	157876	43829
通信交换设备制造	25	88404	18094
通信终端设备制造	21	94008	18970
移动通信及终端设备制造	23	235240	49889
雷达及配套设备制造	1	2800	287
广播电视设备制造	80	210802	43919
电子器件制造	165	585752	140307
电子真空器件制造	15	24659	6695
半导体分立器件制造	44	191366	47047
集成电路制造	32	132083	31427
光电子器件及其他电子器件制造	74	237644	55139
电子元件制造	722	1640346	405886
家用视听设备制造	85	240461	50937

单位:万元

指标名称	企业数(个)	总产值(当年价格)	增加值
其他电子设备制造	62	173735	40141
电子计算机及办公设备制造业	103	428081	146020
电子计算机整机制造	6	13845	4003
计算机网络设备制造	20	51019	14885
电子计算机外部设备制造	46	314056	112869
办公设备制造	31	49161	14264
医疗设备及仪器仪表制造业	669	1708330	404424
医疗设备及器械制造	89	199743	62605
仪器仪表制造	580	1508587	341818
公共软件服务			
按企业登记注册类型分组			
国有	13	37214	11502
集体	23	74433	22639
股份	31	212718	62861
私营	1381	3128995	739473
三资	517	2591151	667046
按地区分组			
杭州市	560	2062824	502564
宁波市	606	1943982	481229
温州市	371	885290	257168
嘉兴市	213	492634	122326
湖州市	87	282088	78942
绍兴市	140	468971	109150
金华市	163	433246	101304
衢州市	37	123994	39097
舟山市	23	37476	9216
台州市	246	894748	196916
丽水市	22	95959	26568

6-33 高技术产业小型企业生产经营情况(二)

单位:万元

指标名称	主营业务收入	利润总额	利税	出口交货值
总计	**7414807**	**488419**	**752566**	**1959704**
按高技术行业分组				
核燃料加工				
信息化学品制造	278633	28046	38734	80691
医药制造业	1620939	136417	206399	396540
#化学药品制造	996509	65082	104522	276983
中成药制造	148222	17910	27198	6183
生物、生化制品的制造	202976	34598	44440	53237
航空航天器制造	7191	547	959	66
飞机制造及修理	3584	193	352	66
其他飞行器制造	3608	354	607	
电子及通信设备制造业	3448185	186464	300816	889688
通信设备制造	695526	44394	64692	64529
#通信传输设备制造	153630	11455	14917	23021
通信交换设备制造	84133	3701	8746	1581
通信终端设备制造	94064	3832	5594	12753
移动通信及终端设备制造	240729	19079	25104	20831
雷达及配套设备制造	2800	38	40	2800
广播电视设备制造	205773	7430	12373	77500
电子器件制造	563704	38698	58337	141441
电子真空器件制造	23457	880	2095	2699
半导体分立器件制造	187017	19254	26199	46895
集成电路制造	126427	4395	8546	29102
光电子器件及其他电子器件制造	226803	14169	21497	62745
电子元件制造	1585475	72816	131487	408364
家用视听设备制造	229728	13498	19849	137062

指标名称	主营业务收入	利润总额	利税	出口交货值
其他电子设备制造	165180	9591	14037	57993
电子计算机及办公设备制造业	409317	29612	38994	210587
电子计算机整机制造	14043	1273	1763	4378
计算机网络设备制造	49794	2723	4544	11570
电子计算机外部设备制造	298410	22588	27152	186150
办公设备制造	47069	3029	5537	8489
医疗设备及仪器仪表制造业	1650542	107334	166664	382132
医疗设备及器械制造	193249	19078	26701	64726
仪器仪表制造	1457293	88256	139963	317406
公共软件服务				
按企业登记注册类型分组				
国有	34844	4219	6534	1651
集体	65034	4001	6814	1333
股份	208124	27818	38227	8920
私营	3001084	162871	280477	626488
三资	2513548	181764	243030	1067399
按地区分组				
杭州市	2001546	150540	219708	378955
宁波市	1878340	118639	173640	778197
温州市	834112	49675	88688	125708
嘉兴市	480126	31254	46638	124183
湖州市	269019	29705	41417	59383
绍兴市	458114	27181	43906	94984
金华市	415130	21582	37855	92073
衢州市	120513	7637	13630	18127
舟山市	23671	－41	803	3315
台州市	849853	47157	78325	284188
丽水市	84383	5092	7955	590

6－34　高技术产业小型企业技术装备及科技机构情况

单位：万元

指标名称	年末固定资产原价	微电子控制设备原价	科技机构数（个）	科技机构人员（人）	科技机构经费内部支出
总　计	**2767462**	**200323**	**519**	**10715**	**124522**
按高技术行业分组					
核燃料加工					
信息化学品制造	163973	17512	12	171	1614
医药制造业	826489	40643	140	2708	28344
＃化学药品制造	515911	26914	67	1444	17370
中成药制造	102287	3598	22	386	2647
生物、生化制品的制造	76476	8338	27	552	5841
航空航天器制造	2679	481	1	30	2500
飞机制造及修理	1697	354	1	30	2500
其他飞行器制造	982	127			
电子及通信设备制造业	1109960	99103	199	4414	51494
通信设备制造	131823	27515	34	1243	21411
＃通信传输设备制造	32433	3982	8	251	4238
通信交换设备制造	17576	1402	6	116	2843
通信终端设备制造	21643	174	3	92	513
移动通信及终端设备制造	34308	21717	11	646	12577
雷达及配套设备制造	481				
广播电视设备制造	69121	2767	15	348	3012
电子器件制造	313448	23351	38	787	9465
电子真空器件制造	9359	42	2	25	188
半导体分立器件制造	145885	6865	8	238	3858
集成电路制造	71471	6365	9	150	1492
光电子器件及其他电子器件制造	86733	10079	19	374	3927
电子元件制造	493028	34281	82	1396	10085
家用视听设备制造	60561	7751	14	313	5126

指标名称	年末固定资产原价	微电子控制设备原价	科技机构数（个）	科技机构人员（人）	科技机构经费内部支出
其他电子设备制造	41500	3438	16	327	2394
电子计算机及办公设备制造业	130122	7687	31	584	7788
电子计算机整机制造	2943	151	3	59	241
计算机网络设备制造	20577	382	4	71	462
电子计算机外部设备制造	76855	5596	12	216	4454
办公设备制造	29747	1558	12	238	2631
医疗设备及仪器仪表制造业	534239	34898	136	2808	32782
医疗设备及器械制造	95136	3755	22	406	5306
仪器仪表制造	439102	31143	114	2402	27476
公共软件服务					
按企业登记注册类型分组					
国有	16473	1079	5	193	1741
集体	16793	5566	2	20	107
股份	106895	47800	19	1041	20288
私营	985394	49325	250	4371	41477
三资	1034754	55889	117	2726	34270
按地区分组					
杭州市	728980	85753	142	3562	50302
宁波市	742194	33225	90	2147	25967
温州市	250329	14017	65	1229	12730
嘉兴市	168344	13701	51	900	6163
湖州市	117567	5159	27	433	5291
绍兴市	207889	9424	27	472	4907
金华市	197902	3854	31	594	6910
衢州市	36823	1111	6	128	903
舟山市	8711	164	2	22	431
台州市	273582	33458	75	1204	10748
丽水市	35142	457	3	24	170

6-35 高技术产业小型企业科技活动人员情况

单位:人

指标名称	科技活动人员	科学家和工程师	R&D活动人员折合全时当量(人年)	科学家和工程师
总　计	**19286**	**12959**	**8867**	**6395**
按高技术行业分组				
核燃料加工				
信息化学品制造	331	245	150	108
医药制造业	4692	3022	1898	1326
#化学药品制造	2576	1659	1084	746
中成药制造	681	398	204	116
生物、生化制品的制造	845	563	363	260
航空航天器制造	120	83	84	69
飞机制造及修理	79	45	44	31
其他飞行器制造	41	38	40	38
电子及通信设备制造业	8056	5601	3733	2875
通信设备制造	1669	1328	920	837
#通信传输设备制造	408	286	184	150
通信交换设备制造	168	122	64	45
通信终端设备制造	165	149	82	82
移动通信及终端设备制造	763	671	569	541
广播电视设备制造	645	477	352	298
电子器件制造	1765	1296	819	640
电子真空器件制造	48	28	12	9
半导体分立器件制造	451	309	213	154
集成电路制造	559	428	313	268
光电子器件及其他电子器件制造	707	531	281	209
电子元件制造	2924	1771	1143	759
家用视听设备制造	546	339	292	187

指标名称	科技活动人员	科学家和工程师	R&D活动人员折合全时当量（人年）	科学家和工程师
其他电子设备制造	507	390	207	154
电子计算机及办公设备制造业	963	586	450	286
电子计算机整机制造	94	62	33	13
计算机网络设备制造	163	85	70	43
电子计算机外部设备制造	368	239	261	180
办公设备制造	338	200	86	50
医疗设备及仪器仪表制造业	5124	3422	2552	1731
医疗设备及器械制造	750	540	437	296
仪器仪表制造	4374	2882	2115	1435
公共软件服务				
按企业登记注册类型分组				
国有	227	176	131	90
集体	127	75	72	46
股份	1402	1148	804	722
私营	8539	5539	3477	2453
三资	4686	3228	2343	1642
按地区分组				
杭州市	6075	4738	3227	2634
宁波市	3705	2367	1623	1093
温州市	1909	1317	800	539
嘉兴市	1782	1070	1011	658
湖州市	817	523	233	186
绍兴市	937	595	333	229
金华市	1224	660	387	273
衢州市	300	175	137	80
舟山市	30	24	10	10
台州市	2417	1423	1078	665
丽水市	90	67	28	28

6－36 高技术产业小型企业科技活动经费筹集情况

单位：万元

指标名称	科技活动经费筹集总额	政府资金	企业资金	金融机构贷款
总　计	**269943**	**12370**	**224706**	**27730**
按高技术行业分组				
核燃料加工				
信息化学品制造	9188	90	5516	3523
医药制造业	60908	2605	51113	6634
#化学药品制造	36722	990	30750	4629
中成药制造	8143	523	6163	1335
生物、生化制品的制造	9518	672	8502	281
航空航天器制造	4575	15	3630	5
飞机制造及修理	4095	15	3150	5
其他飞行器制造	480		480	
电子及通信设备制造业	119108	5143	101928	10462
通信设备制造	31487	974	28611	1850
#通信传输设备制造	7193	149	5455	1550
通信交换设备制造	3984	52	3932	
通信终端设备制造	3177	51	2926	200
移动通信及终端设备制造	15608	553	14955	100
广播电视设备制造	6242	388	5521	334
电子器件制造	38229	2303	33020	2447
电子真空器件制造	541	4	538	
半导体分立器件制造	6962	537	4078	2347
集成电路制造	6375	805	5500	
光电子器件及其他电子器件制造	24351	958	22904	100
电子元件制造	28473	747	22260	4732
家用视听设备制造	9409	417	8281	524

单位：万元

指标名称	科技活动经费筹集总额	政府资金	企业资金	金融机构贷款
其他电子设备制造	5269	315	4236	575
电子计算机及办公设备制造业	10021	1155	8195	565
电子计算机整机制造	436	63	368	5
计算机网络设备制造	1084	96	875	114
电子计算机外部设备制造	5184	756	4340	26
办公设备制造	3317	241	2612	421
医疗设备及仪器仪表制造业	66143	3363	54324	6543
医疗设备及器械制造	11760	902	10132	539
仪器仪表制造	54383	2460	44192	6003
公共软件服务				
按企业登记注册类型分组				
国有	2101	303	1519	30
集体	1907		1899	
股份	30203	857	26945	2325
私营	102064	4784	82751	12715
三资	71102	3258	58873	8155
按地区分组				
杭州市	103091	6059	87704	6706
宁波市	47276	1973	38655	5441
温州市	21365	1202	17852	2106
嘉兴市	19479	661	17436	1206
湖州市	14033	309	8246	5439
绍兴市	15398	830	12927	1504
金华市	18511	518	15817	2000
衢州市	2850	121	2630	40
舟山市	833	4	586	100
台州市	26159	633	22124	3033
丽水市	948	61	730	156

6-37 高技术产业小型企业科技活动经费支出情况

单位:万元

	科技活动经费内部支出	劳务费	仪器设备费	R&D经费内部支出
总　计	**236261**	**64027**	**64617**	**145977**
按高技术行业分组				
核燃料加工				
信息化学品制造	7488	2557	2214	5054
医药制造业	51530	12318	14042	28782
＃化学药品制造	31288	7032	8527	18590
中成药制造	5968	1683	1387	2028
生物、生化制品的制造	9555	2305	2855	5585
航空航天器制造	5123	448	1601	4523
飞机制造及修理	4682	238	1533	4082
其他飞行器制造	441	210	68	441
电子及通信设备制造业	102910	29170	28512	64834
通信设备制造	27935	9179	6713	21025
＃通信传输设备制造	6319	1999	1571	3344
通信交换设备制造	3471	488	424	3029
通信终端设备制造	1962	565	575	971
移动通信及终端设备制造	14844	5736	3861	13301
广播电视设备制造	5841	3507	639	4515
电子器件制造	31411	6072	11761	16603
电子真空器件制造	695	127	402	405
半导体分立器件制造	6834	1274	2103	3746
集成电路制造	6324	2223	1368	5376
光电子器件及其他电子器件制造	17559	2449	7887	7076
电子元件制造	24756	6442	6778	13006
家用视听设备制造	8237	2506	1459	6809

	科技活动经费内部支出	劳务费	仪器设备费	R&D经费内部支出
其他电子设备制造	4730	1463	1162	2876
电子计算机及办公设备制造业	9706	2815	2564	6762
电子计算机整机制造	342	171	41	210
计算机网络设备制造	1089	260	288	595
电子计算机外部设备制造	5000	1331	1244	4295
办公设备制造	3275	1054	991	1662
医疗设备及仪器仪表制造业	59504	16721	15684	36022
医疗设备及器械制造	13781	3067	4438	8160
仪器仪表制造	45723	13654	11247	27863
公共软件服务				
按企业登记注册类型分组				
国有	2229	570	345	1078
集体	2175	668	159	1424
股份	29209	8806	8645	20351
私营	88006	24105	22024	52761
三资	59441	15095	16023	37885
按地区分组				
杭州市	88350	28266	22066	57745
宁波市	46806	12145	11938	27752
温州市	19116	4538	7243	12197
嘉兴市	16980	4539	3831	10514
湖州市	10100	1808	3768	3636
绍兴市	11135	2618	3086	7389
金华市	16526	3322	4977	9911
衢州市	2234	803	658	1740
舟山市	889	149	277	303
台州市	23508	5641	6626	14614
丽水市	617	198	148	178

6－38 高技术产业小型企业新产品及专利情况(一)

单位:万元

指标名称	科技项目数(项)	新产品开发项目数(项)	新产品开发经费支出	新产品产值
总　计	**2273**	**2006**	**204028**	**1537573**
按高技术行业分组				
核燃料加工				
信息化学品制造	35	28	7066	59372
医药制造业	576	481	41446	420073
＃化学药品制造	317	249	25066	250889
中成药制造	62	58	5033	56486
生物、生化制品的制造	112	104	7988	83111
航空航天器制造	7	6	4554	298
飞机制造及修理	6	5	4113	148
其他飞行器制造	1	1	441	150
电子及通信设备制造业	831	749	91926	653541
通信设备制造	122	119	26614	182172
＃通信传输设备制造	39	38	5582	26795
通信交换设备制造	23	23	3441	8044
通信终端设备制造	15	15	1962	8754
移动通信及终端设备制造	29	28	14544	130470
广播电视设备制造	54	52	5492	28199
电子器件制造	195	172	28043	156952
电子真空器件制造	8	8	405	7818
半导体分立器件制造	52	45	6183	56504
集成电路制造	50	44	5812	27705
光电子器件及其他电子器件制造	85	75	15644	64926
电子元件制造	306	264	20588	161583
家用视听设备制造	82	76	7448	82755

单位:万元

指标名称	科技项目数（项）	新产品开发项目数（项）	新产品开发经费支出	新产品产值
其他电子设备制造	72	66	3741	41881
电子计算机及办公设备制造业	102	90	8160	55485
电子计算机整机制造	7	6	310	4485
计算机网络设备制造	20	18	931	13940
电子计算机外部设备制造	29	28	4696	23085
办公设备制造	46	38	2223	13975
医疗设备及仪器仪表制造业	722	652	50877	348805
医疗设备及器械制造	90	87	10037	56374
仪器仪表制造	632	565	40840	292431
公共软件服务				
按企业登记注册类型分组				
国有	41	34	1824	11983
集体	10	8	1616	4890
股份	102	95	25884	191073
私营	1133	1027	75523	574462
三资	457	401	52066	454910
按地区分组				
杭州市	635	578	78520	506411
宁波市	445	405	42385	275036
温州市	200	173	16009	143938
嘉兴市	204	186	15303	154819
湖州市	68	59	7745	54449
绍兴市	85	71	9337	106440
金华市	99	74	12766	118491
衢州市	23	21	2184	7031
舟山市	8	8	743	642
台州市	490	415	18456	160947
丽水市	16	16	580	9369

6－39 高技术产业小型企业新产品及专利情况(二)

单位:万元

指标名称	新产品销售收入	出口	专利申请数(件)	拥有发明专利数(件)
总　计	**1452812**	**343395**	**1714**	**759**
按高技术行业分组				
核燃料加工				
信息化学品制造	40642	12939	8	15
医药制造业	383158	97392	250	178
＃化学药品制造	233830	68483	46	95
中成药制造	57416	2031	82	28
生物、生化制品的制造	67995	23288	51	31
航空航天器制造	298	66	2	2
飞机制造及修理	148	66		
其他飞行器制造	150		2	2
电子及通信设备制造业	628125	147373	776	291
通信设备制造	184479	12501	210	62
＃通信传输设备制造	23529	1332	52	6
通信交换设备制造	9063	149	22	8
通信终端设备制造	11651	1287	3	19
移动通信及终端设备制造	132062	9239	127	25
广播电视设备制造	27068	18627	39	5
电子器件制造	148094	25986	268	63
电子真空器件制造	7722	82	8	3
半导体分立器件制造	54579	5457	40	8
集成电路制造	25917	6548	65	37
光电子器件及其他电子器件制造	59876	13898	155	15
电子元件制造	156116	38578	153	77
家用视听设备制造	86454	48264	40	21

指标名称	新产品销售收入	出口	专利申请数（件）	拥有发明专利数（件）
其他电子设备制造	25915	3417	66	63
电子计算机及办公设备制造业	53343	15925	157	69
电子计算机整机制造	4402		32	
计算机网络设备制造	13603	86	4	1
电子计算机外部设备制造	22118	12813	46	20
办公设备制造	13220	3027	75	48
医疗设备及仪器仪表制造业	347246	69700	521	204
医疗设备及器械制造	56549	12160	114	20
仪器仪表制造	290697	57539	407	184
公共软件服务				
按企业登记注册类型分组				
国有	12240	492	11	8
集体	7277			1
股份	194329	20214	81	89
私营	530784	129078	909	324
三资	424578	151195	495	151
按地区分组				
杭州市	497172	80218	495	265
宁波市	284078	112412	596	136
温州市	133259	21699	168	81
嘉兴市	142824	24548	205	114
湖州市	53551	12620	25	7
绍兴市	82014	40232	56	61
金华市	109431	15632	65	38
衢州市	6903	428	13	2
舟山市	451		6	5
台州市	133588	35526	81	45
丽水市	9542	80	4	5

6-40 高技术产业小型企业技术引进情况

单位:万元

	技术改造经费支出	技术引进经费支出	消化吸收经费支出	购买国内技术经费支出
总　计	**70293**	**7353**	**3346**	**4268**
按高技术行业分组				
核燃料加工				
信息化学品制造	3293	1587	56	492
医药制造业	22266	914	1283	2069
#化学药品制造	18243	466	627	1173
中成药制造	1493	339	533	563
生物、生化制品的制造	1195	17	10	252
航空航天器制造	1539	1100	100	
飞机制造及修理	1450	1100	100	
其他飞行器制造	89			
电子及通信设备制造业	19905	2954	570	556
通信设备制造	5485	1520	50	15
#通信传输设备制造	322		45	15
通信交换设备制造	731			
移动通信及终端设备制造	2856	1500		
广播电视设备制造	543	153	13	50
电子器件制造	5193	1003	320	181
电子真空器件制造	201	70	57	20
半导体分立器件制造	299	452	100	30
集成电路制造	266	159		40
光电子器件及其他电子器件制造	4427	322	163	90
电子元件制造	6177	218	146	195
家用视听设备制造	1444	60	41	55

单位:万元

指标名称	技术改造经费支出	技术引进经费支出	消化吸收经费支出	购买国内技术经费支出
其他电子设备制造	1063			62
电子计算机及办公设备制造业	1619	14	36	196
计算机网络设备制造	730			
电子计算机外部设备制造	381	14	28	156
办公设备制造	508		8	40
医疗设备及仪器仪表制造业	21671	785	1302	955
医疗设备及器械制造	3193			62
仪器仪表制造	18477	785	1302	893
公共软件服务				
按企业登记注册类型分组				
国有	30		50	
集体	240	50	20	
股份	15334	1592	1223	554
私营	29221	843	612	2147
三资	9186	3211	1117	768
按地区分组				
杭州市	18974	1647	487	1659
宁波市	18812	1709	1262	638
温州市	3193	678	159	131
嘉兴市	1443	1555	47	233
湖州市	1553	541	176	203
绍兴市	3030	290	349	50
金华市	12781	397	405	784
衢州市	62			17
台州市	10220	536	461	553
丽水市	226			

6－41　高技术产业国有及国有控股企业从业人员及工程技术人员情况

单位:人

指标名称	从业人员年平均人数	工程技术人员
总　计	**76206**	**10578**
按高技术行业分组		
核燃料加工		
信息化学品制造	1633	609
医药制造业	25079	4466
＃化学药品制造	21944	3939
中成药制造	2440	405
生物、生化制品的制造	285	122
航空航天器制造		
电子及通信设备制造业	39384	4281
通信设备制造	6362	998
＃通信传输设备制造	858	46
通信交换设备制造	731	98
通信终端设备制造	4175	183
移动通信及终端设备制造	331	663
广播电视设备制造	75	
电子器件制造	5835	819
半导体分立器件制造	340	79
集成电路制造	2791	659
光电子器件及其他电子器件制造	2704	81
电子元件制造	24832	1935
家用视听设备制造	1992	521
其他电子设备制造	288	8

指标名称	从业人员年平均人数	工程技术人员
电子计算机及办公设备制造业	1434	293
电子计算机整机制造	28	22
计算机网络设备制造	187	
电子计算机外部设备制造	950	248
办公设备制造	269	23
医疗设备及仪器仪表制造业	8613	929
医疗设备及器械制造	1131	2
仪器仪表制造	7482	927
公共软件服务	63	
按企业登记注册类型分组		
国有	8041	1376
集体	10858	1293
股份	9576	2703
私营	155	5
三资	6171	798
按地区分组		
杭州市	19133	3697
宁波市	5998	709
温州市	2264	114
嘉兴市	2142	266
湖州市	2896	389
绍兴市	10304	1841
金华市	25580	2175
舟山市	14	
台州市	7712	1369
丽水市	163	18

6-42 高技术产业国有及国有控股企业生产经营情况(一)

单位:万元

指标名称	企 业 数 (个)	总 产 值 (当年价格)	增 加 值
总 计	**193**	**2755272**	**789809**
按高技术行业分组			
核燃料加工			
信息化学品制造	6	101464	23668
医药制造业	48	1388002	428271
#化学药品制造	30	1271427	400414
中成药制造	10	92193	23942
生物、生化制品的制造	4	8206	1473
航空航天器制造			
电子及通信设备制造业	75	842882	211790
通信设备制造	17	151390	35994
#通信传输设备制造	3	31592	6825
通信交换设备制造	3	9470	3877
通信终端设备制造	4	78939	14582
移动通信及终端设备制造	4	5863	2250
广播电视设备制造	1	1100	523
电子器件制造	17	150471	40231
半导体分立器件制造	2	32257	6789
集成电路制造	5	71858	21126
光电子器件及其他电子器件制造	10	46357	12316
电子元件制造	33	482997	129254
家用视听设备制造	4	50526	4734
其他电子设备制造	3	6399	1054
电子计算机及办公设备制造业	7	132165	66954

单位:万元

指标名称	企业数（个）	总产值（当年价格）	增加值
电子计算机整机制造	1	3152	63
计算机网络设备制造	1	3616	634
电子计算机外部设备制造	3	121807	64999
办公设备制造	2	3590	1258
医疗设备及仪器仪表制造业	54	290760	59126
医疗设备及器械制造	8	23423	6813
仪器仪表制造	46	267337	52314
公共软件服务	3		
按企业登记注册类型分组			
国有	20	503110	171093
集体	27	382794	112626
股份	18	379405	92053
私营	1	1979	432
三资	25	319028	108100
按地区分组			
杭州市	64	985207	316191
宁波市	29	284060	58632
温州市	19	37383	10143
嘉兴市	10	45706	11574
湖州市	11	56912	20894
绍兴市	18	401162	96259
金华市	8	591073	177244
舟山市	1	580	101
台州市	32	350495	98214
丽水市	1	2693	557

6-43 高技术产业国有及国有控股企业生产经营情况(二)

单位:万元

指标名称	主营业务收入	利润总额	利税	出口交货值
总计	**2645097**	**264967**	**380148**	**710985**
按高技术行业分组				
核燃料加工				
信息化学品制造	126074	9337	12530	23508
医药制造业	1258164	129933	197206	352127
#化学药品制造	1154202	121340	184426	313458
中成药制造	82496	7742	10628	38520
生物、生化制品的制造	9762	1109	1822	
航空航天器制造				
电子及通信设备制造业	850970	71745	101057	278070
通信设备制造	150336	17528	25050	31632
#通信传输设备制造	30928	2047	2382	23034
通信交换设备制造	9477	1353	2083	
通信终端设备制造	84648	13122	18739	8510
移动通信及终端设备制造	7490	552	835	89
广播电视设备制造	1285	319	424	15
电子器件制造	145731	1710	6725	23483
半导体分立器件制造	30602	3845	5028	2585
集成电路制造	67876	-5639	-3424	7026
光电子器件及其他电子器件制造	47252	3504	5120	13871
电子元件制造	471979	47108	60086	209544
家用视听设备制造	75431	4837	8371	12429
其他电子设备制造	6209	244	403	968
电子计算机及办公设备制造业	128270	39397	45292	20926

单位：万元

指标名称	主营业务收入	利润总额	利税	出口交货值
电子计算机整机制造	3061	2	5	
计算机网络设备制造	3436	－54	57	
电子计算机外部设备制造	118432	39166	44750	20926
办公设备制造	3341	283	480	
医疗设备及仪器仪表制造业	281619	14554	24063	36354
医疗设备及器械制造	23241	1194	2183	3697
仪器仪表制造	258378	13361	21880	32657
公共软件服务				
按企业登记注册类型分组				
国有	476094	47772	77181	35487
集体	359650	34650	47112	81689
股份	373882	21287	36507	152398
私营	2178	83	154	
三资	308649	50594	60794	116357
按地区分组				
杭州市	945673	103794	152624	87559
宁波市	279664	26152	36655	98895
温州市	37416	1567	3602	5924
嘉兴市	48099	2033	3038	7570
湖州市	51558	4213	8464	10592
绍兴市	396177	18927	33309	162352
金华市	562717	66717	83562	176136
舟山市	558	22	38	
台州市	320373	41719	58689	161960
丽水市	2863	－177	168	

6－44 高技术产业国有及国有控股企业技术装备及科技机构情况

单位:万元

指标名称	年末固定资产原价	微电子控制设备原价	科技机构数（个）	科技机构人员（人）	科技机构经费内部支出
总　计	**1557485**	**320640**	**92**	**4358**	**67228**
按高技术行业分组					
核燃料加工					
信息化学品制造	71014	20684	5	200	3116
医药制造业	784353	128933	36	1653	23597
＃化学药品制造	725877	120850	26	1450	20650
中成药制造	44676	7959	7	104	1349
生物、生化制品的制造	7454	124	3	99	1598
航空航天器制造					
电子及通信设备制造业	617732	160177	32	1624	25644
通信设备制造	86933	20405	7	587	11877
＃通信传输设备制造	7143	276	1	80	1089
通信交换设备制造	2974				
通信终端设备制造	71534				
移动通信及终端设备制造	3861	20129	6	507	10788
广播电视设备制造	1863				
电子器件制造	209942	110385	6	394	2423
半导体分立器件制造	7884		1	79	650
集成电路制造	141084	110331	3	264	1615
光电子器件及其他电子器件制造	60974	54	2	51	159
电子元件制造	262521	14120	17	428	7529
家用视听设备制造	54984	15268	2	215	3815
其他电子设备制造	1489				

单位:万元

指标名称	年末固定资产原价	微电子控制设备原价	科技机构数（个）	科技机构人员（人）	科技机构经费内部支出
电子计算机及办公设备制造业	9696	2632	4	341	6579
电子计算机整机制造	178		1	17	31
计算机网络设备制造	739				
电子计算机外部设备制造	7315	2081	2	314	6470
办公设备制造	1463	551	1	10	78
医疗设备及仪器仪表制造业	74691	8214	15	540	8291
医疗设备及器械制造	4892	81			
仪器仪表制造	69798	8133	15	540	8291
公共软件服务					
按企业登记注册类型分组					
国有	179386	21632	12	812	8229
集体	124875	8650	8	154	2176
股份	269604	53168	21	1165	22747
私营	339	7			
三资	73304	7768	8	573	11610
按地区分组					
杭州市	401251	113370	31	2220	32520
宁波市	94661	4099	11	484	8747
温州市	13501	140	1	28	93
嘉兴市	22451	2128	3	103	1484
湖州市	48709	8590	5	97	951
绍兴市	331661	93076	13	385	7990
金华市	311832	3388	10	315	6137
舟山市	76				
台州市	329445	95849	18	726	9307
丽水市	3898				

6－45 高技术产业国有及国有控股企业科技活动人员情况

单位：人

指标名称	科技活动人员	科学家和工程师	R&D活动人员折合全时当量（人年）	科学家和工程师
总　计	**9026**	**5799**	**5089**	**3669**
按高技术行业分组				
核燃料加工				
信息化学品制造	369	272	47	38
医药制造业	4336	2403	2381	1614
＃化学药品制造	3825	2146	2222	1526
中成药制造	381	192	116	58
生物、生化制品的制造	130	65	43	30
航空航天器制造				
电子及通信设备制造业	3141	2105	1881	1346
通信设备制造	682	566	498	483
＃通信传输设备制造	112	46	29	20
通信交换设备制造	8	8		
通信终端设备制造	50	49	30	30
移动通信及终端设备制造	507	462	439	433
电子器件制造	826	530	631	365
半导体分立器件制造	86	73	72	39
集成电路制造	406	394	277	277
光电子器件及其他电子器件制造	334	63	282	49
电子元件制造	1375	838	572	364
家用视听设备制造	253	166	179	133
其他电子设备制造	5	5	1	1

单位:人

指标名称	科技活动人　员	科学家和工程师	R&D活动人员折合全时当量（人年）	科学家和工程师
电子计算机及办公设备制造业	352	309	260	230
电子计算机整机制造	20	16		
电子计算机外部设备制造	314	292	253	229
办公设备制造	18	1	7	1
医疗设备及仪器仪表制造业	820	703	520	441
医疗设备及器械制造	5	5	5	3
仪器仪表制造	815	698	515	438
公共软件服务	8	7		
按企业登记注册类型分组				
国有	964	732	398	326
集体	554	361	247	101
股份	3717	2076	2290	1580
私营	4			
三资	712	519	412	361
按地区分组				
杭州市	2804	2337	1628	1494
宁波市	612	367	341	239
温州市	62	37	25	15
嘉兴市	191	156	108	76
湖州市	314	147	159	70
绍兴市	2974	1397	1755	1046
金华市	1073	678	491	280
台州市	977	675	582	449
丽水市	19	5		

6－46 高技术产业国有及国有控股企业科技活动经费筹集情况

单位：万元

指标名称	科技活动经费筹集总额	政府资金	企业资金	金融机构贷款
总　计	**120342**	**6342**	**104730**	**7981**
按高技术行业分组				
核燃料加工				
信息化学品制造	6913	27	5236	1650
医药制造业	51767	2098	46470	3173
＃化学药品制造	48133	2037	43078	2993
中成药制造	2037	56	1801	180
生物、生化制品的制造	1598	5	1591	
航空航天器制造				
电子及通信设备制造业	38712	2890	33720	2054
通信设备制造	13106	410	12096	600
＃通信传输设备制造	1322		722	600
通信交换设备制造	35		35	
通信终端设备制造	936	45	891	
移动通信及终端设备制造	10788	365	10423	
电子器件制造	3884	566	3318	
半导体分立器件制造	650	290	360	
集成电路制造	2290	60	2230	
光电子器件及其他电子器件制造	945	216	728	
电子元件制造	17445	1775	14317	1342
家用视听设备制造	4257	129	3979	112
其他电子设备制造	20	10	10	

指标名称	科技活动经费筹集总额	政府资金	企业资金	金融机构贷款
电子计算机及办公设备制造业	6614	691	5919	5
电子计算机整机制造	15		11	5
电子计算机外部设备制造	6470	691	5779	
办公设备制造	129		129	
医疗设备及仪器仪表制造业	16221	536	13385	1100
医疗设备及器械制造	482		482	
仪器仪表制造	15739	536	12903	1100
公共软件服务	115	100		
按企业登记注册类型分组				
国有	12071	948	10017	842
集体	12523	12	12203	300
股份	35243	1915	28498	4793
私营	2		2	
三资	15374	863	12906	1600
按地区分组				
杭州市	44906	2072	38970	2617
宁波市	12505	541	10084	1880
温州市	191	15	175	
嘉兴市	3274	121	3153	
湖州市	1955	188	1559	200
绍兴市	17247	1212	13016	2985
金华市	22152	1542	20310	300
台州市	18069	619	17450	
丽水市	45	32	13	

6－47　高技术产业国有及国有控股企业科技活动经费支出情况

单位:万元

	科技活动经费内部支出	劳务费	仪器设备费	R&D经费内部支出
总　计	**97290**	**30251**	**21119**	**71340**
按高技术行业分组				
核燃料加工				
信息化学品制造	6808	1549	2599	1541
医药制造业	31509	9552	7333	23057
#化学药品制造	27950	8423	6763	21660
中成药制造	1822	719	402	463
生物、生化制品的制造	1738	411	168	934
航空航天器制造				
电子及通信设备制造业	38325	11287	9126	30933
通信设备制造	13108	4775	3490	12174
#通信传输设备制造	1322	276	535	886
通信交换设备制造	85	55	5	
通信终端设备制造	891	213	80	500
移动通信及终端设备制造	10788	4226	2864	10788
电子器件制造	3813	1506	545	2793
半导体分立器件制造	650	162	55	650
集成电路制造	2226	1011	475	1206
光电子器件及其他电子器件制造	937	333	15	937
电子元件制造	17230	3287	4807	11825
家用视听设备制造	4154	1714	274	4121
其他电子设备制造	20	6	11	20

	科技活动经费内部支出	劳　务　费	仪器设备费	R&D经费内部支出
电子计算机及办公设备制造业	6657	4404	170	6548
电子计算机整机制造	60	33	18	
电子计算机外部设备制造	6470	4326	149	6470
办公设备制造	127	46	3	78
医疗设备及仪器仪表制造业	13916	3384	1892	9262
医疗设备及器械制造	875	28		494
仪器仪表制造	13041	3356	1892	8767
公共软件服务	75	75		
按企业登记注册类型分组				
国有	9693	2393	1946	4613
集体	4870	1456	924	3227
股份	29895	11290	6559	23208
私营	2	2		
三资	13914	5941	1229	11511
按地区分组				
杭州市	40523	15054	7261	29655
宁波市	10930	2443	1450	8393
温州市	316	54	70	174
嘉兴市	3264	803	424	1822
湖州市	2094	863	514	1091
绍兴市	12785	5184	2525	10368
金华市	14906	2492	5250	9992
台州市	12441	3337	3626	9846
丽水市	32	21		

6－48 高技术产业国有及国有控股企业新产品及专利情况(一)

单位:万元

指标名称	科技项目数(项)	新产品开发项目数(项)	新产品开发经费支出	新产品产值
总　计	**534**	**459**	**82665**	**1156367**
按高技术行业分组				
核燃料加工				
信息化学品制造	35	27	4939	53072
医药制造业	192	166	25371	459142
＃化学药品制造	153	128	21990	397292
中成药制造	27	26	1783	46092
生物、生化制品的制造	12	12	1598	15758
航空航天器制造				
电子及通信设备制造业	179	156	34870	462147
通信设备制造	26	26	13086	87594
＃通信传输设备制造	6	6	1322	16189
通信交换设备制造	2	2	63	2300
通信终端设备制造	7	7	891	4195
移动通信及终端设备制造	10	10	10788	64909
电子器件制造	37	30	3813	32115
半导体分立器件制造	19	13	650	4050
集成电路制造	11	10	2226	19469
光电子器件及其他电子器件制造	7	7	937	8597
电子元件制造	84	76	14715	250861
家用视听设备制造	31	23	3237	91578
其他电子设备制造	1	1	20	

指标名称	科技项目数（项）	新产品开发项目数（项）	新产品开发经费支出	新产品产值
电子计算机及办公设备制造业	15	14	6657	122121
电子计算机整机制造	2	1	60	1608
电子计算机外部设备制造	7	7	6470	118766
办公设备制造	6	6	127	1747
医疗设备及仪器仪表制造业	113	96	10828	59885
医疗设备及器械制造	1	1	452	716
仪器仪表制造	112	95	10376	59169
公共软件服务				
按企业登记注册类型分组				
国有	96	74	6167	164148
集体	16	12	3392	34442
股份	116	109	27974	340263
私营	1	1	2	2
三资	52	52	13876	212626
按地区分组				
杭州市	200	163	34589	462313
宁波市	66	59	10930	105021
温州市	7	5	113	
嘉兴市	25	25	3013	9650
湖州市	14	11	1713	14988
绍兴市	53	53	12124	203502
金华市	26	24	12173	199703
台州市	137	113	7978	161191
丽水市	6	6	32	

6－49　高技术产业国有及国有控股企业新产品及专利情况(二)

单位:万元

指标名称	新产品销售收入	出口	专利申请数(件)	拥有发明专利数(件)
总　计	**1067584**	**452090**	**281**	**143**
按高技术行业分组				
核燃料加工				
信息化学品制造	51528	15040	4	4
医药制造业	418952	226165	96	90
#化学药品制造	359079	203194	74	63
中成药制造	43280	22336	17	25
生物、生化制品的制造	16593	634	5	2
航空航天器制造				
电子及通信设备制造业	475503	182400	140	32
通信设备制造	89631	1258	30	16
#通信传输设备制造	15500	13	4	
通信交换设备制造	2300			
通信终端设备制造	6922		2	11
移动通信及终端设备制造	64909	1245	24	5
电子器件制造	29484	6321	9	5
半导体分立器件制造	3281	492	8	
集成电路制造	18278	2409		
光电子器件及其他电子器件制造	7924	3420	1	5
电子元件制造	245848	150600	89	10
家用视听设备制造	110540	24221	12	1
其他电子设备制造				

单位:万元

指标名称	新产品销售收入	出口	专利申请数（件）	拥有发明专利数（件）
电子计算机及办公设备制造业	62738	20926	4	6
电子计算机整机制造	1608			
电子计算机外部设备制造	59536	20926	4	6
办公设备制造	1594			
医疗设备及仪器仪表制造业	58863	7560	37	11
医疗设备及器械制造	3189			
仪器仪表制造	55674	7560	37	11
公共软件服务				
按企业登记注册类型分组				
国有	149517	23712	33	12
集体	32544	10101	9	3
股份	338715	170376	94	38
私营	2			
三资	151054	63934	36	24
按地区分组				
杭州市	401142	70071	71	23
宁波市	101973	42771	34	19
嘉兴市	11834	1988	24	22
湖州市	14081	2445	6	1
绍兴市	199595	152924	57	33
金华市	192042	105955	53	13
台州市	146918	75937	36	32

6－50 高技术产业国有及国有控股企业技术引进情况

单位:万元

	技术改造经费支出	技术引进经费支出	消化吸收经费支出	购买国内技术经费支出
总 计	**74164**	**2540**	**3224**	**6694**
按高技术行业分组				
核燃料加工				
信息化学品制造	3874			
医药制造业	49750	1538	2848	6231
＃化学药品制造	48153	1538	2775	6192
中成药制造	1515		73	39
生物、生化制品的制造	82			
航空航天器制造				
电子及通信设备制造业	18744	893	345	331
通信设备制造	3491		66	
＃通信传输设备制造	635		66	
移动通信及终端设备制造	2856			
电子器件制造	4119			
集成电路制造	4119			
电子元件制造	9739	721	179	221
家用视听设备制造	1395	172	100	110
电子计算机及办公设备制造业	302	3		
电子计算机外部设备制造	302	3		
医疗设备及仪器仪表制造业	1495	106	31	133
仪器仪表制造	1495	106	31	133
公共软件服务				
按企业登记注册类型分组				
国有	3843	168	126	123
集体	4720	385	203	107
股份	31306	60	2375	790
三资	1234	3	66	108
按地区分组				
杭州市	14827	225	120	299
宁波市	1028		116	159
温州市	79			
嘉兴市	861	56	11	68
湖州市	1155			
绍兴市	25306		2473	950
金华市	13225	719	183	107
台州市	17683	1539	321	5111

6-51 高技术产业三资企业从业人员及工程技术人员情况

单位:人

指标名称	从业人员年平均人数	工程技术人员
总　计	**228852**	**22785**
按高技术行业分组		
核燃料加工		
信息化学品制造	4110	744
医药制造业	16592	2297
#化学药品制造	7054	826
中成药制造	3644	676
生物、生化制品的制造	3261	576
航空航天器制造		
电子及通信设备制造业	122704	11475
通信设备制造	29455	4781
#通信传输设备制造	7023	2629
通信交换设备制造	1406	381
通信终端设备制造	741	25
移动通信及终端设备制造	18224	1628
雷达及配套设备制造	150	
广播电视设备制造	7046	438
电子器件制造	18232	1711
半导体分立器件制造	6364	415
集成电路制造	4341	405
光电子器件及其他电子器件制造	7527	891
电子元件制造	54192	3732

指标名称	从业人员年平均人数	工程技术人员
家用视听设备制造	10303	730
其他电子设备制造	3326	83
电子计算机及办公设备制造业	37226	4924
电子计算机整机制造	3046	671
计算机网络设备制造	6727	3458
电子计算机外部设备制造	26707	720
办公设备制造	746	75
医疗设备及仪器仪表制造业	36362	3345
医疗设备及器械制造	4842	726
仪器仪表制造	31520	2619
公共软件服务	11858	
按地区分组		
杭州市	71278	11982
宁波市	88551	4782
温州市	5641	678
嘉兴市	38184	3164
湖州市	3602	309
绍兴市	6856	679
金华市	4212	490
衢州市	501	86
舟山市	215	
台州市	9059	526
丽水市	753	89

6－52　高技术产业三资企业生产经营情况(一)

单位:万元

指标名称	企业数（个）	总产值（当年价格）	增加值
总　计	**731**	**15255588**	**2620115**
按高技术行业分组			
核燃料加工			
信息化学品制造	13	374660	111794
医药制造业	88	956550	325681
＃化学药品制造	39	467889	138849
中成药制造	12	185867	98530
生物、生化制品的制造	21	169846	58321
航空航天器制造			
电子及通信设备制造业	377	7408385	1017536
通信设备制造	50	4889077	426545
＃通信传输设备制造	16	722969	149413
通信交换设备制造	5	102142	13243
通信终端设备制造	4	21677	4874
移动通信及终端设备制造	18	3993067	241422
雷达及配套设备制造	1	2800	287
广播电视设备制造	24	157055	37338
电子器件制造	66	749969	158272
半导体分立器件制造	24	322572	68392
集成电路制造	11	132724	29748
光电子器件及其他电子器件制造	31	294673	60132
电子元件制造	185	1295335	331832

指标名称	企业数(个)	总产值(当年价格)	增加值
家用视听设备制造	39	239281	53826
其他电子设备制造	12	74868	9438
电子计算机及办公设备制造业	46	5278355	846040
电子计算机整机制造	3	865392	44130
计算机网络设备制造	9	580447	239387
电子计算机外部设备制造	30	3818167	558163
办公设备制造	4	14349	4360
医疗设备及仪器仪表制造业	139	1237638	319065
医疗设备及器械制造	26	159235	63354
仪器仪表制造	113	1078403	255711
公共软件服务	68		
按地区分组			
杭州市	219	7536971	1107316
宁波市	271	5403937	906855
温州市	23	159627	41627
嘉兴市	96	1154627	313564
湖州市	22	138963	49557
绍兴市	43	286935	61954
金华市	20	120626	31382
衢州市	3	29138	14172
舟山市	3	2195	645
台州市	28	374370	79666
丽水市	3	48200	13377

6-53 高技术产业三资企业生产经营情况(二)

单位:万元

指标名称	主营业务收入	利润总额	利税	出口交货值
总计	**15076795**	**849279**	**1069701**	**10381224**
按高技术行业分组				
核燃料加工				
信息化学品制造	374971	48530	59129	141652
医药制造业	892846	114647	168209	258748
#化学药品制造	443508	39149	63037	132158
中成药制造	166690	37105	57737	6098
生物、生化制品的制造	156606	31574	36694	88619
航空航天器制造				
电子及通信设备制造业	7475719	193081	261484	4909790
通信设备制造	4986166	33380	62594	3523301
#通信传输设备制造	821514	-46801	-41958	344871
通信交换设备制造	98681	2511	6089	
通信终端设备制造	25240	1157	1421	5867
移动通信及终端设备制造	3991216	69849	88672	3145408
雷达及配套设备制造	2800	38	40	2800
广播电视设备制造	150934	4962	5789	120030
电子器件制造	723673	43034	54880	351240
半导体分立器件制造	320641	29050	35303	107228
集成电路制造	124789	-8815	-7246	87740
光电子器件及其他电子器件制造	278243	22799	26823	156273
电子元件制造	1298473	97981	121926	697327

指标名称	主营业务收　　入	利润总额	利　　税	出口交货值
家用视听设备制造	234198	9458	11148	174670
其他电子设备制造	79475	4228	5108	40421
电子计算机及办公设备制造业	5149491	396597	454133	4423072
电子计算机整机制造	867948	19713	23998	808669
计算机网络设备制造	598832	119454	165131	113798
电子计算机外部设备制造	3668307	256046	262758	3499355
办公设备制造	14404	1385	2246	1250
医疗设备及仪器仪表制造业	1183769	96425	126745	647961
医疗设备及器械制造	157475	27302	31374	117752
仪器仪表制造	1026294	69123	95371	530210
公共软件服务				
按地区分组				
杭州市	7603045	337114	463201	4887733
宁波市	5246550	337543	374937	4255094
温州市	152629	14675	20025	39307
嘉兴市	1105405	82897	103876	713366
湖州市	134073	26744	32638	54069
绍兴市	271973	12697	20834	78516
金华市	123631	10086	14322	67104
衢州市	38010	7026	8590	3913
舟山市	2148	125	234	900
台州市	353995	15475	25555	275415
丽水市	45336	4898	5489	5808

6－54 高技术产业三资企业技术装备及科技机构情况

单位：万元

指标名称	年末固定资产原价	微电子控制设备原价	科技机构数（个）	科技机构人员（人）	科技机构经费内部支出
总 计	**3526002**	**295634**	**183**	**7593**	**140943**
按高技术行业分组					
核燃料加工					
信息化学品制造	175981	29793	9	271	3923
医药制造业	335315	18774	35	958	16964
＃化学药品制造	168756	9952	12	220	3916
中成药制造	79109	3317	10	293	5715
生物、生化制品的制造	40352	5012	8	367	5911
航空航天器制造					
电子及通信设备制造业	1823160	140737	90	4376	89703
通信设备制造	601436	46825	11	1396	61677
＃通信传输设备制造	261990	7656	7	1256	58122
通信交换设备制造	9041	1256	1	45	2473
通信终端设备制造	3134		1	16	412
移动通信及终端设备制造	300098	37900	2	79	670
雷达及配套设备制造	481				
广播电视设备制造	44994	1758	10	377	3409
电子器件制造	486992	20772	19	660	9300
半导体分立器件制造	239792	6683	4	83	4502
集成电路制造	171286	3538	5	213	1006
光电子器件及其他电子器件制造	75915	10551	10	364	3792
电子元件制造	503677	66804	38	1687	12741

指标名称	年末固定资产原价	微电子控制设备原价	科技机构数（个）	科技机构人员（人）	科技机构经费内部支出
家用视听设备制造	160284	2958	9	158	1855
其他电子设备制造	25296	1619	3	98	721
电子计算机及办公设备制造业	787379	90242	13	642	11298
电子计算机整机制造	54795	24066	3	135	232
计算机网络设备制造	82041	47503	1	18	289
电子计算机外部设备制造	636019	18574	7	416	9579
办公设备制造	14524	100	2	73	1198
医疗设备及仪器仪表制造业	404168	16087	36	1346	19055
医疗设备及器械制造	127685	1230	5	100	1552
仪器仪表制造	276482	14857	31	1246	17503
公共软件服务					
按地区分组					
杭州市	1252118	172996	58	3245	88835
宁波市	1458468	66849	52	2130	27731
温州市	50291	6583	8	205	2570
嘉兴市	425998	20766	28	1091	9716
湖州市	72193	1529	9	186	3321
绍兴市	117990	3433	13	298	3517
金华市	35165	2644	6	210	1884
衢州市	26110	17893	1	45	1620
舟山市	581				
台州市	66419	2941	8	183	1749
丽水市	20670				

6－55 高技术产业三资企业科技活动人员情况

单位：人

指标名称	科技活动人员	科学家和工程师	R&D活动人员折合全时当量（人年）	科学家和工程师
总　计	**17555**	**13693**	**10067**	**8431**
按高技术行业分组				
核燃料加工				
信息化学品制造	306	174	128	108
医药制造业	1889	1296	635	420
#化学药品制造	481	308	202	132
中成药制造	532	378	142	77
生物、生化制品的制造	517	360	279	201
航空航天器制造				
电子及通信设备制造业	7040	5150	4079	3242
通信设备制造	2224	1971	1551	1483
#通信传输设备制造	1326	1196	1052	1029
通信交换设备制造	60	37	50	35
通信终端设备制造	16	16	16	16
移动通信及终端设备制造	807	718	433	403
广播电视设备制造	446	262	150	130
电子器件制造	1569	1192	1067	792
半导体分立器件制造	574	546	422	408
集成电路制造	301	122	259	87
光电子器件及其他电子器件制造	694	524	386	297
电子元件制造	2457	1441	1088	650

指标名称	科技活动人员	科学家和工程师	R&D活动人员折合全时当量（人年）	科学家和工程师
家用视听设备制造	242	194	137	118
其他电子设备制造	102	90	86	69
电子计算机及办公设备制造业	3574	3240	2814	2678
电子计算机整机制造	164	149	37	37
计算机网络设备制造	2550	2519	2203	2200
电子计算机外部设备制造	779	532	547	427
办公设备制造	81	40	27	14
医疗设备及仪器仪表制造业	2462	1766	1283	919
医疗设备及器械制造	232	156	159	85
仪器仪表制造	2230	1610	1124	834
公共软件服务	2284	2067	1128	1064
按地区分组				
杭州市	9596	8743	6401	6002
宁波市	4133	2522	1891	1200
温州市	357	258	207	126
嘉兴市	1755	1152	1131	795
湖州市	214	165	68	65
绍兴市	651	473	142	101
金华市	394	107	110	54
衢州市	70	27		
台州市	375	237	113	84
丽水市	10	9	4	4

6－56　高技术产业三资企业科技活动经费筹集情况

单位:万元

指标名称	科技活动经费筹集总额	政府资金	企业资金	金融机构贷款
总　计	**360316**	**8838**	**333763**	**15253**
按高技术行业分组				
核燃料加工				
信息化学品制造	9299	880	7437	923
医药制造业	25166	1250	22415	1387
＃化学药品制造	7324	131	6662	416
中成药制造	8217	184	8033	
生物、生化制品的制造	7222	925	5456	841
航空航天器制造				
电子及通信设备制造业	130837	1694	121689	6969
通信设备制造	74503	135	72099	2230
＃通信传输设备制造	58832	72	56491	2230
通信交换设备制造	2836		2836	
通信终端设备制造	412		412	
移动通信及终端设备制造	12410	63	12347	
广播电视设备制造	4244	11	4119	114
电子器件制造	24526	968	20935	2273
半导体分立器件制造	7925	325	5327	2273
集成电路制造	2452	198	2254	
光电子器件及其他电子器件制造	14149	445	13354	
电子元件制造	23427	479	20517	2334

单位：万元

指标名称	科技活动经费筹集总额	政府资金	企业资金	金融机构贷款
家用视听设备制造	2703	100	2585	18
其他电子设备制造	1434		1434	
电子计算机及办公设备制造业	127058	2007	124937	114
电子计算机整机制造	4280		4280	
计算机网络设备制造	107254	652	106488	114
电子计算机外部设备制造	14134	1307	12828	
办公设备制造	1390	49	1341	
医疗设备及仪器仪表制造业	38595	2049	29998	5861
医疗设备及器械制造	4640	650	3590	395
仪器仪表制造	33955	1399	26408	5466
公共软件服务	29360	959	27287	
按地区分组				
杭州市	251282	4590	241798	3122
宁波市	48847	2546	41688	3980
温州市	8166	52	4041	4073
嘉兴市	26182	147	25835	200
湖州市	3855	130	1542	2173
绍兴市	9791	453	8785	506
金华市	4817		4117	700
衢州市	1720	880	840	
台州市	5491	40	4951	500
丽水市	165		165	

6-57 高技术产业三资企业科技活动经费支出情况

单位:万元

	科技活动经费内部支出	劳务费	仪器设备费	R&D经费内部支出
总计	**338565**	**151190**	**42366**	**277344**
按高技术行业分组				
核燃料加工				
信息化学品制造	7851	1048	3224	3204
医药制造业	24675	6077	3765	14596
#化学药品制造	6525	1557	1384	4537
中成药制造	7061	1566	813	5178
生物、生化制品的制造	7288	2439	1047	4735
航空航天器制造				
电子及通信设备制造业	123365	59942	17945	107112
通信设备制造	73969	47554	5393	71170
#通信传输设备制造	58811	42638	1911	57145
通信交换设备制造	2836	103	331	2830
通信终端设备制造	412	158	130	412
移动通信及终端设备制造	11898	4650	3014	10783
广播电视设备制造	3835	1399	412	2754
电子器件制造	18886	4458	4220	12394
半导体分立器件制造	9535	1518	2536	5560
集成电路制造	2345	685	349	2288
光电子器件及其他电子器件制造	7007	2256	1335	4546
电子元件制造	22812	5248	7216	18362

	科技活动经费内部支出	劳　务　费	仪器设备费	R&D经费内部支出
家用视听设备制造	2558	945	399	1553
其他电子设备制造	1304	339	306	880
电子计算机及办公设备制造业	119195	53021	6571	116161
电子计算机整机制造	2398	734	277	1060
计算机网络设备制造	101379	46207	3318	100322
电子计算机外部设备制造	14112	5671	2474	13878
办公设备制造	1306	409	502	901
医疗设备及仪器仪表制造业	35264	9929	8163	21163
医疗设备及器械制造	5182	842	2149	3080
仪器仪表制造	30082	9087	6013	18083
公共软件服务	28216	21172	2699	15107
按地区分组				
杭州市	237466	128084	17383	215593
宁波市	47853	11377	8753	28798
温州市	5097	777	1842	4688
嘉兴市	25723	6271	7638	19098
湖州市	4255	667	1608	1484
绍兴市	7841	1703	1826	2855
金华市	4145	1059	1056	3065
衢州市	1620	221	1025	
台州市	4406	947	1215	1603
丽水市	161	85	20	161

6－58 高技术产业三资企业新产品及专利情况(一)

单位:万元

指标名称	科技项目数(项)	新产品开发项目数(项)	新产品开发经费支出	新产品产值
总　计	**32220**	**765**	**290147**	**2201998**
按高技术行业分组				
核燃料加工				
信息化学品制造	19	13	6000	248119
医药制造业	177	144	19695	145825
＃化学药品制造	62	41	4921	70542
中成药制造	38	34	6532	23901
生物、生化制品的制造	51	47	6022	25499
航空航天器制造				
电子及通信设备制造业	369	337	114620	821577
通信设备制造	52	50	71810	229751
＃通信传输设备制造	32	32	58662	92041
通信交换设备制造	6	6	2830	2965
通信终端设备制造	2	2	412	993
移动通信及终端设备制造	11	9	9894	133443
广播电视设备制造	23	22	3768	68976
电子器件制造	110	99	14822	185812
半导体分立器件制造	20	16	6454	61674
集成电路制造	16	15	2337	7697
光电子器件及其他电子器件制造	74	68	6031	116441
电子元件制造	146	133	21282	261692

指标名称	科技项目数（项）	新产品开发项目数（项）	新产品开发经费支出	新产品产值
家用视听设备制造	34	31	2144	73131
其他电子设备制造	4	2	794	2215
电子计算机及办公设备制造业	60	57	116923	690038
电子计算机整机制造	10	9	1577	56533
计算机网络设备制造	16	16	100346	249669
电子计算机外部设备制造	25	25	14100	380250
办公设备制造	9	7	901	3586
医疗设备及仪器仪表制造业	229	214	32909	296438
医疗设备及器械制造	25	25	3866	20977
仪器仪表制造	204	189	29043	275462
公共软件服务	31366			
按地区分组				
杭州市	26883	219	205239	669084
宁波市	4973	270	41322	531282
温州市	77	24	5050	41459
嘉兴市	133	123	21093	761686
湖州市	20	18	3313	14780
绍兴市	40	35	5365	110484
金华市	35	25	3407	45219
衢州市	5	4	1620	2692
台州市	53	46	3577	23681
丽水市	1	1	161	1630

6-59 高技术产业三资企业新产品及专利情况(二)

单位:万元

指标名称	新产品销售收入	出口	专利申请数(件)	拥有发明专利数(件)
总计	**2154880**	**948334**	**1566**	**377**
按高技术行业分组				
核燃料加工				
信息化学品制造	229071	90260	13	3
医药制造业	139527	48814	114	29
#化学药品制造	67993	25086	4	7
中成药制造	25638	2001	67	16
生物、生化制品的制造	23698	4958	40	3
航空航天器制造				
电子及通信设备制造业	888071	399403	501	210
通信设备制造	226477	96184	98	123
#通信传输设备制造	100642	29773	66	119
通信交换设备制造	2965		16	4
通信终端设备制造	993			
移动通信及终端设备制造	121483	66022	16	
广播电视设备制造	64705	57462	31	3
电子器件制造	249150	69457	190	19
半导体分立器件制造	129547	16707	41	10
集成电路制造	7097	2752	20	1
光电子器件及其他电子器件制造	112506	49998	129	8
电子元件制造	274337	104660	122	38

指标名称	新产品销售收入	出口	专利申请数(件)	拥有发明专利数(件)
家用视听设备制造	71331	70958	32	13
其他电子设备制造	2070	682	28	14
电子计算机及办公设备制造业	608175	296877	613	60
电子计算机整机制造	56533		6	1
计算机网络设备制造	248676	42421	559	28
电子计算机外部设备制造	299359	254423	38	8
办公设备制造	3606	33	10	23
医疗设备及仪器仪表制造业	290037	112980	307	53
医疗设备及器械制造	19444	7738	45	7
仪器仪表制造	270593	105242	262	46
公共软件服务			18	22
按地区分组				
杭州市	598582	167506	817	218
宁波市	607182	244962	503	80
温州市	40592	5272	34	16
嘉兴市	733444	434973	87	50
湖州市	15909	4629	15	3
绍兴市	83555	45022	47	4
金华市	42543	23453	17	4
衢州市	2692	540	6	
台州市	28880	21978	40	2
丽水市	1500			

6-60 高技术产业三资企业技术引进情况

单位:万元

	技术改造经费支出	技术引进经费支出	消化吸收经费支出	购买国内技术经费支出
总 计	**46690**	**10518**	**2874**	**2086**
按高技术行业分组				
核燃料加工				
信息化学品制造	9095	572	56	228
医药制造业	5615	405	858	213
#化学药品制造	1844	86	408	110
中成药制造	807	319	450	39
生物、生化制品的制造	1814			
航空航天器制造				
电子及通信设备制造业	20760	4547	1069	487
通信设备制造	4145	1500	66	
#通信传输设备制造	1558		66	
通信交换设备制造	726			
移动通信及终端设备制造	779	1500		
广播电视设备制造	1188	132		28
电子器件制造	6250	2348	641	110
半导体分立器件制造	5980	442	100	30
光电子器件及其他电子器件制造	270	1907	541	80
电子元件制造	7392	457	109	258
家用视听设备制造	1702	109	254	91

	技术改造经费支出	技术引进经费支出	消化吸收经费支出	购买国内技术经费支出
其他电子设备制造	82			
电子计算机及办公设备制造业	1438	2485	776	198
电子计算机整机制造	54			22
计算机网络设备制造	730			
电子计算机外部设备制造	573	2485	776	156
办公设备制造	80			20
医疗设备及仪器仪表制造业	9783	2509	115	959
医疗设备及器械制造	703			62
仪器仪表制造	9080	2509	115	897
公共软件服务				
按地区分组				
杭州市	8555	712	201	380
宁波市	20607	3601	791	594
温州市	1146	300		503
嘉兴市	1580	4920	841	299
湖州市	80	495	156	42
绍兴市	1919	219	288	94
金华市	1071	86	309	100
衢州市	8815			
台州市	2917	186	287	74

6－61 高技术产业集体企业从业人员及工程技术人员情况

单位：人

指标名称	从业人员年平均人数	工程技术人员
总　计	**10942**	**1293**
按高技术行业分组		
核燃料加工		
信息化学品制造		
医药制造业	6040	746
#化学药品制造	5890	746
航空航天器制造		
电子及通信设备制造业	3889	458
通信设备制造	227	
电子器件制造	46	
光电子器件及其他电子器件制造	46	
电子元件制造	3616	458
电子计算机及办公设备制造业		
医疗设备及仪器仪表制造业	929	89
医疗设备及器械制造	155	2
仪器仪表制造	774	87
公共软件服务	84	
按地区分组		
杭州市	550	24
宁波市	445	
温州市	580	35
嘉兴市	150	30
湖州市	185	17
绍兴市	290	45
金华市	8742	1142

6-62 高技术产业集体企业生产经营情况(一)

单位:万元

指标名称	企业数(个)	总产值(当年价格)	增加值
总　计	**30**	**382794**	**112626**
按高技术行业分组			
核燃料加工			
信息化学品制造			
医药制造业	4	271222	83003
#化学药品制造	3	263885	81339
航空航天器制造			
电子及通信设备制造业	12	87803	22927
通信设备制造	2	24936	8329
电子器件制造	2	1302	600
光电子器件及其他电子器件制造	2	1302	600
电子元件制造	8	61565	13997
电子计算机及办公设备制造业			
医疗设备及仪器仪表制造业	11	23770	6696
医疗设备及器械制造	3	9007	2721
仪器仪表制造	8	14763	3975
公共软件服务	3		
按地区分组			
杭州市	8	42149	12880
宁波市	7	10157	2188
温州市	5	11317	3220
嘉兴市	2	3135	903
湖州市	3	2475	560
绍兴市	2	12185	4557
金华市	3	301377	88319

6－63　高技术产业集体企业生产经营情况(二)

单位:万元

指标名称	主营业务收入	利润总额	利税	出口交货值
总　计	**359650**	**34650**	**47112**	**81689**
按高技术行业分组				
核燃料加工				
信息化学品制造				
医药制造业	257052	26267	34684	46879
#化学药品制造	250421	26103	34294	46879
航空航天器制造				
电子及通信设备制造业	79505	6616	9470	33477
通信设备制造	17202	446	969	
电子器件制造	1302	373	494	
光电子器件及其他电子器件制造	1302	373	494	
电子元件制造	61002	5797	8007	33477
电子计算机及办公设备制造业				
医疗设备及仪器仪表制造业	23093	1768	2958	1333
医疗设备及器械制造	8819	1231	1590	
仪器仪表制造	14275	537	1368	1333
公共软件服务				
按地区分组				
杭州市	33527	1848	2984	
宁波市	10151	641	1157	
温州市	10851	732	1410	711
嘉兴市	3130	189	359	622
湖州市	2524	92	262	
绍兴市	11996	826	1385	
金华市	287471	30322	39554	80356

6-64 高技术产业集体企业技术装备及科技机构情况

单位:万元

指标名称	年末固定资产原价	微电子控制设备原价	科技机构数(个)	科技机构人员(人)	科技机构经费内部支出
总　计	**124875**	**8650**	**8**	**154**	**2176**
按高技术行业分组					
核燃料加工					
信息化学品制造					
医药制造业	102639	5386	2	84	860
#化学药品制造	101757	5386	2	84	860
航空航天器制造					
电子及通信设备制造业	16599	2459	5	60	1236
通信设备制造	1268				
电子器件制造	45				
光电子器件及其他电子器件制造	45				
电子元件制造	15286	2459	5	60	1236
电子计算机及办公设备制造业					
医疗设备及仪器仪表制造业	5638	806	1	10	80
医疗设备及器械制造	1481	81			
仪器仪表制造	4157	725	1	10	80
公共软件服务					
按地区分组					
杭州市	3817	806	1	10	80
宁波市	902				
温州市	2681				
嘉兴市	1142				
湖州市	1040		1	10	27
绍兴市	8516	4760			
金华市	106778	3084	6	134	2069

6－65 高技术产业集体企业科技活动人员情况

单位：人

指标名称	科技活动人员	科学家和工程师	R&D活动人员折合全时当量（人年）	科学家和工程师
总　计	**554**	**361**	**247**	**101**
按高技术行业分组				
核燃料加工				
信息化学品制造				
医药制造业	135	92	82	33
#化学药品制造	135	92	82	33
航空航天器制造				
电子及通信设备制造业	364	221	135	40
电子元件制造	364	221	135	40
电子计算机及办公设备制造业				
医疗设备及仪器仪表制造业	55	48	30	28
医疗设备及器械制造	5	5	5	3
仪器仪表制造	50	43	25	25
公共软件服务				
按地区分组				
杭州市	47	42	30	28
嘉兴市	8	6		
湖州市	27	6	12	3
绍兴市	45	21	30	15
金华市	427	286	175	55

6－66　高技术产业集体企业科技活动经费筹集情况

单位：万元

指标名称	科技活动经费筹集总额	政府资金	企业资金	金融机构贷款
总　计	**12523**	**12**	**12203**	**300**
按高技术行业分组				
核燃料加工				
信息化学品制造				
医药制造业	9261	12	9249	
＃化学药品制造	9261	12	9249	
航空航天器制造				
电子及通信设备制造业	2070		1762	300
电子元件制造	2070		1762	300
电子计算机及办公设备制造业				
医疗设备及仪器仪表制造业	1192		1192	
医疗设备及器械制造	482		482	
仪器仪表制造	710		710	
公共软件服务				
按地区分组				
杭州市	942		942	
嘉兴市	250		250	
湖州市	190		182	
绍兴市	524		524	
金华市	10616	12	10304	300

6－67　高技术产业集体企业科技活动经费支出情况

单位:万元

	科技活动经费内部支出	劳　务　费	仪器设备费	R&D经费内部支出
总　计	**4870**	**1456**	**924**	**3227**
按高技术行业分组				
核燃料加工				
信息化学品制造				
医药制造业	1591	511	339	1103
＃化学药品制造	1591	511	339	1103
航空航天器制造				
电子及通信设备制造业	1773	568	463	1270
电子元件制造	1773	568	463	1270
电子计算机及办公设备制造业				
医疗设备及仪器仪表制造业	1507	377	122	854
医疗设备及器械制造	875	28		494
仪器仪表制造	631	349	122	360
公共软件服务				
按地区分组				
杭州市	1295	358	48	854
温州市	16		16	
嘉兴市	195	19	58	
湖州市	190	50	53	75
绍兴市	494	241		494
金华市	2679	787	748	1803

6－68 高技术产业集体企业新产品及专利情况(一)

单位:万元

指标名称	科技项目数(项)	新产品开发项目数(项)	新产品开发经费支出	新产品产值
总　计	**16**	**12**	**3392**	**34442**
按高技术行业分组				
核燃料加工				
信息化学品制造				
医药制造业	4	3	1094	1065
＃化学药品制造	4	3	1094	1065
航空航天器制造				
电子及通信设备制造业	7	4	1291	30069
电子元件制造	7	4	1291	30069
电子计算机及办公设备制造业				
医疗设备及仪器仪表制造业	5	5	1007	3308
医疗设备及器械制造	1	1	452	716
仪器仪表制造	4	4	555	2592
公共软件服务				
按地区分组				
杭州市	4	4	812	3123
嘉兴市	1	1	195	185
湖州市	3	1	115	653
绍兴市	2	2	494	929
金华市	6	4	1776	29552

6－69 高技术产业集体企业新产品及专利情况(二)

单位:万元

指标名称	新产品销售收入	出 口	专利申请数(件)	拥有发明专利数(件)
总 计	**32544**	**10101**	**9**	**3**
按高技术行业分组				
核燃料加工				
信息化学品制造				
医药制造业	1052	12	1	2
#化学药品制造	1052	12	1	2
航空航天器制造				
电子及通信设备制造业	25797	10088	8	
电子元件制造	25797	10088	8	
电子计算机及办公设备制造业				
医疗设备及仪器仪表制造业	5695			1
医疗设备及器械制造	3189			
仪器仪表制造	2506			1
公共软件服务				
按地区分组				
杭州市	5510			1
嘉兴市	185			
湖州市	653			
绍兴市	929			
金华市	25267	10101	9	2

6－70 高技术产业集体企业技术引进情况

单位:万元

	技术改造经费支出	技术引进经费支出	消化吸收经费支出	购买国内技术经费支出
总　计	**4720**	**385**	**203**	**107**
按高技术行业分组				
核燃料加工				
信息化学品制造				
医药制造业	2795		85	
＃化学药品制造	2795		85	
航空航天器制造				
电子及通信设备制造业	1685	335	98	107
电子元件制造	1685	335	98	107
电子计算机及办公设备制造业				
医疗设备及仪器仪表制造业	240	50	20	
仪器仪表制造	240	50	20	
公共软件服务				
按地区分组				
杭州市	240	50	20	
金华市	4480	335	183	107

6－71 高技术产业股份企业从业人员及工程技术人员情况

单位:人

指标名称	从业人员年平均人数	工程技术人员
总　计	**60165**	**8388**
按高技术行业分组		
核燃料加工		
信息化学品制造	197	222
医药制造业	20309	3534
#化学药品制造	16440	2837
中成药制造	2475	460
生物、生化制品的制造	1184	189
航空航天器制造		
电子及通信设备制造业	20504	3166
通信设备制造	3172	1387
移动通信及终端设备制造	3172	1387
广播电视设备制造	1449	95
电子器件制造	2019	156
电子真空器件制造		38
集成电路制造	340	73
光电子器件及其他电子器件制造	1679	45
电子元件制造	12470	910
家用视听设备制造	839	488
其他电子设备制造	555	130
电子计算机及办公设备制造业		
医疗设备及仪器仪表制造业	12417	1466
医疗设备及器械制造	1841	19
仪器仪表制造	10576	1447
公共软件服务	6738	
按地区分组		
杭州市	18198	2481
宁波市	4218	1122
温州市	3441	305
嘉兴市	11173	823
湖州市	866	199
绍兴市	11132	1628
金华市	1617	474
衢州市	332	75
台州市	9188	1281

6－72　高技术产业股份企业生产经营情况(一)

单位:万元

指标名称	企业数(个)	总产值(当年价格)	增加值
总　计	**76**	**2997441**	**819967**
按高技术行业分组			
核燃料加工			
信息化学品制造	4	16672	5506
医药制造业	26	1202092	353135
#化学药品制造	19	915689	226278
中成药制造	4	190299	65513
生物、生化制品的制造	2	90879	58457
航空航天器制造			
电子及通信设备制造业	22	883371	195920
通信设备制造	4	546545	79898
移动通信及终端设备制造	4	546545	79898
广播电视设备制造	2	61727	10846
电子器件制造	3	34658	9023
电子真空器件制造	1		
集成电路制造	1	8877	3237
光电子器件及其他电子器件制造	1	25781	5786
电子元件制造	8	157374	63897
家用视听设备制造	3	56530	23148
其他电子设备制造	2	26538	9108
电子计算机及办公设备制造业			
医疗设备及仪器仪表制造业	16	895306	265406
医疗设备及器械制造	2	31644	13295
仪器仪表制造	14	863662	252111
公共软件服务	8		
按地区分组			
杭州市	28	886481	323922
宁波市	9	643758	94883
温州市	7	101734	30236
嘉兴市	5	183469	61042
湖州市	2	22815	10665
绍兴市	9	606395	129248
金华市	4	130396	53319
衢州市	2	28035	9380
台州市	10	394358	107273

6－73　高技术产业股份企业生产经营情况(二)

单位:万元

指标名称	主营业务收　　入	利润总额	利　　税	出口交货值
总　计	**2934995**	**165498**	**280222**	**1178108**
按高技术行业分组				
核燃料加工				
信息化学品制造	16419	2339	3265	1734
医药制造业	1188848	139044	214101	532466
＃化学药品制造	903154	69516	117325	419613
中成药制造	192135	25766	42126	52876
生物、生化制品的制造	88594	41153	51691	58802
航空航天器制造				
电子及通信设备制造业	846976	－17534	－2857	417328
通信设备制造	512006	－53698	－53047	303017
移动通信及终端设备制造	512006	－53698	－53047	303017
广播电视设备制造	61924	996	2197	12754
电子器件制造	33396	1924	2813	13612
电子真空器件制造				
集成电路制造	8877	817	1444	
光电子器件及其他电子器件制造	24519	1107	1369	13612
电子元件制造	157560	15780	21745	77962
家用视听设备制造	56993	15665	20894	5133
其他电子设备制造	25096	1799	2542	4851
电子计算机及办公设备制造业				
医疗设备及仪器仪表制造业	882752	41649	65714	226581
医疗设备及器械制造	21864	3432	5108	12723
仪器仪表制造	860887	38217	60605	213858
公共软件服务				
按地区分组				
杭州市	877887	83642	121588	173694
宁波市	611929	－46585	－42056	331788
温州市	89519	7144	11031	45468
嘉兴市	179783	14631	20831	82981
湖州市	18397	2339	4473	4069
绍兴市	605513	33498	60852	273954
金华市	136375	17168	32663	14816
衢州市	29710	3987	6333	21333
台州市	385882	49675	64507	230006

6－74 高技术产业股份企业技术装备及科技机构情况

单位：万元

指标名称	年末固定资产原价	微电子控制设备原价	科技机构数（个）	科技机构人员（人）	科技机构经费内部支出
总　计	**1186286**	**162128**	**72**	**4868**	**94614**
按高技术行业分组					
核燃料加工					
信息化学品制造	5921	7801	2	32	280
医药制造业	676551	76673	30	1774	42552
＃化学药品制造	544005	28337	23	1420	36238
中成药制造	92322	45416	5	227	3478
生物、生化制品的制造	35031	2432	1	85	2468
航空航天器制造					
电子及通信设备制造业	285974	69846	21	2012	38596
通信设备制造	40028	37382	9	1190	27653
移动通信及终端设备制造	40028	37382	9	1190	27653
广播电视设备制造	7646				
电子器件制造	56970	5018	3	64	155
电子真空器件制造		14	1	8	115
集成电路制造	9929	5004	1	21	10
光电子器件及其他电子器件制造	47041		1	35	30
电子元件制造	163627	20368	6	475	6881
家用视听设备制造	9916	6908	1	164	3018
其他电子设备制造	7787	170	2	119	889
电子计算机及办公设备制造业					
医疗设备及仪器仪表制造业	217840	7809	19	1050	13186
医疗设备及器械制造	10489	151	2	64	1119
仪器仪表制造	207351	7658	17	986	12067
公共软件服务					
按地区分组					
杭州市	231505	50592	25	1323	23783
宁波市	87459	15358	7	848	20822
温州市	35173	1068	4	237	2543
嘉兴市	139973	5093	5	452	6769
湖州市	20348	75	1	19	591
绍兴市	406514	30281	11	691	22371
金华市	77110	38691	5	289	4438
衢州市	5045	68	1	86	666
台州市	183159	20904	13	923	12632

6－75 高技术产业股份企业科技活动人员情况

单位:人

指标名称	科技活动人员	科学家和工程师	R&D活动人员折合全时当量（人年）	科学家和工程师
总 计	**10257**	**6704**	**6060**	**4390**
按高技术行业分组				
核燃料加工				
信息化学品制造	112	108	15	15
医药制造业	4395	2546	2532	1802
#化学药品制造	3500	1979	1932	1375
中成药制造	691	431	478	328
生物、生化制品的制造	139	76	62	39
航空航天器制造				
电子及通信设备制造业	2728	1879	1750	1196
通信设备制造	1190	1123	821	796
移动通信及终端设备制造	1190	1123	821	796
电子器件制造	334	52	255	39
电子真空器件制造	15	8	5	4
集成电路制造	21	9		
光电子器件及其他电子器件制造	298	35	250	35
电子元件制造	830	417	432	206
家用视听设备制造	255	177	157	113
其他电子设备制造	119	110	85	42
电子计算机及办公设备制造业				
医疗设备及仪器仪表制造业	1779	1144	901	650
医疗设备及器械制造	192	33	47	29
仪器仪表制造	1587	1111	854	621
公共软件服务	1243	1027	862	727
按地区分组				
杭州市	3402	2791	2205	1956
宁波市	902	857	437	385
温州市	407	156	230	102
嘉兴市	747	380	377	188
湖州市	54	44		
绍兴市	2922	1414	1673	1041
金华市	743	448	475	326
衢州市	96	65	68	52
台州市	984	549	595	340

6－76　高技术产业股份企业科技活动经费筹集情况

单位:万元

指标名称	科技活动经费筹集总额	政府资金	企业资金	金融机构贷款
总　计	**156854**	**6064**	**133869**	**16839**
按高技术行业分组				
核燃料加工				
信息化学品制造	2837	9	2129	700
医药制造业	63298	2473	49462	11363
#化学药品制造	53800	2010	40627	11163
中成药制造	5495		5495	
生物、生化制品的制造	3635	463	3173	
航空航天器制造				
电子及通信设备制造业	47235	1723	44870	600
通信设备制造	30618	590	30028	
移动通信及终端设备制造	30618	590	30028	
电子器件制造	1116	215	900	
电子真空器件制造	370		370	
集成电路制造	450	14	436	
光电子器件及其他电子器件制造	296	201	94	
电子元件制造	10532	819	9108	600
家用视听设备制造	4260	99	4124	
其他电子设备制造	710		710	
电子计算机及办公设备制造业				
医疗设备及仪器仪表制造业	33598	860	29322	3376
医疗设备及器械制造	1121	45	1076	
仪器仪表制造	32477	815	28246	3376
公共软件服务	9885	999	8086	800
按地区分组				
杭州市	58899	3057	50389	5416
宁波市	25480	70	25345	65
温州市	3268	39	3228	
嘉兴市	9190	653	8332	200
湖州市	695	168	327	200
绍兴市	32583	1144	21746	9653
金华市	7991	171	7620	200
衢州市	1200		1000	200
台州市	17549	762	15881	906

6-77 高技术产业股份企业科技活动经费支出情况

单位:万元

	科技活动经费内部支出	劳务费	仪器设备费	R&D经费内部支出
总　计	**140970**	**43218**	**30756**	**105738**
按高技术行业分组				
核燃料加工				
信息化学品制造	2775	421	1102	588
医药制造业	52005	11536	13786	37613
#化学药品制造	44176	9087	11442	32900
中成药制造	4525	1751	1025	2992
生物、生化制品的制造	2659	512	1285	1326
航空航天器制造				
电子及通信设备制造业	44167	13274	9451	37308
通信设备制造	27853	8131	4853	23665
移动通信及终端设备制造	27853	8131	4853	23665
电子器件制造	1259	284	510	577
电子真空器件制造	550	80	394	289
集成电路制造	421	30	105	
光电子器件及其他电子器件制造	288	174	11	288
电子元件制造	9857	2851	3205	8837
家用视听设备制造	4169	1653	436	3523
其他电子设备制造	1030	355	448	707
电子计算机及办公设备制造业				
医疗设备及仪器仪表制造业	32138	11644	5567	22303
医疗设备及器械制造	1720	348	939	460
仪器仪表制造	30418	11296	4628	21843
公共软件服务	9885	6344	851	7926
按地区分组				
杭州市	56340	22946	9610	44041
宁波市	22985	5231	4140	15080
温州市	3074	946	1343	2055
嘉兴市	8757	2737	2846	7488
湖州市	695	138	146	
绍兴市	27925	6136	6698	22584
金华市	5944	1879	1675	3509
衢州市	900	62	352	650
台州市	14350	3145	3947	10330

6－78 高技术产业股份企业新产品及专利情况(一)

单位:万元

指标名称	科技项目数(项)	新产品开发项目数(项)	新产品开发经费支出	新产品产值
总计	26676	466	120846	1749328
按高技术行业分组				
核燃料加工				
信息化学品制造	12	10	2713	22391
医药制造业	203	188	45134	608469
#化学药品制造	166	155	38523	466856
中成药制造	20	20	3660	59476
生物、生化制品的制造	14	10	2584	81171
航空航天器制造				
电子及通信设备制造业	106	102	42636	734481
通信设备制造	38	38	27653	556361
移动通信及终端设备制造	38	38	27653	556361
电子器件制造	6	6	969	12887
电子真空器件制造	2	2	260	5374
集成电路制造	2	2	421	1150
光电子器件及其他电子器件制造	2	2	288	6364
电子元件制造	32	30	9535	110912
家用视听设备制造	25	23	3520	43870
其他电子设备制造	5	5	959	10452
电子计算机及办公设备制造业				
医疗设备及仪器仪表制造业	172	166	30364	383987
医疗设备及器械制造	11	11	1119	21489
仪器仪表制造	161	155	29245	362499
公共软件服务	26183			
按地区分组				
杭州市	26346	146	44645	516797
宁波市	66	65	21878	530830
温州市	21	21	2759	69136
嘉兴市	23	23	8312	104467
湖州市	2	2	404	4942
绍兴市	58	56	25525	353489
金华市	21	21	4620	26848
衢州市	4	4	900	13348
台州市	135	128	11804	129472

6－79 高技术产业股份企业新产品及专利情况(二)

单位:万元

指标名称	新产品销售收入	出口	专利申请数(件)	拥有发明专利数(件)
总计	**1655514**	**839873**	**290**	**256**
按高技术行业分组				
核燃料加工				
信息化学品制造	20662	6450		9
医药制造业	598282	408282	104	83
#化学药品制造	464273	327034	88	49
中成药制造	56978	22336	14	12
生物、生化制品的制造	76088	58802	1	14
航空航天器制造				
电子及通信设备制造业	710579	365134	112	80
通信设备制造	534173	288250	48	12
移动通信及终端设备制造	534173	288250	48	12
电子器件制造	12223	3420	6	3
电子真空器件制造	5374		6	3
集成电路制造	1150			
光电子器件及其他电子器件制造	5699	3420		
电子元件制造	104303	60634	33	18
家用视听设备制造	49682	12111	10	4
其他电子设备制造	10199	720	15	43
电子计算机及办公设备制造业				
医疗设备及仪器仪表制造业	325991	60006	72	80
医疗设备及器械制造	10830	3151		8
仪器仪表制造	315160	56855	72	72
公共软件服务			2	4
按地区分组				
杭州市	476223	108206	91	95
宁波市	505074	296735	36	20
温州市	56139	32047	15	12
嘉兴市	98102	60522	15	24
湖州市	3799		2	1
绍兴市	352135	257343	75	78
金华市	26079	612	15	15
衢州市	15966	10678		
台州市	121997	73729	41	11

6－80　高技术产业股份企业技术引进情况

单位：万元

	技术改造经费支出	技术引进经费支出	消化吸收经费支出	购买国内技术经费支出
总　计	**85775**	**6173**	**8646**	**4503**
按高技术行业分组				
核燃料加工				
信息化学品制造	3013	1015		482
医药制造业	58072	440	6564	3501
＃化学药品制造	43743	440	6564	3232
中成药制造	9346			
生物、生化制品的制造	4983			269
航空航天器制造				
电子及通信设备制造业	9042	2238	1052	468
通信设备制造	4956	1254	125	96
移动通信及终端设备制造	4956	1254	125	96
电子器件制造	200	70	57	17
电子真空器件制造	200	70	57	17
电子元件制造	3317	854	835	300
家用视听设备制造	334	60	35	55
其他电子设备制造	235			
电子计算机及办公设备制造业				
医疗设备及仪器仪表制造业	15647	2480	1030	52
医疗设备及器械制造	641			
仪器仪表制造	15006	2480	1030	52
公共软件服务				
按地区分组				
杭州市	15243	1805	835	1157
宁波市	6136	1434	1125	126
温州市	841	70	57	17
嘉兴市	2786	67	5	
湖州市	301			
绍兴市	33094		5960	2705
金华市	14246	210	101	
衢州市	85			
台州市	13043	2587	563	497

七、全国及分省（市、区）情况

7－1 全国及分地区科技活动人员情况

地 区	单位数（个）	有科技活动的单位数	科技活动人员（人）	其中:女性	科学家和工程师
全 国	**332257**	**69023**	**4543868**	**889552**	**3128687**
北 京	15436	7175	401595	96865	324488
天 津	7657	1440	112650	26484	77371
河 北	12274	1663	136441	29488	96124
山 西	2098	933	127998	26587	76532
内蒙古	2888	562	41998	12927	30942
辽 宁	18649	2164	188663	41707	134696
吉 林	5176	856	92728	23922	67374
黑龙江	5705	1008	115073	27489	81844
上 海	17471	2176	227867	42998	169523
江 苏	44188	7850	437923	76154	275555
浙 江	15807	12873	347787	69578	216532
安 徽	6017	1506	113209	14736	74610
福 建	17101	2683	112758	21950	75787
江 西	5215	1036	72596	12498	45508
山 东	37847	3036	330500	63854	228876
河 南	15608	2290	192165	36194	122225
湖 北	10957	2281	173490	29228	125143
湖 南	9585	2185	136416	21665	93196
广 东	41604	6114	448946	74880	327712
广 西	8553	1171	73097	13038	47215
海 南	830	155	8877	1566	4677
重 庆	3868	1077	83848	17095	57540
四 川	9233	2292	208930	36299	138935
贵 州	3036	549	39187	9362	23738
云 南	3425	977	57544	10193	38849
西 藏	264	52	3591	365	2226
陕 西	4849	1254	148817	32141	97001
甘 肃	2756	639	53328	9158	35976
青 海	769	186	11169	2011	7415
宁 夏	1059	307	14482	2744	10129
新 疆	2332	533	30195	6376	20948

7-2 全国及分地区科技活动经费筹集情况

单位:亿元

地区	科技经费筹集额						
	合计	政府资金	企业资金	事业单位资金	金融机构贷款	国外资金	其他资金
全国	**7695.15**	**1703.55**	**5189.48**	**181.67**	**384.31**	**103.66**	**131.08**
北京	992.28	476.03	375.22	47.52	8.36	63.35	21.79
天津	278.14	34.91	214.96	6.25	13.76	6.84	1.42
河北	164.00	32.13	122.10	2.58	4.07	0.74	2.17
山西	178.93	20.37	150.09	1.72	4.94	0.44	1.36
内蒙古	49.57	11.36	34.06	0.27	2.03	0.01	1.84
辽宁	287.29	66.35	202.28	4.43	9.29	1.36	3.58
吉林	122.62	30.23	82.02	2.56	5.54	0.25	2.03
黑龙江	132.46	46.53	70.72	5.12	8.94	0.04	1.11
上海	561.26	134.94	385.91	12.40	6.70	9.58	11.70
江苏	935.59	119.98	706.45	13.20	81.42	3.66	10.87
浙江	581.75	61.35	459.61	7.64	42.21	2.04	8.89
安徽	201.43	40.15	126.15	6.44	25.40	0.80	2.49
福建	197.44	22.60	147.45	2.36	20.41	2.18	2.44
江西	91.42	20.25	61.14	2.37	6.86	0.04	0.75
山东	612.12	50.49	507.55	7.83	39.06	1.48	5.70
河南	234.85	35.08	175.16	6.83	15.34	0.04	2.10
湖北	230.96	71.85	132.02	6.91	7.48	0.57	11.56
湖南	159.04	26.94	116.00	4.47	6.22	0.47	4.91
广东	715.84	67.67	583.01	11.72	36.61	4.97	11.77
广西	74.49	14.88	50.89	2.58	4.89	0.13	1.06
海南	11.14	4.76	5.74	0.52	0.10	0.00	0.02
重庆	105.56	16.53	74.94	2.38	6.86	3.53	1.31
四川	307.85	109.23	167.64	10.01	13.23	0.35	7.37
贵州	39.03	8.85	25.42	0.85	2.05	0.02	1.83
云南	62.71	21.54	35.03	2.11	3.14	0.34	0.55
西藏	1.85	1.63	0.03	0.18	0.00	0.01	0.01
陕西	223.42	122.14	82.49	6.71	4.94	0.13	7.01
甘肃	72.40	18.93	48.85	2.05	1.01	0.14	1.42
青海	13.68	3.56	9.24	0.17	0.32	0.01	0.39
宁夏	19.76	3.58	14.38	0.12	1.53	0.00	0.16
新疆	36.26	8.74	22.94	1.36	1.59	0.13	1.50

7－3 全国及分地区科技活动经费支出情况

单位:亿元

地 区	总 计	内部支出	其中:1.经常费支出	人员劳务费	2.科研基建支出	其中:固定资产购建	设备购置	外部支出
全 国	**7611.58**	**7098.87**	**6407.66**	**1506.91**	**691.22**	**2186.62**	**1817.49**	**512.70**
北 京	897.71	825.42	748.17	206.92	77.25	167.99	134.99	72.29
天 津	277.63	232.17	211.03	35.86	21.13	72.99	60.01	45.46
河 北	171.47	163.04	145.77	26.43	17.27	57.20	48.55	8.43
山 西	169.20	157.62	140.30	28.99	17.32	61.29	53.23	11.57
内蒙古	50.46	48.30	43.00	9.84	5.30	16.76	14.09	2.16
辽 宁	305.07	288.87	255.32	51.27	33.55	84.50	68.41	16.20
吉 林	111.82	108.22	101.73	17.53	6.49	21.70	18.89	3.60
黑龙江	117.09	106.85	97.40	26.47	9.45	28.54	21.94	10.24
上 海	584.34	528.71	478.59	126.99	50.13	138.06	106.39	55.63
江 苏	948.84	900.15	808.13	162.25	92.02	314.79	263.63	48.69
浙 江	539.69	509.36	482.17	128.42	27.19	135.64	119.14	30.33
安 徽	213.18	195.62	167.99	27.54	27.63	79.99	64.43	17.56
福 建	183.36	172.76	161.93	40.87	10.83	53.10	45.79	10.60
江 西	89.70	79.50	71.86	15.52	7.64	30.70	27.72	10.20
山 东	640.44	602.16	555.49	107.43	46.67	218.73	193.14	38.28
河 南	233.88	220.81	194.51	34.81	26.30	79.75	66.86	13.06
湖 北	228.68	216.84	195.53	43.05	21.31	66.00	55.03	11.83
湖 南	159.39	148.13	132.17	33.91	15.96	45.75	37.40	11.26
广 东	714.17	684.22	625.16	203.88	59.06	214.93	182.22	29.95
广 西	76.16	71.53	62.40	12.87	9.13	25.63	19.94	4.63
海 南	11.59	10.96	10.48	2.29	0.48	4.84	4.39	0.63
重 庆	111.63	105.57	94.61	20.32	10.97	37.91	31.62	6.06
四 川	305.26	290.14	255.11	60.84	35.03	91.12	68.89	15.12
贵 州	38.61	35.30	32.36	7.48	2.94	11.64	9.55	3.31
云 南	63.21	60.14	52.19	10.66	7.95	20.02	17.31	3.07
西 藏	1.87	1.86	1.66	0.82	0.20	0.41	0.27	0.01
陕 西	221.26	209.82	171.58	35.77	38.24	64.82	49.94	11.44
甘 肃	74.13	60.40	54.74	13.64	5.66	17.34	14.08	13.73
青 海	13.03	11.76	10.53	2.73	1.23	4.22	3.19	1.28
宁 夏	20.32	19.83	17.25	2.84	2.59	9.03	7.59	0.48
新 疆	38.41	32.81	28.49	8.68	4.31	11.24	8.84	5.60

7－4 全国及分地区研究与试验发展(R&D)情况

地 区	有R&D活动的单位数(个)	R&D人员折合全时人员(人年)		
			其中：科学家和工程师	其中：全时人员
全 国	**38569**	**1736154**	**1423381.1**	**1358356.2**
北 京	4563	187577.5	163313.3	151867.7
天 津	979	44854.1	37375.3	35599.6
河 北	859	45333.7	37290.6	33019
山 西	429	36864.1	28224.2	26468.9
内蒙古	271	15372.5	12878.2	11432.6
辽 宁	1228	77156.7	64376.5	57734.6
吉 林	536	32509.4	29573.9	20437.9
黑龙江	718	48204.6	42445.8	35874.2
上 海	1357	90144.9	76321.1	72137.9
江 苏	4485	160482	120673.7	128572.4
浙 江	5835	129393.2	89095.5	105471.7
安 徽	792	36162.6	29746.2	27848.7
福 建	1511	47593.4	37442.6	38749.2
江 西	582	27123	21582.7	20250.8
山 东	1932	116470.3	99776.3	88802.8
河 南	1168	64878.6	48348.9	50546
湖 北	1346	67402.8	58208	52577
湖 南	1275	44942.3	35857.1	32700.5
广 东	3699	199463.8	177057.6	167037.5
广 西	620	21505.8	18857.9	12705.6
海 南	70	1262	1060.9	770.3
重 庆	604	31563	25826.9	24206.6
四 川	1378	78849	62900.3	61652.4
贵 州	315	11364.7	9205.3	8323.2
云 南	438	17819	14911.8	11540.1
西 藏	29	675.3	399.4	509.3
陕 西	695	65072.1	51212.3	53361.7
甘 肃	417	18768.8	14583.6	15438.6
青 海	109	2914.6	2247.7	1894.3
宁 夏	154	5564.8	4681.7	4225.8
新 疆	175	8863.1	7906	6595.5

	R&D经费内部支出（亿元）	其中:1.经常费支出	其中:人员劳务费	2.科研基建支出	其中:固定资产购建	设备购置	R&D经费外部支出（亿元）
全 国	**3710.24**	**3551.87**	**877.09**	**173.38**	**941.2**	**845.54**	**306.33**
北 京	505.39	458.64	122.03	46.75	100.03	80.79	38.29
天 津	114.69	106.85	18.87	7.85	32.5	26.98	38.02
河 北	90.02	85.47	14.82	4.55	24.40	22.65	4.59
山 西	49.25	47.33	11.56	1.92	15.70	14.61	5.59
内蒙古	24.20	23.74	5.07	0.46	6.23	5.91	1.35
辽 宁	165.40	157.2	31.65	8.20	38.86	35.62	9.62
吉 林	50.87	49.87	9.52	0.99	10.05	9.27	2.45
黑龙江	66.04	64.05	17.62	1.99	15.05	12.44	8.46
上 海	307.46	292.77	76.66	14.69	63.86	55.43	30.13
江 苏	430.20	428.63	88.23	16.57	131.66	120.87	31.69
浙 江	281.60	278.61	75.69	2.99	65.82	63.29	18.28
安 徽	70.13	66.51	12.03	3.62	20.65	17.32	11.44
福 建	82.17	81.07	20.93	1.10	22.03	21.00	6.60
江 西	48.79	46.31	10.30	2.47	18.31	17.38	5.83
山 东	312.31	308.12	60.47	4.19	95.49	92.72	21.14
河 南	101.13	95.87	19.05	5.26	28.07	25.05	5.98
湖 北	111.32	104.87	23.95	6.45	31.04	27.99	6.10
湖 南	73.55	71.23	19.63	2.32	18.53	16.71	7.03
广 东	404.29	398.88	142.24	5.41	94.00	90.03	21.68
广 西	23.66	22.73	6.42	0.93	6.62	5.75	2.06
海 南	2.60	2.47	0.61	0.13	0.95	0.82	0.13
重 庆	46.99	46.09	10.77	0.90	11.49	10.34	3.47
四 川	139.14	127.36	35.79	11.78	37.63	28.41	8.63
贵 州	13.74	13.54	3.55	0.20	3.52	3.31	1.79
云 南	25.88	22.47	5.3	3.41	6.69	5.90	1.18
西 藏	0.70	0.59	0.31	0.11	0.22	0.14	0.00
陕 西	121.71	105.07	21.69	16.64	28.83	22.89	6.55
甘 肃	25.72	24.76	6.2	0.97	6.69	6.03	5.85
青 海	3.81	3.75	0.93	0.06	1.22	1.16	0.54
宁 夏	7.47	7.31	1.45	0.16	2.49	2.37	0.20
新 疆	10.02	9.69	3.73	0.32	2.58	2.34	1.67

7－5　全国及分地区科技成果情况

地　区	专利申请数（件）	发明专利申请数	拥有发明专利数（件）	发表科技论文（篇）	出版科技著作（种）
全　国	**180646**	**81879**	**146333**	**1142555**	**43063**
北　京	15108	11158	26483	135439	7680
天　津	5148	2619	5732	27341	1198
河　北	2177	890	2242	35948	1038
山　西	1299	659	1268	19720	785
内蒙古	558	233	473	8981	317
辽　宁	4504	2539	6965	44961	2098
吉　林	1753	923	2982	28453	1159
黑龙江	2589	1439	3562	32362	1101
上　海	13687	8176	11183	70309	3308
江　苏	16651	6584	15050	84581	2633
浙　江	28417	7000	11915	49194	1670
安　徽	3940	1198	2210	31198	807
福　建	3242	1136	2459	22583	776
江　西	1115	366	649	22839	656
山　东	11939	3795	10013	66215	2708
河　南	4866	1719	2692	47880	2696
湖　北	4875	2392	7105	79511	2413
湖　南	3846	1952	3692	46857	1416
广　东	36316	19812	14985	65599	2208
广　西	1379	516	770	23147	525
海　南	181	67	63	3550	164
重　庆	4362	985	1719	23454	702
四　川	5281	1891	4143	54673	1452
贵　州	912	440	484	10349	201
云　南	1117	618	1204	18460	850
西　藏	3	3	3	753	33
陕　西	3541	1838	4188	50229	1436
甘　肃	959	576	1268	17186	604
青　海	176	87	139	4022	90
宁　夏	163	56	179	4167	104
新　疆	542	212	513	12594	235

7-6　全国及分地区高技术产业总产值情况

单位:亿元

地　区	1995	2000	2003	2004	2005	2006	2007
全　国	**4097.76**	**10411.47**	**20556.10**	**27768.60**	**34367.11**	**41995.99**	**50461.17**
北　京	212.82	972.68	1188.50	1539.80	2134.26	2659.90	3186.67
天　津	250.82	675.57	1021.97	1519.60	1793.04	2258.94	2211.02
河　北	81.04	158.83	251.37	250.70	301.13	338.05	437.35
山　西	19.81	38.92	54.18	61.00	74.76	109.70	154.90
内蒙古	13.71	20.58	64.41	82.10	112.66	138.31	171.32
辽　宁	168.59	358.44	524.29	610.90	641.10	752.55	1018.99
吉　林	45.12	101.87	141.47	155.40	185.84	231.34	314.29
黑龙江	86.19	176.69	254.64	155.40	303.94	211.52	246.47
上　海	378.07	1004.10	2251.19	3259.70	3905.10	4473.45	5631.04
江　苏	477.93	1264.40	3122.42	5029.70	6178.36	7557.14	9661.04
浙　江	221.30	528.09	1054.51	1379.00	1734.21	2435.38	2847.81
安　徽	59.17	81.93	122.23	147.50	172.91	220.01	281.91
福　建	130.41	449.61	1002.01	1292.40	1438.81	1654.78	1797.81
江　西	69.66	118.89	141.66	165.30	234.03	331.56	445.65
山　东	180.58	368.88	891.44	1203.50	1785.65	2372.19	3134.67
河　南	93.50	138.26	194.62	258.10	328.92	462.33	642.24
湖　北	84.70	218.61	305.79	274.10	447.53	584.63	695.64
湖　南	47.30	108.16	155.23	179.10	219.30	255.09	328.06
广　东	965.36	2713.48	6583.81	8838.30	10710.74	12975.46	14701.95
广　西	35.83	50.15	70.94	84.50	114.75	139.05	173.75
海　南	7.30	22.28	27.37	30.70	35.11	37.58	38.93
重　庆		71.26	100.53	129.30	145.45	167.78	218.89
四　川	222.38	333.80	447.51	464.70	617.85	771.35	1107.33
贵　州	44.24	78.06	115.41	125.20	156.22	175.26	204.14
云　南	20.68	35.93	47.88	56.30	65.03	78.89	100.63
西　藏	0.05	2.48	3.29	4.10	4.17	5.16	5.74
陕　西	158.06	262.23	353.20	406.00	443.99	505.44	590.85
甘　肃	14.77	42.63	43.14	35.60	43.56	52.44	54.95
青　海	1.55	2.98	5.84	6.70	8.29	10.24	14.14
宁　夏	2.42	6.48	10.65	14.00	19.14	16.36	22.64
新　疆	4.40	5.20	4.60	9.80	11.26	14.12	20.34

注:7-6表~7-11表统计口径为规模以上工业企业。

7-7 全国及分地区高技术产业增加值情况

单位:亿元

地 区	1995	2000	2003	2004	2005	2006	2007
全 国	**1080.52**	**2758.75**	**5034.02**	**6341.30**	**8127.79**	**10055.51**	**11620.66**
北 京	66.73	246.68	290.92	315.10	404.19	488.89	558.09
天 津	87.65	171.35	223.04	371.60	392.65	595.96	608.68
河 北	24.38	53.06	87.14	77.70	93.23	103.51	135.27
山 西	5.50	13.88	20.15	23.90	27.07	37.06	58.41
内蒙古	2.57	7.26	25.48	32.20	35.47	43.55	56.85
辽 宁	50.29	88.40	124.02	148.50	173.16	212.86	298.84
吉 林	14.17	45.81	56.56	62.60	77.05	102.04	133.15
黑龙江	22.06	45.37	59.95	50.20	73.56	66.79	81.26
上 海	112.59	235.28	389.85	601.10	786.33	929.58	933.07
江 苏	112.43	302.00	780.86	1032.10	1460.27	1743.09	2093.37
浙 江	48.22	132.06	261.39	314.20	368.38	457.28	596.91
安 徽	10.65	19.95	36.51	42.60	55.24	73.23	91.37
福 建	26.20	127.82	226.63	289.60	317.37	415.45	444.95
江 西	19.23	37.54	41.56	51.60	75.84	106.95	140.46
山 东	41.48	106.47	254.34	358.70	533.32	700.46	954.63
河 南	26.41	51.20	65.22	80.60	103.04	159.15	234.43
湖 北	22.24	70.40	106.09	87.10	165.40	214.56	301.01
湖 南	13.25	29.61	41.94	61.70	74.88	84.38	101.82
广 东	216.99	677.77	1552.11	1880.00	2353.02	2836.10	2867.30
广 西	10.22	19.11	28.53	34.60	42.59	56.94	67.96
海 南	1.79	6.03	9.21	10.50	13.20	13.81	16.21
重 庆		17.68	28.00	42.00	46.36	58.35	82.59
四 川	63.27	112.98	133.85	143.50	203.60	245.29	394.72
贵 州	11.67	26.40	39.96	43.70	53.47	67.49	78.10
云 南	4.96	13.31	20.24	22.20	24.53	31.43	40.03
西 藏	0.03	1.38	1.81	2.50	1.93	2.50	3.59
陕 西	59.16	80.53	107.72	134.50	136.57	171.17	199.23
甘 肃	3.94	14.43	13.73	15.10	21.38	22.46	25.20
青 海	0.61	0.77	2.13	3.60	4.03	6.04	8.17
宁 夏	0.75	2.42	3.57	4.70	6.82	5.27	8.32
新 疆	1.09	1.79	1.51	3.20	3.86	3.86	6.68

7-8 全国及分地区高技术产业销售收入情况

单位:人

地　区	1995	2000	2003	2004	2005	2006	2007
全　国	**3917.12**	**10033.72**	**20411.52**	**27846.20**	**33921.79**	**41584.56**	**49714.10**
北　京	254.36	1018.88	1256.51	1571.60	2168.47	2831.92	3362.08
天　津	214.23	656.47	1056.87	1505.30	1908.97	2335.95	2146.96
河　北	76.78	155.65	270.86	252.20	300.17	327.25	423.22
山　西	17.61	29.05	42.63	51.00	67.62	95.47	137.43
内蒙古	12.47	19.42	60.26	74.80	102.81	132.99	162.70
辽　宁	163.36	354.07	507.56	569.30	608.45	721.28	973.51
吉　林	37.17	79.99	106.83	113.80	145.39	188.13	250.56
黑龙江	81.88	165.76	251.44	142.70	313.34	227.51	271.03
上　海	390.85	1051.76	2536.42	3850.90	4030.28	4609.91	5792.14
江　苏	438.77	1229.28	3128.55	4916.10	6137.52	7536.66	9557.31
浙　江	202.18	493.77	1069.58	1405.40	1741.78	2406.99	2774.87
安　徽	53.39	79.24	100.43	133.90	156.49	203.71	267.69
福　建	121.78	414.58	988.48	1272.60	1421.93	1605.72	1715.87
江　西	63.20	99.67	141.28	172.70	229.87	322.04	430.36
山　东	174.02	365.11	837.68	1186.50	1737.89	2286.29	3094.96
河　南	81.61	119.52	181.38	247.80	297.59	425.50	553.63
湖　北	75.08	194.90	285.03	254.50	396.92	508.72	575.96
湖　南	45.23	98.00	150.68	161.70	205.13	237.33	312.66
广　东	937.09	2623.81	6345.32	8712.50	10434.38	12794.13	14582.93
广　西	31.25	44.19	62.09	72.50	94.22	111.10	137.60
海　南	5.92	18.07	21.53	26.60	30.44	35.42	35.44
重　庆		60.59	87.71	107.90	135.99	155.44	200.41
四　川	209.25	297.05	415.54	440.70	578.27	725.11	1020.14
贵　州	41.79	67.48	93.66	107.20	127.93	132.96	171.16
云　南	19.68	32.29	41.69	50.60	59.76	76.63	91.76
西　藏	0.12	1.92	2.86	3.30	3.65	4.51	4.85
陕　西	147.66	230.44	318.95	379.90	414.29	466.64	566.60
甘　肃	13.12	19.97	31.72	36.40	39.17	43.24	49.73
青　海	1.48	2.11	4.62	5.00	6.87	8.44	12.61
宁　夏	2.18	5.94	8.93	11.20	15.67	14.21	19.03
新　疆	3.60	4.74	4.43	9.30	10.49	13.35	18.87

7－9 全国及分地区高技术产业利润情况

单位:亿元

地 区	1995	2000	2003	2004	2005	2006	2007
全 国	**178.04**	**673.46**	**971.41**	**1244.60**	**1423.23**	**1777.27**	**2395.76**
北 京	16.89	82.57	84.87	82.10	96.81	121.73	184.91
天 津	27.50	78.17	34.49	150.30	156.00	141.84	97.86
河 北	5.50	8.02	25.84	20.20	18.04	22.38	42.05
山 西	0.11	1.97	2.01	2.60	2.74	1.06	6.32
内蒙古	－0.22	0.55	10.51	14.40	6.31	8.52	12.84
辽 宁	－2.82	14.27	17.23	19.80	16.83	24.71	43.90
吉 林	0.84	9.55	8.88	7.40	11.76	17.66	39.31
黑龙江	1.95	7.63	10.29	6.40	14.42	14.06	20.38
上 海	26.49	92.01	73.99	132.40	93.86	121.56	152.97
江 苏	11.59	66.38	123.26	193.30	252.35	325.85	457.28
浙 江	11.57	42.25	73.47	88.60	81.95	118.40	164.80
安 徽	－0.01	2.45	6.15	7.80	9.47	13.40	16.89
福 建	5.93	19.60	64.92	76.20	69.09	101.34	118.19
江 西	1.83	3.75	6.32	8.90	10.76	15.52	22.65
山 东	8.32	21.09	40.15	62.60	95.73	114.66	173.15
河 南	7.16	11.91	11.17	16.10	14.96	25.35	55.90
湖 北	2.26	18.99	13.71	10.60	21.32	27.74	34.07
湖 南	－0.48	5.64	8.96	10.50	10.47	11.49	16.03
广 东	34.77	143.10	284.32	329.20	367.34	447.14	571.40
广 西	0.62	3.75	5.66	6.20	7.75	7.76	8.04
海 南	－0.15	1.50	3.47	4.30	5.53	7.40	6.89
重 庆		0.27	5.61	6.90	9.06	10.28	12.19
四 川	15.19	17.22	24.05	－39.80	27.61	32.23	71.77
贵 州	－1.29	2.12	4.76	4.90	3.01	7.36	14.11
云 南	0.95	3.59	4.50	6.30	6.62	8.09	9.54
西 藏	－0.01	0.59	0.84	0.90	1.58	1.11	0.95
陕 西	4.94	13.90	19.61	17.90	6.48	22.08	28.94
甘 肃	－1.15	－0.21	1.00	0.50	2.55	3.31	7.51
青 海	0.01	0.14	0.61	0.90	0.77	1.10	1.49
宁 夏	－0.14	0.62	0.38	－4.70	0.94	1.17	1.13
新 疆	－0.12	0.06	0.38	1.30	1.12	0.98	2.27

7－10　全国及分地区高技术产业利税情况

单位:亿元

地　区	1995	2000	2003	2004	2005	2006	2007
全　国	**326.24**	**1033.44**	**1464.60**	**1783.80**	**2089.57**	**2611.17**	**3353.38**
北　京	25.22	110.42	123.31	116.60	139.37	170.15	242.97
天　津	37.07	97.68	54.29	175.20	183.88	174.73	126.72
河　北	10.34	16.30	37.78	32.00	31.06	36.80	59.10
山　西	0.95	3.93	4.83	5.60	6.02	5.39	11.77
内蒙古	0.25	1.26	14.08	17.80	9.09	11.92	18.02
辽　宁	3.00	26.72	25.96	28.20	27.89	37.23	66.98
吉　林	3.71	15.89	16.14	15.60	20.10	26.83	51.46
黑龙江	6.49	20.42	25.98	16.20	30.67	30.31	34.25
上　海	43.17	123.76	115.71	179.40	136.53	164.12	199.51
江　苏	29.73	116.75	181.48	268.30	334.44	418.36	571.13
浙　江	19.08	66.76	117.10	139.10	133.01	177.43	237.08
安　徽	1.94	5.84	9.93	12.40	14.80	21.02	27.07
福　建	9.15	31.46	78.24	97.70	85.32	120.88	135.57
江　西	5.25	10.35	13.23	16.40	22.61	28.79	37.24
山　东	14.59	36.23	67.02	100.10	149.16	180.92	260.29
河　南	11.71	19.36	18.87	26.00	27.96	42.00	81.14
湖　北	5.60	29.08	22.91	19.90	33.67	42.58	52.87
湖　南	2.20	11.07	15.66	18.50	19.73	20.56	30.50
广　东	54.16	202.70	395.04	435.90	545.69	723.96	843.28
广　西	2.66	7.31	11.19	12.00	14.10	14.21	16.18
海　南	0.10	2.88	5.46	6.70	8.39	10.59	9.99
重　庆		3.93	10.64	12.50	15.18	17.49	24.32
四　川	25.21	33.33	41.64	－25.40	47.30	55.70	105.28
贵　州	0.22	5.24	9.13	10.00	9.30	13.36	22.32
云　南	2.01	5.85	8.41	10.00	11.16	13.74	16.46
西　藏	0.02	0.88	1.28	1.30	2.08	1.84	1.75
陕　西	12.72	25.41	34.11	34.00	21.64	39.41	51.72
甘　肃	－0.53	0.82	2.52	2.20	4.66	5.44	10.53
青　海	0.13	0.35	0.99	1.30	1.24	1.79	2.52
宁　夏	0.03	1.00	0.90	－4.00	1.44	1.47	1.76
新　疆	0.08	0.49	0.77	2.30	2.08	2.13	3.58

7－11　全国及分地区高技术产业出口交货值情况

单位:亿元

地　区	1995	2000	2003	2004	2005	2006	2007
全　国	**1125.23**	**3388.38**	**9098.27**	**14830.90**	**17635.97**	**23476.46**	**28422.79**
北　京	39.09	160.17	251.42	453.20	832.58	1151.99	1420.54
天　津	62.05	259.44	509.35	852.90	1054.52	1168.81	1412.75
河　北	10.93	17.25	36.14	35.30	41.82	45.51	66.83
山　西	1.22	1.72	1.47	2.50	5.72	19.58	29.52
内蒙古	1.96	1.09	1.54	1.60	31.65	37.65	6.15
辽　宁	59.73	163.87	251.83	285.80	271.07	329.58	382.19
吉　林	1.96	2.05	5.07	10.50	6.61	9.07	9.88
黑龙江	12.02	12.73	11.18	4.40	15.36	13.80	17.29
上　海	84.38	370.20	1304.73	2101.80	2726.02	3191.27	4180.30
江　苏	87.78	531.39	1530.57	3373.40	3876.44	4778.10	6136.32
浙　江	45.84	122.80	253.33	473.70	744.66	1253.41	1411.84
安　徽	3.89	4.42	8.78	10.00	15.55	22.23	37.11
福　建	63.72	195.60	511.33	730.40	827.54	942.48	1065.01
江　西	8.49	4.51	19.37	19.00	27.13	47.28	70.23
山　东	45.49	77.73	220.41	285.80	423.85	664.95	1017.02
河　南	6.44	10.08	16.59	23.70	33.66	36.46	33.42
湖　北	14.91	11.66	23.45	32.70	61.54	122.77	139.90
湖　南	3.29	9.57	18.66	26.70	30.45	34.00	36.42
广　东	528.41	1371.45	3969.42	5969.20	6475.20	9422.35	10707.85
广　西	3.28	2.01	2.73	4.20	9.52	9.32	20.35
海　南	0.40	0.94	1.08	1.60	1.96	2.83	3.02
重　庆		6.29	6.80	7.90	9.49	18.27	29.67
四　川	14.75	21.64	94.56	65.60	66.05	94.53	122.39
贵　州	3.13	1.84	9.86	13.80	10.66	8.03	7.45
云　南	3.24	4.00	3.47	4.20	4.95	7.10	7.19
西　藏					0.01	0.02	0.01
陕　西	16.53	19.65	26.46	35.10	24.83	36.41	40.56
甘　肃	0.89	2.73	6.01	2.20	0.47	0.64	0.81
青　海	0.06		0.34	0.40	0.22	0.22	0.14
宁　夏	0.03	1.11	2.13	2.60	6.05	6.70	7.13
新　疆	1.32	0.44	0.19	0.70	0.39	1.11	3.49

7－12　全国及分地区高技术产业新产品出口销售收入情况

单位:万元

地　区	1995	2000	2003	2004	2005	2006	2007
全　国	**695011**	**6783131**	**14168325**	**27242033**	**26662498**	**33415657**	**43520861**
北　京	7724	1239076	114480	1323455	576296	556796	7217602
天　津	63442	594111	1161666	5557449	2335622	2502651	3496118
河　北	5771	12089	16383	29289	28166	28618	46971
山　西		1509		884	603	961	120
内蒙古	47					1570	
辽　宁	16855	49699	674833	377457	208970	60221	377905
吉　林	1006	116	6354	12611	16285	17513	16384
黑龙江	2193	583	52598	2395	37010	3715	23728
上　海	27809	927266	2285669	4786105	5792998	7575219	2913910
江　苏	66107	1074420	1172595	1837144	1129691	1985638	7057017
浙　江	47088	130061	405347	760403	1140440	1658511	2202938
安　徽	717	2003	27144	11184	5360	10014	78403
福　建	22737	588426	3042807	3163394	3685312	4121220	5229022
江　西	5788	25161	28677	71068	72050	54418	69946
山　东	17350	68824	87219	1030404	496205	604360	1857305
河　南	7500	34251	16291	127829	55221	51281	129596
湖　北	12601	5273	7994	23268	22591	61021	97554
湖　南	678	16322	10108	19881	18315	31490	36716
广　东	361026	1911396	4383558	7735892	10595446	13503374	11988146
广　西	4331	2349	770	6464	9885	3817	10402
海　南						6	
重　庆		5856	645	7707	8598	81751	148519
四　川	5252	40739	585749	305533	344984	304634	300431
贵　州	2169	3730	58154	12514	29574	67605	53630
云　南	6523	6042	4977	9620	6944	5919	45668
西　藏							
陕　西	8398	10658	22494	24388	23913	81717	49730
甘　肃	1899	20781	112	600			2759
青　海			736				180
宁　夏		12392	965	1392	19371	31948	43560
新　疆				3705	2652	9667	26602

注:7－12 表～7－29 表统计口径为大中型工业企业。

7－13 全国及分地区高技术产业科技活动人员情况

单位：人

地 区	1995	2000	2003	2004	2005	2006	2007
全 国	**245572**	**260965**	**278017**	**289975**	**347125**	**393987**	**478284**
北 京	9741	12473	12012	13096	14443	15251	17677
天 津	6345	4711	4867	6662	6664	8648	10492
河 北	3285	4017	5805	5720	6550	6861	7303
山 西	2809	1418	1322	1381	1592	2026	1514
内蒙古	677	151	94	188	273	533	449
辽 宁	20988	14612	10886	8985	13155	16018	15045
吉 林	2792	3040	2399	3153	2888	3295	3565
黑龙江	9051	6737	7078	5748	10702	8128	8010
上 海	16798	17866	19874	16950	18518	18834	24175
江 苏	21581	23256	31400	31550	45839	46185	62324
浙 江	3905	5617	13710	17468	22850	28690	29261
安 徽	2699	2796	4703	2654	3246	4344	6066
福 建	1460	3120	7368	7824	10051	12297	14866
江 西	9393	14314	4894	8352	9177	9065	9374
山 东	6875	11352	13894	13895	14222	17091	21409
河 南	6319	12441	6706	7041	8035	11011	12694
湖 北	7884	9367	8168	10204	12366	13131	13980
湖 南	8480	5920	5127	3286	6770	5159	3512
广 东	8579	28991	49292	65324	80743	97989	139145
广 西	1571	1753	1049	1346	2244	2079	1964
海 南	204	193	54	113	150	91	117
重 庆		4081	4041	4083	4730	4941	6476
四 川	35178	19809	20852	17202	15940	23483	28389
贵 州	13403	10784	7841	6204	6494	9500	9654
云 南	1322	549	447	527	485	595	1102
西 藏							
陕 西	37928	37183	28434	28666	26523	26765	27915
甘 肃	5727	3867	5015	1456	1745	1168	856
青 海	177	70	108	66	26	45	169
宁 夏	356	470	554	755	564	611	656
新 疆	45	7	23	76	140	153	125

7－14　全国及分地区高技术产业科技活动人员中科学家和工程师情况

单位：人

地　区	1995	2000	2003	2004	2005	2006	2007
全　国	**91311**	**151077**	**182380**	**182322**	**240430**	**263825**	**343526**
北　京	5564	8851	8948	9209	11220	11505	13195
天　津	2984	3167	2490	2833	4594	6228	8180
河　北	1233	2549	3688	3647	4822	4954	5207
山　西	1259	787	998	840	1074	1492	1016
内蒙古	253	118	69	151	207	319	323
辽　宁	6506	9799	7481	5253	9941	10113	11070
吉　林	1185	2120	1572	1740	2015	2315	2584
黑龙江	4171	3619	4562	3718	8626	6600	5977
上　海	7906	11354	15558	11628	13323	14252	17764
江　苏	9048	12146	17820	17929	26447	26835	36481
浙　江	1784	3846	8756	12582	17089	19556	20280
安　徽	1058	1353	2306	1491	1624	2702	4101
福　建	564	2295	5919	5817	7737	8262	10310
江　西	3151	6198	2597	3592	4416	4743	5638
山　东	3169	7487	10614	9879	10506	11471	14957
河　南	2408	4443	3489	3328	4882	6089	7215
湖　北	2853	6648	4987	5115	7216	8771	9076
湖　南	3072	3167	2886	1581	4566	2900	2548
广　东	4526	23678	40031	52048	65826	76225	119200
广　西	745	1132	830	890	1509	1613	1553
海　南	55	154	46	107	114	60	115
重　庆		2788	2713	2837	3562	3484	4506
四　川	10027	10285	11380	8069	8888	12020	20908
贵　州	4168	4296	3413	3018	3535	5199	4494
云　南	655	418	386	434	354	448	633
西　藏							
陕　西	10915	16276	16102	13165	14640	14558	14867
甘　肃	1837	1807	2274	833	1121	656	643
青　海	39	60	64	50	19	39	100
宁　夏	162	233	380	467	459	355	500
新　疆	14	3	21	71	98	61	85

7－15　全国及分地区高技术产业科技活动经费筹集额情况

单位：万元

地　区	1995	2000	2003	2004	2005	2006	2007
全　国	**651342**	**2398827**	**4275667**	**5428187**	**6343232**	**7424144**	**9467022**
北　京	32897	369447	324157	416606	444843	474818	403625
天　津	27996	83189	169228	232077	286018	360829	718942
河　北	12905	24335	46842	48148	54683	51829	67412
山　西	2701	5367	6380	6792	7299	13373	12353
内蒙古	1189	519	762	1273	2818	2585	3729
辽　宁	37879	78688	141550	110398	150808	145490	201049
吉　林	4431	20270	19976	27274	43119	65553	68985
黑龙江	11490	29751	94407	52569	95276	63898	111902
上　海	99297	395856	590952	715038	602753	871833	700314
江　苏	68099	159153	523780	780730	918037	1070239	1758657
浙　江	20808	63981	195416	312986	478077	542649	552763
安　徽	6108	17194	52415	33791	68633	61679	88047
福　建	8809	39595	144246	146396	271545	264949	335141
江　西	13313	30477	28648	49527	71219	81089	128285
山　东	14302	133693	194510	310614	372160	416626	580849
河　南	14924	35448	46070	54363	60042	91432	166907
湖　北	12114	77746	59281	93164	109891	127358	145928
湖　南	9841	17224	27762	39440	44943	46196	46347
广　东	63617	501480	1137645	1413794	1716773	2025690	2553211
广　西	5971	6371	8373	15209	19131	16583	23292
海　南	287	4890	3649	1401	938	1746	2389
重　庆		17460	37350	37347	43407	40990	60643
四　川	83519	69720	187678	171304	210918	294533	375857
贵　州	18464	17831	32505	34757	48403	60257	81985
云　南	1662	5589	4786	6904	5709	7283	10677
西　藏							
陕　西	69375	181330	182930	294412	194922	205815	237770
甘　肃	8515	10181	7883	8478	11235	9319	16964
青　海	94	303	756	98	130	403	1756
宁　夏	586	1558	5634	10662	5975	5365	6146
新　疆	149	180	96	2639	3528	3736	5100

7-16 全国及分地区高技术产业科技活动经费筹集额中政府资金情况

单位:万元

地 区	1995	2000	2003	2004	2005	2006	2007
全 国	**117470**	**172806**	**228530**	**283870**	**338767**	**390984**	**650401**
北 京	3742	10085	8361	9042	20348	14403	21940
天 津	711	4296	3083	1432	1985	3351	4855
河 北	898	2489	5202	7814	2594	2465	4169
山 西	541	923	1615	1233	834	1840	1145
内蒙古	92	32	50	54	100	386	450
辽 宁	14339	12718	18914	37842	19184	29952	102113
吉 林	545	885	984	1625	1830	2231	2828
黑龙江	1814	4741	20344	15493	16361	27413	52792
上 海	4728	5645	5670	7583	6584	27342	42103
江 苏	11081	12170	12386	14627	22803	21438	33005
浙 江	382	5698	4387	14503	23434	32482	15165
安 徽	719	1876	992	2042	9998	2003	6259
福 建	268	795	4730	4784	6356	5639	7077
江 西	3537	9418	784	7218	9764	21017	49321
山 东	472	2468	4157	6704	5859	10345	18113
河 南	1102	2316	1200	2543	2106	5118	10120
湖 北	1744	3792	9506	19223	12095	14283	17199
湖 南	4302	3969	5298	1805	12648	11065	1696
广 东	1114	11131	16010	32724	41553	33995	70045
广 西	57	224	303	2231	768	2869	1041
海 南	48		40	8		60	70
重 庆		2465	4744	4633	5239	2369	9934
四 川	31430	21710	24640	18120	41117	46307	30299
贵 州	3379	7847	7941	6215	8379	16233	14459
云 南	340	947	1453	848	940	1312	1341
西 藏							
陕 西	28712	40131	62009	58702	63508	51938	129501
甘 肃	1364	3975	2895	2609	895	2720	2199
青 海		50	200		10		201
宁 夏	11	10	585	1797	475	240	759
新 疆			47	420	1000	170	200

7－17 全国及分地区高技术产业科技活动经费筹集额中企业资金情况

单位:万元

地 区	1995	2000	2003	2004	2005	2006	2007
全 国	**418783**	**1884279**	**3430556**	**4641136**	**5483076**	**6269090**	**8098529**
北 京	22748	335626	293020	381625	412018	455060	366999
天 津	22311	47336	162889	220182	273286	340798	634110
河 北	8132	15959	37596	40333	49844	46943	60643
山 西	1053	4319	3927	5446	5475	9025	9498
内蒙古	1097	292	692	1219	2118	2089	3079
辽 宁	12478	51780	98368	71314	96069	81898	91135
吉 林	3255	15983	17405	24151	30215	63243	61765
黑龙江	6499	23155	68141	36966	75888	34864	58748
上 海	85530	373207	578367	688924	582956	527587	607766
江 苏	46634	122226	357537	700760	795121	978066	1569445
浙 江	18150	51112	163417	276612	421137	477818	500833
安 徽	3658	8553	40971	30670	58124	59444	72581
福 建	4393	37590	125242	120993	238486	224650	286182
江 西	6617	17161	26576	33988	48095	43485	65987
山 东	10149	94821	142947	251073	299681	366456	513872
河 南	10197	26770	37567	51437	54301	68460	107673
湖 北	9183	45431	42648	55774	92901	109010	128321
湖 南	3926	11604	20788	36520	23056	28528	29308
广 东	54242	439426	923754	1171431	1580208	1910608	2397581
广 西	5900	5378	8070	12740	15956	12533	19098
海 南	206	4890	3309	1373	888	1686	2319
重 庆		10175	22186	28315	33291	31439	46706
四 川	38319	34789	133685	139171	158291	224173	284235
贵 州	13056	8976	15261	25547	29893	31721	48773
云 南	1206	4291	3318	4774	4541	5760	8606
西 藏							
陕 西	25552	86461	94693	215152	86032	118391	100826
甘 肃	3632	5000	4798	5167	7559	6263	10599
青 海	44	253	386	98	120	403	1555
宁 夏	503	1535	2949	7164	5000	5125	5387
新 疆	114	180	49	2219	2528	3566	4900

7－18 全国及分地区高技术产业科技活动经费筹集额中金融机构贷款情况

单位:万元

地 区	1995	2000	2003	2004	2005	2006	2007
全 国	**92845**	**196383**	**428596**	**392260**	**355478**	**586151**	**449375**
北 京	3162	21760	20216	23517	8570	4110	
天 津	4790	7030	2830	4230	9341	8670	21300
河 北	2873	5850	3780		1510	1263	2200
山 西	870	25	100	100	800	805	1640
内蒙古			19		600	110	200
辽 宁	5019	4360	18012	1130	3366	1371	1871
吉 林	630	3100	1287	200	1800		2042
黑龙江	2987	1455	5872	90	2108	1580	300
上 海	7730	10321	5107	14991	7300	276414	3640
江 苏	9385	11024	59886	32405	94897	57708	122647
浙 江	2208	6645	26688	21071	30025	31266	35913
安 徽	1430	6582	10277	700		151	795
福 建	4135	1110	14256	20500	26520	34240	41882
江 西	3093	2239	1250	8321	13218	16236	12922
山 东	3253	35580	44860	50682	63014	35685	43490
河 南	3223	6226	6320	200	3600	14510	48577
湖 北	889	11621	6540	18097	803	3609	100
湖 南	1445	1588	1660	1100	9173	4450	4209
广 东	7943	42670	170597	182521	60181	60533	62198
广 西	11	600		100	480	646	450
海 南	33						
重 庆		4740	9606	3154	4685	4986	3635
四 川	11126	2300	2628	5169	869	8600	26995
贵 州	1963	345	7130	1350	8363	10160	10740
云 南	86	352					300
西 藏							
陕 西	10991	8547	7405	232	2004	9048	320
甘 肃	3415	300		700	1750		1008
青 海	50		170				
宁 夏	72	13	2100	1700	500		
新 疆	35						

7-19 全国及分地区高技术产业科技活动经费内部支出情况

单位：万元

地 区	1995	2000	2003	2004	2005	2006	2007
全 国	**596183**	**2008155**	**3990200**	**4910429**	**5755848**	**7039251**	**8868253**
北 京	29723	233101	316815	347331	441303	472064	393973
天 津	27823	82671	122809	169889	137398	173447	321682
河 北	10219	23704	45561	49291	57543	54138	72258
山 西	2419	3844	4936	6761	8778	11469	11437
内蒙古	1175	483	488	821	1684	1909	2951
辽 宁	35863	58044	110764	107437	138410	142841	170564
吉 林	4413	14898	21018	25750	33444	59980	33276
黑龙江	11313	24732	77855	43957	85827	60744	92672
上 海	86933	255340	533055	735422	634383	725997	903442
江 苏	64631	149620	378763	516541	686537	998412	1567938
浙 江	18339	61093	156343	298783	424932	480345	496235
安 徽	4127	15536	74541	31595	48184	70008	127120
福 建	7780	35687	114105	127696	216344	238711	289578
江 西	12214	28659	33923	47396	66904	68642	128025
山 东	12451	128572	191618	305195	395013	422557	591113
河 南	13163	32187	35461	51948	61213	96258	152346
湖 北	11003	100746	50864	108370	112439	126263	154534
湖 南	13444	14394	31508	38742	45527	41392	44015
广 东	55670	475977	1172769	1240349	1599744	2083920	2451627
广 西	5707	6299	11030	17456	19346	18074	22719
海 南	219	1852	2403	1054	1186	1334	1686
重 庆		14749	29841	35112	40401	46054	57739
四 川	77723	78390	217811	207452	202079	320193	418820
贵 州	18322	15521	26828	38821	40504	56214	66907
云 南	1630	8021	3995	5203	5186	6549	29787
西 藏							
陕 西	61156	133352	209823	333086	228973	240036	238106
甘 肃	7828	8762	8763	7279	13417	12814	15437
青 海	125	284	854	113	63	367	1657
宁 夏	623	1521	5560	8961	5584	4987	5561
新 疆	149	119	96	2619	3505	3535	5050

7－20　全国及分地区高技术产业活动经费内部支出中劳务费情况

单位：万元

地　区	1995	2000	2003	2004	2005	2006	2007
全　国	**122509**	**497314**	**999249**	**1372496**	**1676218**	**1896517**	**2428338**
北　京	5131	33341	76327	66160	129865	117050	116046
天　津	4546	17012	42996	43837	49854	49172	61578
河　北	1840	5259	8397	8351	9800	11739	15183
山　西	632	1315	1487	2283	2758	3383	3041
内蒙古	140	83	215	341	482	845	849
辽　宁	6122	11932	24350	26996	39625	27707	27657
吉　林	1006	2753	3669	6780	6649	4291	5604
黑龙江	5483	11024	15097	11193	30820	15734	24791
上　海	16061	78705	106604	126128	139093	167721	212115
江　苏	14017	31688	79237	136082	169947	184618	298931
浙　江	2805	11098	45288	95300	153115	171859	185085
安　徽	1092	2239	7154	5903	8825	9083	19779
福　建	1051	11518	32431	36165	58902	79625	87668
江　西	3693	11730	7141	9950	12092	17039	19767
山　东	3481	23989	42769	47558	61576	72892	98726
河　南	2356	13297	8717	23221	12738	20233	25277
湖　北	2581	12413	15503	28411	36559	43284	47010
湖　南	3983	5822	6646	6692	15236	13036	13125
广　东	11027	150825	376418	567090	625133	758465	976677
广　西	961	1321	1822	3622	4579	3955	5187
海　南	36	434	830	193	404	231	151
重　庆		5126	6130	8756	9096	10980	15882
四　川	14398	12821	34675	37955	29531	44284	89816
贵　州	5329	5364	6660	11018	12403	13672	14535
云　南	557	1324	1709	2080	1604	1961	2757
西　藏							
陕　西	12119	30743	41561	55845	52416	49283	56590
甘　肃	1763	3628	4420	2602	1675	2219	1703
青　海	85	86	129	39	39	90	365
宁　夏	193	403	849	1794	1270	1720	1772
新　疆	21	20	18	152	131	349	671

7-21 全国及分地区高技术产业科技活动经费内部支出中仪器设备费情况

单位:万元

地 区	1995	2000	2003	2004	2005	2006	2007
全 国	**91706**	**496258**	**1052893**	**1162064**	**1207847**	**1644941**	**1955253**
北 京	2462	67540	34048	47316	22547	84682	48843
天 津	6926	17889	19580	79589	31866	25042	54460
河 北	2499	6929	16511	22732	25268	20440	27977
山 西	340	818	984	1523	1396	3077	2418
内蒙古	868	27	57	32	340	462	815
辽 宁	2648	23244	40244	16799	28885	53259	19674
吉 林	556	2872	6440	3678	4498	8341	6173
黑龙江	1250	4624	16034	10086	24182	24191	23165
上 海	7300	54223	291902	210363	245667	276667	220954
江 苏	9049	39856	62857	113131	171610	312239	410615
浙 江	2922	18731	35361	77128	68984	86659	81201
安 徽	654	6276	30550	8039	16135	24425	40998
福 建	4367	9924	25334	29187	57264	41589	47377
江 西	2055	1053	6267	9077	12421	11958	31939
山 东	2679	23100	37167	72719	114173	114829	123153
河 南	2530	4602	14370	12934	21539	32941	62612
湖 北	2389	24264	8763	27631	25131	32273	49074
湖 南	1877	2442	9162	21281	3901	8954	7613
广 东	13415	145467	220345	168323	170673	335840	457025
广 西	460	1572	1969	6050	5475	4793	6704
海 南	39	259	282	192	62	502	364
重 庆		2496	7202	9564	14652	15459	17227
四 川	15880	16867	62114	45226	48355	64035	135561
贵 州	2647	2579	2796	6801	8504	11807	13950
云 南	197	4188	504	669	914	782	17156
西 藏							
陕 西	3106	13161	99309	157625	80084	43912	39536
甘 肃	2454	1096	1687	2189	2266	4049	6128
青 海	2		180	35	7	200	765
宁 夏	73	132	874	903	1049	855	869
新 疆	64	28		1246		682	910

7－22　全国及分地区高技术产业专利申请数情况

单位：项

地　区	1995	2000	2003	2004	2005	2006	2007
全　国	**612**	**2245**	**8270**	**11026**	**16823**	**24301**	**34446**
北　京	21	7	896	679	777	944	1418
天　津	18	73	461	295	393	541	563
河　北	9	27	31	82	118	160	164
山　西	9	4	45	17	18	55	65
内蒙古		1	2	3	13	1	
辽　宁	79	30	75	306	445	284	246
吉　林	18	27	79	193	126	84	133
黑龙江	16	47	66	90	114	123	120
上　海	19	118	835	1804	1445	1719	1931
江　苏	47	129	676	711	1000	808	1634
浙　江	18	54	353	556	838	1317	1997
安　徽	2	3	49	11	43	36	72
福　建	4	50	243	204	233	187	311
江　西	10	17	45	76	202	138	158
山　东	27	155	589	789	991	1102	1491
河　南	23	26	85	193	141	278	395
湖　北	23	81	42	103	409	359	382
湖　南	14	49	29	51	77	65	117
广　东	154	922	2831	3955	8268	14883	20996
广　西	7	11	55	73	87	50	75
海　南		4		4		4	15
重　庆		54	72	50	80	156	158
四　川	33	146	260	328	261	383	863
贵　州	12	38	55	77	98	200	310
云　南	11	40	140	158	167	57	245
西　藏							
陕　西	32	53	226	185	395	286	528
甘　肃	6	4	10	14	48	31	16
青　海		13	4	1	1	35	33
宁　夏		62	16	13	20	9	
新　疆				5	15	6	10

7-23 全国及分地区高技术产业拥有发明专利数情况

单位:项

地 区	1995	2000	2003	2004	2005	2006	2007
全 国	**410**	**1443**	**3356**	**4535**	**6658**	**8141**	**13386**
北 京	9	18	183	477	500	490	2383
天 津	22	6	347	375	113	115	274
河 北	5	12	14	38	42	77	107
山 西	6	1	10	14	8	12	36
内蒙古			1	2	13	1	1
辽 宁	62	62	57	99	92	184	184
吉 林	14	15	26	42	30	126	146
黑龙江	12	68	23	41	51	86	91
上 海	7	110	318	247	264	562	345
江 苏	27	84	246	222	489	695	1474
浙 江	9	50	177	304	333	575	582
安 徽	1	1	26	28	34	36	79
福 建		1	66	324	434	423	407
江 西	4	12	11	17	42	70	82
山 东	19	97	85	180	247	314	595
河 南	6	32	46	32	47	78	107
湖 北	9	28	29	129	160	244	229
湖 南	15	51	44	64	71	121	114
广 东	118	552	1360	1407	3197	3130	5181
广 西	6	9	14	21	29	37	63
海 南		2					
重 庆		15	14	42	38	73	103
四 川	19	81	53	186	91	264	323
贵 州	9	33	37	98	84	126	172
云 南	1	17	50	53	73	93	66
西 藏							
陕 西	28	68	111	68	154	166	212
甘 肃	1	5	2	12	3	33	12
青 海		4	1	1	1	1	5
宁 夏	1	9	5	9	15	5	10
新 疆				3	3	4	3

7－24　全国及分地区高技术产业技术引进经费支出情况

单位:万元

地　区	1995	2000	2003	2004	2005	2006	2007
全　国	**291596**	**470463**	**935365**	**1118594**	**848184**	**785792**	**1308968**
北　京	3326	2904	12239	263610	31155	23560	26402
天　津	7567	6088	80665	139316	248797	280004	384669
河　北	133148	8208	3891	1850	1882	783	659
山　西	85	315	77	60		1278	278
内蒙古	162	2263					
辽　宁	15154	12396	27129	151337	5813	4127	4012
吉　林	84	3071	480	847	706		20
黑龙江	7172	4567	35002	5253	7880	396	183
上　海	21344	153586	256350	167311	141906	116211	243340
江　苏	20988	54830	186751	177111	168260	100497	195985
浙　江	4447	8306	28555	9604	9197	20889	20324
安　徽	3853	1906	13551	8292	3374	1596	2151
福　建	2256	11572	33883	25971	27311	59997	154765
江　西	1836	3365	3655	221	4442	7442	6879
山　东	3683	5957	14577	9359	7565	4509	5324
河　南	8198	3786	27382	16199	498	4690	1685
湖　北	870	13060	3860	1008	1672	2450	2404
湖　南	703	2765	33982	11379	1354	2933	14
广　东	11588	68671	123496	93293	161527	131945	225434
广　西	338	239	719	125	42	50	50
海　南	1800	573	230				
重　庆		609	2981	2829	2490	100	1308
四　川	14960	21569	7274	3794	4069	11126	24555
贵　州	9727	11654	2326	2034	7223	3172	
云　南	950	427	2646	3030	217	20	
西　藏							
陕　西	16102	64595	28567	23896	10804	1274	641
甘　肃	1251	3058	3575	542			1056
青　海		2	64				
宁　夏		64	1458	150		6745	6832
新　疆	4	60		174			

7-25 全国及分地区高技术产业消化吸收经费支出情况

单位:万元

地 区	1995	2000	2003	2004	2005	2006	2007
全 国	**22744**	**33685**	**56515**	**125061**	**274972**	**110043**	**137407**
北 京	178	4538	84	165	196	2653	3943
天 津	51	816	8	2142	158030	1114	1152
河 北	9736	1806	735	1536	785	703	694
山 西	20	13	30	37	30	564	3
内蒙古						150	
辽 宁	3066	2240	160	146	43	206	129
吉 林	12		1080	100	252	10	107
黑龙江	264	6579	4391	6346	2622	464	478
上 海	359	1637	18594	48945	9373	19293	7345
江 苏	1441	2373	7246	9194	11721	9625	52967
浙 江	7	1129	6504	2933	7904	10178	15990
安 徽	48	749	100	8227	280	220	331
福 建	18	858	4242	1953	3328	26390	11364
江 西	807	22	95	1412	1309	79	63
山 东	276	1315	1562	1841	2581	4350	7040
河 南	3079	53	456	410	820	1307	1070
湖 北	25	794	699	393	280	2282	3842
湖 南	75	330	1326	1010	884	851	14
广 东	1172	5972	4214	36538	71581	24159	22323
广 西	2	15	335	575	423	551	1119
海 南	251	102			60	70	50
重 庆		400	56	286	1025	621	188
四 川	1009	532	207	179	899	2291	3466
贵 州	31	35	15	1	44	12	316
云 南	3	654				5	20
西 藏							
陕 西	625	702	4376	251	504	384	529
甘 肃	191			10		260	528
青 海							
宁 夏		12		433		1252	1845
新 疆		10					495

7-26 全国及分地区高技术产业购买国内技术经费支出情况

单位:万元

地 区	1995	2000	2003	2004	2005	2006	2007
全 国	**42534**	**72099**	**85663**	**85693**	**95359**	**102308**	**110953**
北 京	99	86	757	1871	3274	1000	2346
天 津	66	2231	4519	2840	1254	909	1225
河 北	25360	2066	627	965	1637	1447	1500
山 西	134	145	336	305	181	903	1192
内蒙古	97	2018		150		25	328
辽 宁	547	327	205	2352	592	268	1171
吉 林	187	32722	1825	1020	323	599	753
黑龙江	470	856	2641	1090	600	309	1241
上 海	873	4683	827	3578	5669	6752	3321
江 苏	1766	8472	15246	14655	16724	18170	18282
浙 江	3453	3303	8662	7384	11229	14730	13707
安 徽	478	1511	1192	2114	348	579	651
福 建	88	540	866	6388	9702	3961	8503
江 西	173	173	85	4707	5129	11571	13111
山 东	627	4205	2332	5309	3812	1923	5877
河 南	556	82	230	1884	4653	2388	3197
湖 北	243	2952	427	965	774	2867	1881
湖 南	84	493	266	330	110	554	187
广 东	519	1329	7214	12565	16220	11256	11954
广 西	173	388	813	562	602	394	792
海 南	214	375		352	280	350	870
重 庆		1024	4183	3437	2488	945	1553
四 川	4734	887	1830	579	1705	3961	8981
贵 州	47	100	1540	2967	6102	913	658
云 南	25	40	3	163	297	10	10
西 藏							
陕 西	1388	1001	29037	6747	1484	15070	7068
甘 肃	128	41		314	100		
青 海							
宁 夏	2	10		100	56	454	595
新 疆	5	40			15		

7-27 全国及分地区高技术产业R&D经费内部支出情况

单位:万元

地区	1995	2000	2003	2004	2005	2006	2007
全国	**178474**	**1110410**	**2224468**	**2921315**	**3624985**	**4564367**	**5453244**
北京	10497	107059	248888	255335	207216	346013	289889
天津	2618	60429	75761	82971	90124	132264	153556
河北	2017	15687	29800	28905	34702	36463	44362
山西	47	1577	2135	1316	2949	3580	1843
内蒙古	1039	73	259	430	1174	1334	2280
辽宁	16299	19875	54712	78979	78649	72764	120515
吉林	1501	7870	11426	14958	13897	17839	11421
黑龙江	1440	18342	62156	20761	55664	41942	56480
上海	23894	119707	181907	291844	341939	404956	472085
江苏	10910	68974	151588	242113	381402	517115	733616
浙江	6619	43078	100560	233411	328463	373825	389497
安徽	1192	8765	29622	7011	18711	18781	28636
福建	1879	28198	66015	78544	139019	143687	165074
江西	2444	17724	16194	36004	43024	51003	51392
山东	2279	49329	125808	176439	267923	299790	440205
河南	5212	11431	21591	41268	29571	34930	57534
湖北	5125	40537	31835	50686	63366	86372	94160
湖南	7342	6749	19926	29199	20253	9413	23487
广东	17353	319979	728847	922333	1206178	1565556	1801062
广西	1573	2827	4742	4380	11391	10897	13908
海南	86	573	1816	353	560	377	311
重庆		7960	19999	19565	24712	23928	34864
四川	13144	24759	65226	104390	109765	166342	259897
贵州	5931	7274	15200	16565	22100	35262	31381
云南	921	1701	3346	3819	2846	5021	6638
西藏							
陕西	35113	116030	146809	170471	119312	160423	160777
甘肃	1799	3464	5683	1638	4496	1195	3323
青海	43	284	134	50	38		710
宁夏	134	157	2438	7576	5165	3298	4344
新疆	24		45		380		

7－28 全国及分地区高技术产业科技机构数情况

单位：个

地　区	1995	2000	2003	2004	2005	2006	2007
全　国	**2138**	**1379**	**1259**	**1732**	**1619**	**1929**	**2217**
北　京	94	49	34	42	32	64	76
天　津	106	38	27	47	41	57	51
河　北	51	35	30	27	27	28	32
山　西	30	18	10	25	23	23	23
内蒙古	5	3	3	3	3	5	3
辽　宁	150	56	38	52	34	40	39
吉　林	57	41	26	33	29	31	25
黑龙江	38	31	29	21	32	30	27
上　海	119	82	61	67	74	103	110
江　苏	298	193	184	394	225	253	354
浙　江	72	68	103	162	193	242	262
安　徽	65	27	38	31	33	36	36
福　建	23	25	31	43	43	64	58
江　西	57	27	22	24	39	40	41
山　东	102	81	77	106	123	96	131
河　南	94	43	32	42	49	66	96
湖　北	86	62	42	38	37	51	56
湖　南	52	32	33	27	30	40	37
广　东	176	168	203	237	264	377	442
广　西	30	17	13	18	17	18	19
海　南	1	6	4	4	3	3	4
重　庆		25	21	42	43	47	52
四　川	192	75	47	76	54	71	77
贵　州	45	45	19	48	41	42	40
云　南	23	6	9	9	9	7	10
西　藏							
陕　西	125	106	98	84	89	77	94
甘　肃	39	11	14	16	23	13	16
青　海	2	3	3	1	2	1	2
宁　夏	5	5	7	11	6	2	3
新　疆	1	1	1	2	1	2	1

7－29　全国及分地区高技术产业 R&D 活动人员折合全时当量情况

单位:人年

地　区	1995	2000	2003	2004	2005	2006	2007
全　国	**57838**	**91573**	**127849**	**120830**	**173161**	**188987**	**248228**
北　京	3265	4374	6209	7509	8591	6467	8421
天　津	971	1895	1935	2504	3464	3124	4433
河　北	382	1768	3125	2744	3469	3296	2815
山　西	62	286	288	203	302	380	318
内蒙古	121	20	46	38	108	202	176
辽　宁	3022	3725	4117	4941	6089	6601	7276
吉　林	383	1136	756	695	630	764	700
黑龙江	1000	2245	4816	2679	5500	4160	4143
上　海	5307	7128	8555	5947	7045	10006	11411
江　苏	3035	6272	9817	11696	18901	17924	23966
浙　江	884	1724	5376	8451	11571	17517	16222
安　徽	492	1136	1361	611	1404	1464	2410
福　建	443	1595	4081	3835	5277	5473	8226
江　西	1176	6493	1979	4535	5441	5655	6336
山　东	941	3195	5878	4978	5836	7717	9850
河　南	1022	1217	1605	3745	3826	4258	4670
湖　北	2371	2704	3290	4987	8461	6986	7706
湖　南	4628	2077	2092	1557	3611	1924	1753
广　东	3218	16915	30834	28282	47488	55555	92877
广　西	577	491	433	375	870	734	1189
海　南	127	39	41	6	33	32	12
重　庆		1379	1522	1565	2094	2473	2963
四　川	5429	2425	8933	7735	9401	8989	13555
贵　州	3349	2393	2047	789	2451	2650	2269
云　南	442	118	302	416	246	313	476
西　藏							
陕　西	13201	17561	16481	9058	9686	13560	13324
甘　肃	1915	1116	1508	386	848	307	269
青　海	15	61	42	17	12		7
宁　夏	48	85	375	547	480	455	454
新　疆	12		4		25		

7－30 全国及分地区高技术产业年末固定资产原价情况

单位:万元

地 区	1995	2000	2003	2004	2005	2006	2007
全 国	**31414944**	**40163527**	**55406399**	**69258723**	**87170647**	**100444783**	**121242068**
北 京	1878037	2612687	2651816	3178644	5126137	5927662	6623393
天 津	2313496	3053946	3177798	3395493	7140340	4495696	4575306
河 北	1149698	1489361	1853275	2040774	2118189	2166691	2222355
山 西	183698	190959	280172	379211	442498	829475	1242425
内蒙古	79010	85146	95151	130337	256294	318114	316436
辽 宁	2053539	2100637	2077661	2241193	2414104	2621770	3686511
吉 林	581698	604823	855994	811857	809335	880242	881573
黑龙江	992323	1090020	1502559	915397	1773690	1184852	1250194
上 海	4157610	4704145	7615820	10859054	11778321	14346149	16282580
江 苏	2477570	3960507	7784125	11309115	14898436	19324739	27713825
浙 江	978143	993617	2014336	2720283	3495376	4776590	5568754
安 徽	255065	288813	668125	508133	546133	670739	824684
福 建	411799	1307687	1723089	1831190	2250872	2579891	3099696
江 西	627949	740388	463785	676410	977011	963603	1089767
山 东	1165313	1463244	2179325	2753269	3405905	4218282	6734593
河 南	860163	911248	1331781	1664966	1823346	2230385	2237187
湖 北	779930	851450	709813	833558	1837604	1992840	1115561
湖 南	602786	1050422	1110991	989203	1188306	1078481	848163
广 东	4580008	6657593	11008583	15018099	16849151	21160084	24921852
广 西	192410	226622	267563	341266	372738	371268	401719
海 南	68281	83206	48671	74426	45251	77192	104867
重 庆	430854	514797	458910	503073	553931	644278	747077
四 川	1614688	1796109	1987880	2027709	2374939	2570163	3253681
贵 州	570727	593163	595049	665047	807668	835690	887199
云 南	69257	143383	112886	194877	219127	223935	390697
西 藏							
陕 西	1916960	2197566	2312175	2548759	2994797	3267937	3557498
甘 肃	320643	330625	370163	372108	323161	376720	348581
青 海	13523	15093	29667	20613	33830	34617	24148
宁 夏	57062	73927	105543	128864	185381	141495	153660
新 疆	32708	32343	13193	125799	128775	135209	138086

7－31　全国及分地区高技术产业微电子控制设备原价情况

单位：万元

地　区	1995	2000	2003	2004	2005	2006	2007
全　国	**1342095**	**5521672**	**7889065**	**11514527**	**11655423**	**18927543**	**23799604**
北　京	45905	134517	579322	686152	516911	646422	610643
天　津	86985	445666	112369	564453	612347	318282	709256
河　北	105545	161123	325911	513227	530088	514700	538147
山　西	1846	4215	11927	14515	18721	29109	26723
内蒙古	814	2423	2889	3195	6803	16511	108431
辽　宁	53209	279438	286657	134411	206617	374912	329366
吉　林	17075	20343	70528	66864	76188	82544	118068
黑龙江	21873	56005	164485	76680	354771	223772	261671
上　海	160713	1545647	1525572	3816301	1728672	4123720	5402217
江　苏	187144	710757	1442687	2103524	1647189	3139145	4375622
浙　江	30638	86170	222236	347249	385933	595623	704160
安　徽	17947	30049	163643	82215	102639	92796	132178
福　建	28145	127208	198087	298413	489218	454482	986733
江　西	11196	44721	20997	41575	51394	53751	77745
山　东	27343	108214	128207	86193	242154	171605	250918
河　南	12330	40663	66077	114760	184642	224575	154308
湖　北	15628	60293	40223	91465	33725	191626	169134
湖　南	6851	55198	34166	15983	15282	64621	42225
广　东	131355	1002330	1685875	1465219	3414397	6537159	7354942
广　西	2937	3961	58417	59599	66795	58364	64088
海　南	210	2925	630	3352	2174	904	2460
重　庆		21739	47684	45712	65366	88808	159292
四　川	161377	268907	152298	194852	270216	204825	386086
贵　州	26005	81158	94538	91640	136046	116109	105845
云　南	4253	7527	14662	18801	33044	37907	73237
西　藏							
陕　西	170237	198426	398719	530943	414360	458598	587972
甘　肃	13876	20582	32265	24286	17043	36943	41852
青　海		221	1280	4	1014	2	80
宁　夏	659	1066	6714	19212	27927	65773	16046
新　疆		180		3730	3750	3957	10157

主 要 指 标 解 释

科技活动:指在自然科学、农业科学、医药科学、工程与技术科学、人文与社会科学领域(简称科学技术领域)中与科技知识的产生、发展、传播和应用密切相关的有组织的活动。为核算科技投入的需要,科技活动可分为科学研究与试验发展(R&D)、科学研究与试验发展成果应用及相关的科技服务三类活动。

科学研究与试验发展:指在科学技术领域,为增加知识总量以及运用这些知识去创造新的应用进行的系统的创造性的活动,包括基础研究、应用研究、试验发展三类活动。

基础研究:指为了获得关于现象和可观察事实的基本原理的新知识(揭示客观事物的本质、运动规律,获得新发现、新学说)而进行的实验性或理论性研究,它不以任何专门或特定的应用或使用为目的。其成果以科学论文和科学著作为主要形式。

应用研究:也指为获得新知识而进行的创造性研究,主要针对某一特定的目的或目标。应用研究是为了确定基础研究成果可能的用途,或是为达到预定的目标探索应采取的新方法(原理性)或新途径。其成果形式以科学论文、专著、原理性模型或发明专利为主。

试验发展:指利用从基础研究、应用研究和实际经验所获得的现有知识,为产生新的产品、材料和装置,建立新的工艺、系统和服务,以及对已产生和建立的上述各项作实质性的改进而进行的系统性工作。其成果形式主要是专利、专有技术、新产品原型或样机样件等。

科学研究与试验发展成果应用:指为使试验发展阶段产生的新产品、材料和装置,建立的新工艺、系统和服务以及作实质性改进后的上述各项能够投入生产或实际应用,解决所存在的技术问题而进行的系统性的工作。这类活动的成果形式大多是可供生产和实际操作的带有技术和工艺参数的图纸、技术标准和操作规范。

科技服务:指与科学研究与实验发展有关,并有助于科学技术知识的产生、传播和应用的活动。

从业人员年平均人数:从业人员是指在从事劳动并取得劳动报酬或经营收入的全部劳动力。从业人员年平均人数是指在报告期平均每天拥有的从业人员数。

科学家和工程师:指具有高、中级技术职称(职务)的人员和无高中级技术职称(职务)的大学本科及以上学历的人员。

专业技术人员:指从事专业技术工作的人员以及从事专业技术管理工作且在1983年以前审定了专业技术职称或在1984年以后聘任了专业技术职务的人员。

工程技术人员:指负担工程技术和工程技术管理工作并具有工程技术能力的人员。

从业人员劳动报酬:指工业企业在报告期内直接支付给本企业全部从业人员的劳动报酬总额,包括职工工资总额和企业其他从业人员劳动报酬两部分。

工业总产值:指以货币表现的工业企业在报告期内生产的工业产品总量,包括本年生产成品价值,对外加工费收入,自制半成品、在产品期末期初差额价值。

产品销售收入:指工业企业销售产成品、自制半成品的收入和提供工业性劳务等取得的收入总额。

产品销售利润:指企业销售收入扣除其成本、费用、税金后的余额。

利润总额:指企业在生产经营过程中各种收入扣除各种消耗后的盈余,反映企业在报告期内实现的盈亏总额(亏损以"-"号表示),包括企业的营业利润、补贴收入、各种投资净收益和营业外收支净额。

年末固定资产原价:指企业在建造、购置、安装、改建、扩建、技术改造固定资产时实际支出的全部货币总额。

生产经营用机器设备原价:指企业在年末拥有的直接服务于企业生产、经营过程的各种机器设备的原价。

微电子控制机器设备原价:指企业在年末拥有的、利用微电子技术(包括电子计算机、集成电路等)对生产过程进行控制、观察测量、测试等生产机器设备的原价。

科技活动人员:指企业在报告年度直接从事(或参与)科技活动以及专门从事科技活动管理和为科技活

动提供直接服务的人员。累计从事科技活动的时间占制度工作时间10%(不含)以下的人员不统计。

科技活动全时人员:指企业科技活动人员中在报告年度实际从事科技活动的时间占制度工作时间90%以上(含90%)的人员。

科技活动非全时人员:指企业科技活动人员中在报告年度实际从事科技活动的时间占制度工作时间在10%(含10%)~90%(不含)的人员。

研究与试验发展人员:指企业科技活动人员中从事基础研究、应用研究和试验发展三类活动的人员。

科技活动经费筹集总额:指企业在报告年度从各种渠道筹集到的计划用于科技活动的经费,包括企业资金、金融机构贷款、政府资金、事业单位资金、国外资金、其他资金等。

企业资金:指报告年度本企业从自有资金中提取或接受在国内注册的其他企业委托获得的计划用于科研和技术开发活动的经费,不包括来自政府有关部门、金融机构以及国外的计划用于科技活动的经费。

金融机构贷款:指企业从各类金融机构获得的用于科技活动的贷款。

政府资金:指企业从各级政府部门获得的计划用于科技活动的经费,包括科技专项费、科研基建费和贷款等。

国外资金:指本企业从中国境外的企业、大学、国际组织、民间组织、金融机构及外国政府获得的计划用于科技活动的经费,不包括从在国内注册的外资企业获得的计划用于科技活动的经费。

其他资金:指科技活动执行单位从上述渠道以外获得的计划用于科技活动的经费,如来自民间非营利机构的资助和个人捐赠等。

科技活动经费支出总额:指企业在报告年度实际支出的全部科技活动费用,包括列入技术开发的经费支出以及技措技改等资金实际用于科技活动的支出,不包括生产性支出和归还贷款支出。科技活动经费支出总额分为内部支出和外部支出。

科技活动经费内部支出:指企业在报告年度用于内部开展科技活动实际支出的费用,包括外协加工费,不包括委托研制或合作研制而支付外单位的经费。

科技活动人员劳务费:指以货币或实物形式直接或间接支付给科技活动人员的劳动报酬及各种费用,包括各种形式的工资、补助工资、津贴、价格补贴、奖金、福利、失业保险、养老保险、医疗保险、工伤保险、人民助学金等。为科技活动提供间接服务人员的劳务费计入其他支出。

固定资产购建:指企业在报告年度为开展科技活动,使用非基本建设资金进行固定资产购置,以及使用基本建设费进行新建、改建、扩建、购置、安装科研用固定资产以及进行科研设备改造及大修理等的实际支出。

设备购置:指在报告期内为进行科技活动而购置的科研仪器设备、图书资料、实验材料和标本以及其他设备的支出。

研究与试验发展经费支出:指报告年度在企业科技活动经费内部支出中用于基础研究、应用研究和试验发展三类项目以及这三类项目的管理和服务费用的支出。

基础研究支出:指报告年度在企业科技活动经费内部支出中用于基础研究项目以及这类项目的管理和服务费用的支出。

应用研究支出:指报告年度在企业科技活动经费内部支出中用于应用研究项目以及这类项目的管理和服务费用的支出。

试验发展支出:指报告年度在企业科技活动经费内部支出中用于试验发展项目以及这类项目的管理和服务费用的支出。

科技活动经费外部支出:指企业在报告年度委托其他单位或与其他单位合作开展科技活动而支付给其他单位的经费,不包括外协加工费。

新产品:指采用新技术原理、新设计构思研制、生产的全新产品,或在结构、材质、工艺等某一方面比原有产品有明显改进,从而显著提高了产品性能或扩大了使用功能的产品。

新产品产值:指报告年度本企业生产的新产品的价值。

新产品销售收入:指报告年度本企业销售新产品实现的销售收入。

新产品出口收入:指报告年度本企业将新产品出售给外贸部门和直接出售给外商所实现的销售收入。

全部科技项目数:指企业在报告年度当年立项并开展研制工作和以前年份立项仍继续进行研制的科技项目数,包括当年完成和年内研制工作已告失败的科技项目,但不包括委托外单位进行研制的科技项目。

研究与试验发展项目数:指企业在报告年度进行的全部科技项目中属于研究与试验发展的项目数。

专利申请数:指企业在报告年度内向专利行政部门提出专利申请并被受理的件数。

发明专利申请数:指企业在报告年度内向专利行政部门提出发明专利申请并被受理的件数。

拥有发明专利数:指企业作为专利权人在报告年度拥有的、经国内外专利行政部门授权且在有效期内的发明专利件数。

技术改造经费支出:指本企业在报告年度进行技术改造而发生的费用支出。在技术改造经费支出中,属于研究与试验发展的经费支出,除了包含在技术改造经费支出中,还要计入企业研究与试验发展经费支出中。

技术引进经费支出:指企业在报告年度用于购买国外技术,包括产品设计、工艺流程、图纸、配方、专利等技术资料的费用支出,以及购买关键设备、仪器、样机和样件等的费用支出。

引进设计、图纸、工艺、配方、专利的支出:指企业在报告年度内用于购买国外产品设计、工艺流程、配方、专利、技术诀窍等的费用支出。

消化吸收的经费支出:指本企业在报告年度对国外引进项目进行消化吸收所支付的经费总额。

购买国内技术经费支出:指本企业在报告年度购买国内其他单位科技成果的经费支出。

享受各级政府对科技的减免税:指各级政府为了鼓励增加科技投入、促进高新技术产品开发、发展高新技术产业等而减负的各种税金总额。

2008 浙江科技统计年鉴

责任编辑 王　波
封面设计 刘依群
出版发行 浙江大学出版社
(杭州天目山路148号　邮政编码310028)
(E-mail: zupress@mail.hz.zj.cn)
(网址:http://www.zjupress.com
http://www.press.zju.edu.cn)
电话:0571－88925592,88273066(传真)
排　　版 杭州中大图文设计有限公司
印　　刷 浙江省良渚印刷厂
开　　本 889mm×1194mm　1/16
印　　张 24.25
字　　数 685千
版 印 次 2008年12月第1版　2008年12月第1次印刷
书　　号 ISBN 978-7-89490-516-1
定　　价 180.00元